La fille de son père

Infographie : Johanne Lemay
Révision et correction : Brigitte Lépine

DISTRIBUTEURS EXCLUSIFS :

- Pour le Canada et les États-Unis :
  MESSAGERIES ADP*
  2315, rue de la Province
  Longueuil, Québec J4G 1G4
  Tél. : 450 640-1237
  Télécopieur : 450 674-6237
  Internet : www.messageries-adp.com
  * filiale du Groupe Sogides inc.,
  filiale du Groupe Livre Quebecor Media inc.

- Pour la France et les autres pays :
  INTERFORUM editis
  Immeuble Paryseine, 3, Allée de la Seine
  94854 Ivry CEDEX
  Tél. : 33 (0) 1 49 59 11 56/91
  Télécopieur : 33 (0) 1 49 59 11 33
  Service commandes France Métropolitaine
  Tél. : 33 (0) 2 38 32 71 00
  Télécopieur : 33 (0) 2 38 32 71 28
  Internet : www.interforum.fr
  Service commandes Export – DOM-TOM
  Télécopieur : 33 (0) 2 38 32 78 86
  Internet : www.interforum.fr
  Courriel : cdes-export@interforum.fr

- Pour la Suisse :
  INTERFORUM editis SUISSE
  Case postale 69 – CH 1701 Fribourg – Suisse
  Tél. : 41 (0) 26 460 80 60
  Télécopieur : 41 (0) 26 460 80 68
  Internet : www.interforumsuisse.ch
  Courriel : office@interforumsuisse.ch
  Distributeur : OLF S.A.
  ZI. 3, Corminboeuf
  Case postale 1061 – CH 1701 Fribourg – Suisse
  Commandes : Tél. : 41 (0) 26 467 53 33
  Télécopieur : 41 (0) 26 467 54 66
  Internet : www.olf.ch
  Courriel : information@olf.ch

- Pour la Belgique et le Luxembourg :
  INTERFORUM BENELUX S.A.
  Fond Jean-Pâques, 6
  B-1348 Louvain-La-Neuve
  Téléphone : 32 (0) 10 42 03 20
  Fax : 32 (0) 10 41 20 24
  Internet : www.interforum.be
  Courriel : info@interforum.be

Gouvernement du Québec – Programme de crédit d'impôt pour l'édition de livres – Gestion SODEC – www.sodec.gouv.qc.ca

L'Éditeur bénéficie du soutien de la Société de développement des entreprises culturelles du Québec pour son programme d'édition.

Le Conseil des Arts du Canada
The Canada Council for the Arts

Nous remercions le Conseil des Arts du Canada de l'aide accordée à notre programme de publication.

Nous reconnaissons l'aide financière du gouvernement du Canada par l'entremise du Programme d'aide au développement de l'industrie de l'édition (PADIÉ) pour nos activités d'édition.

05-11

Dépôt légal : 2011
Bibliothèque et Archives nationales du Québec

ISBN 978-2-7619-3062-8

Véronique Moraldi
et Michèle Gaubert

La fille de son père

La relation père-fille : mode d'emploi

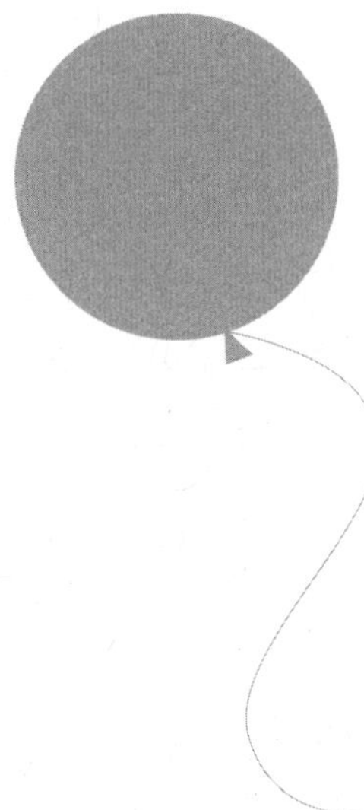

LES ÉDITIONS DE L'HOMME
Une compagnie de Quebecor Media

Préface

Père de fille : mode d'emploi, ou comment aider son adorée à devenir une femme épanouie dans la voie qu'elle aura choisie ! Le sujet méritait bien un livre ! Et quel livre ! Merci à Michèle Gaubert et à Véronique Moraldi de nous donner ce précieux document à la fois drôle et précis. Dans tous les pas de danse esquissés, le lecteur entrevoit sans peine les flashes de son propre vécu… D'ailleurs, il me semble bien m'être reconnu dans le père de la petite fille qui faisait des bisous aux garçons de la maternelle. Sans rancune !

Le père parfait existe-t-il vraiment ? Ce père attentif et présent, celui qui donne le bain, celui qui joue à cache-cache, celui qui éduque, qui console, qui fixe les limites, qui sait être discret quand vient le temps du rouge à lèvres et des sorties entre copines (!). Voici sous forme d'histoire vraie, ma réponse…

Un jour, une très vieille dame, toute petite au moment de la mobilisation en 1914, me raconta ceci : « J'ai vu monter mon père dans une voiture à cheval, il partait à la guerre. Je me suis mise à pleurer toutes les larmes de mon corps. Alors il a dit au cocher de s'arrêter, il est descendu, il m'a serrée très fort dans ses bras et m'a offert une pièce de monnaie.

« Bien du temps après, ma mère, un beau jour, a voulu me faire une surprise… J'ai vu un monsieur tout barbu que je ne connaissais pas, j'ai eu très peur et suis partie me cacher sous le lit… C'était papa ! »

Le papa de la vraie vie ressemble à cet homme qui, dans la tourmente de l'existence, a été tour à tour présent et absent, tendre et effrayant. Un homme qui donne à sa petite fille ce trésor qu'elle a gardé toute sa vie comme un talisman dans un tiroir. Cette petite pièce qui vaut tout l'or du monde et qui s'appelle l'amour d'un père.

DOCTEUR ALAIN DENAX
Chirurgien des hôpitaux
Chef de service à la maternité d'Albi
Président du GEHEM 81 (groupe d'étude en histoire et épistémologie médicale)

PREMIÈRE PARTIE

C'est quoi, un père de fille ?

Il mettait ses filles au rang des anges, et nécessairement
au-dessus de lui, le pauvre homme !
Il aimait jusqu'au mal qu'elles lui faisaient.
HONORÉ DE BALZAC

Ce sont tous deux des amis, ils sont tous deux pères de filles, mais leur réaction en apprenant que nous écrivions actuellement sur ce joli sujet, alors que nous leur demandions leur avis, a été très différente. Le premier nous a confessé qu'il ne nous serait d'aucune utilité car, nous le citons : « Je n'ai pas de problème avec mes filles ! » Nous avions entendu cette affirmation de nombreuses fois à l'occasion d'un précédent ouvrage dans la bouche des mères[1]... et nous savons maintenant que les relations sont souvent plus complexes ! Aussi, seule notre politesse proverbiale nous a empêchées de lui répondre : « Et elles, en ont-elles avec toi ? » Non par rouerie ou pour soulever quelque mauvais lièvre, mais pour être bien sûres, nous, vilaines psys, que ça existe des papas parfaits afin de nous en réjouir illico... Ce n'est pas parce qu'on est censées dénouer les problèmes que l'on aime les sacs de nœuds !

L'autre papa n'a pas réfléchi un seul instant et s'est écrié, avec dans le regard une émotion intense, qu'il était temps que nous lui expliquions l'étrange amour qu'il vivait là. « C'est si fort ce qui se passe entre ma fille et moi ! » Si fort qu'il en était presque effrayé ! Notre travail d'auteurs commençait bien, nous avions deux témoignages particuliers de ce lien exceptionnel sur lequel nous avions déjà une petite idée, car il a été le quotidien de nos consultations. Être père est une aventure.

1. Véronique Moraldi, *La fille de sa mère, de la difficulté des relations mère-fille*, Montréal, Les Éditions de l'Homme, 2006.

Nous avons toutes deux eu la chance d'avoir un bon père, bienveillant et aimant. Il est vrai que nous sommes des filles un peu sottes, disent nos enfants. Des filles d'un autre temps, d'une génération où la révolte n'était pas trop de mise. Effectivement, peu d'entre nous se rebellaient contre l'autorité parentale et nous étions plutôt enfants sages. Les bêtises, c'étaient les garçons qui les enchaînaient. Au mieux, nous servions de complices. Il faut dire aussi que pour l'une de nous, la vie en internat, souvent de règle à l'époque, favorisait la paix familiale puisque les interdits étaient posés par des tiers, qui eux, n'avaient pas la vie rose avec les adolescents. Imaginez des surveillantes, forcément ineptes, par définition, hurlant des ordres stupides aux oreilles de gamines inattentives : « Rangez votre casier, faites correctement votre lit, mettez-vous en rang, taisez-vous… Pas d'insolence mademoiselle ! » Et ceci à longueur de journée. Le retour hebdomadaire devenait une trêve attendue et agréable. On n'allait pas gâcher ces moments-là pour des futilités. Tout le monde, papa compris, y mettait du sien. Le monde extérieur jouait à plein son rôle de censeur. Les parents étaient épargnés et se consacraient à donner de l'affection et de bons petits plats. Il fallait bien pallier l'insuffisance de l'ignoble cantine !

Pour l'autre, le père, quand il était là, fut toujours un soutien : c'était un de ces hommes dont on dit qu'ils sont responsables. N'est-ce pas ce qu'on demande essentiellement à un père ?

Plus tard, nous avons compris que ce cadeau-là n'était pas donné à toutes les filles. Si, pour notre ami du début et nous-mêmes, l'expérience s'avérait satisfaisante, nos pratiques professionnelles et la vie nous montraient le plus souvent que cette relation n'est ni évidente, ni innée, et que oui, certains en étaient malades, et que oui, hélas, il suffisait d'ouvrir les journaux pour y lire quelque atrocité qui nous le rappelait.

Aussi, notre ouvrage s'adresse aux papas qui ont des difficultés avec leur demoiselle, mais **surtout aux demoiselles** qui ont des difficultés avec leur père. Il s'adresse aussi à l'épouse et à la mère qui, comme nous le montrerons, est très embarquée dans l'histoire. N'a-t-elle pas aussi un papa ? Avec des souvenirs de ce papa, et n'est-elle qu'une maman spectatrice de cette relation père-fille ? On peut augurer que non. On verra même qu'elle joue un rôle majeur. Déjà, nous entrevoyons qu'il y a dans cette affaire de vraies questions et de vraies difficultés, souvent éludées parce que difficiles à traiter et à énoncer.

On sait qu'il faudra que se brise la dyade père-fille de la petite enfance avant qu'elle ne devienne un petit couple passionnel et pathologique qui empêcherait alors de construire autre chose : un nouveau couple ou tout autre destin indépendant. Tout sauf un attachement névrotique à la figure paternelle. Car ce qui est certain – pardon Marilyn –, c'est que le cœur ne doit pas appartenir à papa. ***Le cœur de la jeune fille doit être libre.***

Libre de droit. Gare à ces pères « idoles » qui rendent tout autre amour impossible. Gare à ces pères si présents qu'ils empêchent de vivre. Gare enfin à ces pères absents que l'on cherchera toute la vie. La jeune fille a un sacré travail à faire pour mettre à distance la statue du commandeur, pour oublier ce désir fou de l'amant qui ressemblerait à papa. Se construire avec et contre papa, Freud en a rêvé toute sa vie, lui qui n'est pas parvenu à lâcher sa propre fille, Anna !

Quant à tous ceux qui sont heureux avec fifille, puissent-ils donner un peu de leur talent et savoir-faire à ceux qui pataugent ! Vœu pieu, car comme toujours en psychologie, l'expérience de l'autre aide parfois mais ne traite pas. Il faut aller au turbin tout seul.

Tout le monde est concerné, comme le proclame Marcel Rufo dans son dernier ouvrage, *Chacun cherche son père*[2], et la vie est légère pour ceux qui l'ont trouvé. C'est un viatique, un sésame. Un voyage vers la liberté !

Comment définir de façon objective ce qu'est un bon père, et de plus, un bon père de fille, quand on sait que le mot « objectivement » n'existe pas en psychologie ? Il y aura donc dans cet ouvrage une infinité de « bons pères » et un certain nombre d'autres… peut-être moins doués, pour qui ce fameux premier

2. Marcel Rufo, *Chacun cherche son père*, Paris, Anne Carrière, 2009.

rôle est moins inné : tous ceux qui ne sont pas tombés dans la cuve quand ils étaient petits, comme Obélix dans la potion magique ! D'ailleurs, la potion magique estampillée bon père existe-t-elle ? Pouvons-nous prétendre établir le manuel du bon père de famille, comme on parle en droit français de gestion de patrimoine en bon père de famille ? Y aurait-il aussi des filles qui vont avec ces pères ? Des filles estampillées « compatibles » ou « résultantes » ?

« Mon père, ce héros au sourire si doux » a écrit le poète Hugo qui avait une Adèle pas facile… C'était nos premières récitations, nous répétions cette phrase machinalement. Oui, papa est certainement le héros de toutes les petites filles mais, contrairement aux garçons, elles ne le claironnent pas dans la cour de récré. Plus discrètes, les jolies ne murmurent, ne susurrent qu'à l'oreille de papa qu'il est le plus beau, le plus gentil… et que plus tard…

Un héros notre papa ? Nous n'avons pas toutes deux un tel souvenir. Quand on est petites, un héros doit faire des choses héroïques, il porte un sabre, une armure, il avance fier à la tête de chevaliers aux armures étincelantes. Il est exceptionnel, il est grand comme dans les contes, roi comme dans *Peau d'âne* ! Les nôtres ne répondaient pas à un tel signalement, mais ils avaient du potentiel et ils servaient de supports à nos rêves les plus fous ! Alors nous mélangions un peu la vie de rêve et la vraie vie ! Nous n'avions pas besoin d'autre chose pour concocter dans nos têtes un papa inoubliable. **Un papa est fait de réalité et d'imaginaire pendant longtemps !**

Bien des années plus tard, nous comprenons que tout le travail à faire quotidiennement pour être un bon père relève de l'héroïsme ! En deux mots, le père doit se débarrasser de l'image de l'enfant idéal, et la petite fille doit cesser d'attendre son héros de père.

Il lui faut juste patienter un peu, car il va venir bientôt son véritable héros ! Ce ne sera pas un roi, mais un prince que papa, courageusement – déguisé alors en « beau-papa » –, adoubera. À ses côtés, la reine mère applaudira. **Les psys concluront alors à un « œdipe résolu ».**

C'est ainsi que l'histoire doit finir d'un côté pour recommencer de l'autre. Avant d'en arriver là, il faudra pourtant résoudre une série d'énigmes et terrasser quelques dragons. Car la qualité de la relation père-fille a un impact direct sur le « devenir femme » de la fille, l'accès à sa féminité et sa relation avec les hommes. Un impact direct dans le domaine amoureux, mais aussi dans le domaine professionnel.

CHAPITRE 1

Du « garçon » au « père », un long chemin

Si, sur le beau sujet de désir de maternité, nous pouvons remplir des pages et des pages grâce aux nombreuses confidences reçues, il n'en est pas toujours de même pour celui de la paternité. Aussi, il nous semble amusant de débuter notre ouvrage avec ce témoignage qui révèle la discrétion de nos hommes.

Un jeune couple vient de vivre un beau moment de sexualité quand la jeune femme, encore tout émue, ose dire : « N'aimerais-tu pas un autre petit ? » La question est évidemment d'une grande gravité et mérite une réponse, disons… construite ! La voix émerge, quelque peu ensommeillée, du moelleux oreiller : « Il faut dormir maintenant, ma chérie, il est tard. »

Certes, tous nos hommes ne tombent pas de sommeil aussi vite, mais il n'est pas sûr que la thématique du désir d'enfant soit leur sujet de discussion favori. Les mots *Top secret* ou tout au moins « piste rouge » nous semblent mieux convenir pour la définir !

LE DÉSIR DE PATERNITÉ : SECRET DÉFENSE !

D'évidence, on n'aime pas déballer ces sentiments-là quand on appartient au sexe fort. Les hommes, les pères dont on nous entretient dans nos cabinets sont souvent qualifiés de « taiseux ». Combien de fois avons-nous entendu : « Oh ! mon compagnon ne parle pas de ces choses-là » ?

Depuis peu, comme pour contredire cette première thèse, nous voyons naître sur Internet quelques blogues provocateurs ou attendris, dans lesquels des messieurs s'expriment allégrement.

Changement d'habitudes, courage et provocation ? Un peu de tout cela. Ils ont encore des progrès à faire en rédaction, et la qualité du fond et de la forme n'est pas toujours bonne, mais nous aurions tort de décourager autant d'efforts de communication. Nous les avons lus. Ils se plaignent beaucoup, tombent facilement dans le cynisme. Ah ! dur, dur d'élever un enfant. Certains s'en mordent apparemment les doigts, mais c'est surtout pour faire les malins : « Cherche numéro de chenil pour bébés relous[3] »… On promet de lui donner la bonne adresse !

Dur d'élever une fille ? Ils confirment. Dur d'en parler, et avec qui ? Fabrice Florent[4] reconnaît, comme nous, « que les mecs sont moins enclins à parler des affres de la paternité entre potes, donc le Net est un bon moyen d'échanger avec les autres pères ». Persévérez, papas, la voie est libre. Ne devenez pas gagas pour autant. Certes, vous avez parfois l'impression d'avoir fait la merveille des merveilles, mais le plus dur reste à faire, croyez-nous[5] !

DÉSIR CONTRARIÉ

Il est donc vrai que peu d'hommes nous ont confié spontanément leur envie ou leur non-désir d'enfant, sauf évidemment ceux pour qui le problème était crucial et constituait l'essentiel de leur démarche psy. Ceux qui ne pouvaient en avoir pour des raisons physiologiques les concernant ou concernant leur compagne. Ils évoquent alors le problème avec pudeur, ajoutent parfois que « pour eux ce n'est pas si grave », et que leur désir n'est pas exigeant, mais que leur compagne ne réagit pas aussi sagement. Ces hommes-là semblent accepter le fait comme une fatalité, un sort que l'on ne discute pas. C'est la vie ! Pourquoi se battre ? Ils sont généralement terrifiés par les examens médicaux et les lourdes démarches qu'impose un soin pour infertilité. Ils craignent aussi que cette dernière

3. Mot d'argot très employé par les jeunes français et qui signifie « lourd, difficile ».
4. www.1gars3nanas.com.
5. www.futur-papa.filid.org.

soit de leur fait, ce que la médecine actuelle diagnostique très vite et qu'ils vont confondre avec un manque de virilité ! Rappelons-nous ce merveilleux livre, prix Goncourt 2008, *Syngué Sabour, Pierre de patience*[6], dans lequel Atiq Rahimi rapporte une scène où l'annonce à l'homme de sa stérilité provoque chez lui une fureur telle qu'il sort du coma dans lequel il était plongé. Le mot fureur est ici trop faible. « Oh, ma syngué sabour quand c'est dur d'être femme, ça devient dur d'être homme ! » dit la femme lors de la révélation. Ce secret avoué happe l'homme, le frappe littéralement, le fait éclater comme la pierre magique, symbole du roman... et en fait un assassin. Nous vous laissons le plaisir de lire ces pages atroces et magnifiques à la fois... Les médecins disent employer des trésors de langage pour formuler l'absence ou l'insuffisance de la fameuse semence, ou bien ils se taisent, car peu d'hommes sont capables de l'entendre, nous dit un médecin ami. La première réaction est : « Ce n'est pas possible, ce n'est jamais arrivé dans notre famille. » C'est qu'il n'y a pas si longtemps, force et fécondité étaient liées et avoir beaucoup d'enfants reste dans certaines cultures un signe de réussite, de bénédiction divine ou de pouvoir. Aussi, peut-être est-il plus confortable pour certains de ne pas savoir lequel des deux est le responsable, de ne pas connaître cet implacable diagnostic scientifique, ou de le contourner malicieusement pour avoir tout de même un enfant, comme l'héroïne de *Pierre de patience.* Ce que les femmes de tous les temps savent très bien faire, ou plutôt savaient fort bien faire dans le secret de leur alcôve. Cette pratique tend un peu à disparaître ? La recherche d'honnêteté, de transparence et les progrès de la médecine en sont les raisons essentielles.

Quand les femmes ne se résignent pas à ce destin sans enfant, ce sont elles qui vont entamer le processus de procréation artificielle. Ce que les hommes nomment, eux, le parcours du combattant. À juste raison. Pourtant, la décision prise, ils la subissent sans mot dire, avec grande gentillesse et souvent beaucoup de compassion pour ce que va subir leur compagne. Bien sûr, à deux et devant

6. Atiq Rahimi, *Syngué sabour, Pierre de patience,* Paris, Pol, 2008, p. 152.

cette adversité du destin, le désir d'enfant exacerbé peut grimper et devenir souvent douloureux quand s'accumulent les échecs. Il faudra alors un couple fort pour résister aux désillusions et envisager peut-être une adoption. Là, c'est souvent pire que le fameux parcours précité qui s'annonce, mais il nous semble encore que les hommes le vivent plus sereinement. **L'homme n'est-il jamais qu'un « adoptant » ?** Voilà une première hypothèse dans le style « pavé dans la mare » !

CEUX QUI N'EN VEULENT PAS

Pour ceux qui ont décidé de ne pas avoir d'enfant ou de ne plus en avoir, les motivations sont énoncées, justifiées, et nous pouvons les comprendre.

C'est le cas de Jean, qui, parce qu'il avait déjà eu un enfant avec sa première femme, n'en voulait plus. Trop compliqué, disait-il sans se préoccuper des désirs de celle avec qui il vivait désormais et qu'il priva toute sa vie de cette aventure ! Il avait eu son premier enfant par « accident » et la mésentente avec la mère n'avait pas valorisé cette belle expérience. De même, dans *Un roman russe*[7], l'écrivain Emmanuel Carrère répond à un ami qui l'interrogeait sur son désir de paternité : « Ah non, ça pas question, je comprendrai très bien que Sophie ait envie d'un enfant mais il faudra qu'elle le fasse avec quelqu'un d'autre que moi. » Ce n'est pas à nous de juger du bien-fondé de ces décisions, mais nous savons qu'il y aura au moins une malheureuse, voire une sacrifiée. Certes, elles ne sont pas obligées d'accepter et peuvent se sauver… Comme le dit Jean : « Ça fait partie du paquetage, à prendre ou à laisser ! » À prendre ou à laisser… car il faut être deux pour faire un enfant.

C'est aussi le cas de certains célibataires forcenés qui ne souhaitent ni femme attitrée ni enfant, de crainte d'un engagement définitif. Ont-ils peur de ne pas être à la hauteur de la tâche ? Oui,

7. Emmanuel Carrère, *Un roman russe*, Paris, Pol, 2007, p. 81.

pour ce qu'ils en disent. Ils citent leurs copains de jadis, noyés dans les petits pots et les couches-culottes, les matchs de foot dont il faudra se passer, leurs souvenirs du couple parental et des ennuis qui en découlaient. Matthieu, lui, affirme ne pas vouloir revivre les désaccords de ses parents au sujet de l'éducation des enfants. Leur père les souhaitait parfaits, leur mère les protégeait pour garder un milieu familial serein et était obligée de « conserver des secrets pour ne pas mécontenter papa ». On imagine bien que Matthieu ne veut pas jouer ce papa « berné ». L'image d'identification n'est pas assez belle. Nous avons bien glissé par-ci par-là que cette reproduction n'était pas inéluctable et qu'elle se soignait très bien. Sans succès ! Voici un autre petit indice sur lequel nous reviendrons plus loin : **pour souhaiter un enfant, il faut être en paix avec les vieilles représentations parentales.**

Ne pas souhaiter d'enfant peut être encore la décision de certains couples adolescents qui sont trop occupés à se bichonner pour envisager l'intrus ! Avoir un enfant, non merci ! Ils ont pris ce chemin et souvent ne le regrettent pas. Les informations télévisées d'une chaîne française du 7 février 2010 signalaient que ce phénomène, déjà bien répandu dans certains pays, allait en s'accentuant et que le pourcentage de ces adultes ravis d'être sans enfant avait augmenté de 4 à 6 pour cent en dix ans. Dans l'interview qui suivait, on interrogeait les possibles mères qui avouaient que « non, leur désir n'était ni manifeste, ni refoulé ». Les possibles pères se sont contentés en général de murmurer que « non, ça ne leur manquait pas, surtout lorsqu'ils voyaient les problèmes moraux que posait l'éducation des enfants dans leur entourage ». Ils envisageaient surtout les ennuis que pourrait causer leur future progéniture, démontrant bien qu'ils avaient conscience que le projet éducatif ne leur échapperait pas. Est-ce un progrès quant à leur volonté d'implication dans l'éducation de l'enfant ou une fuite devant l'aventure ? Ce n'est pas à nous d'en juger.

Heureusement, ceux qui éprouvent des remords ont le temps de changer d'avis puisque l'âge de la paternité n'est pas celui de la maternité et les chanceux peuvent y prétendre très tardivement ! Il est aujourd'hui à la mode de se marier et d'avoir des enfants à l'âge où la génération précédente berçait déjà ses petits-enfants. Certains divorcés remariés, même âgés, ne rechignent pas non plus à agrandir la famille alors recomposée ! Cette évolution convient à notre société.

Les jeunes couples, après de longues études, se soucient d'abord de leur entrée dans le monde du travail, s'y installent, et le premier bébé vient ensuite. Ils sont prudents et mesurés ! Quant aux divorcés remariés, ils répondent au désir de leurs jeunes femmes, qui ressentent ce légitime désir d'enfant et qui, à l'inverse de l'épouse de Jean, sont entendues dans leur envie ! Enfin presque… On en a connu qui ont cédé à la volonté de leur (jeune) épouse pour ne pas la perdre, car c'était un paquetage, comme on l'a dit – à prendre ou à laisser, le joli petit lot – et qui le jour de l'accouchement étaient catastrophés. Nous pensons à un père en particulier qui a téléphoné à sa belle-sœur : « Elle en a encore fait un (bébé), elle ne pense qu'à ça ! » Pas toujours bien assumée, ni partagée, la décision en question ! Rassurons-nous, ceci ne fera pas pour autant un mauvais papa. Les hommes sont malléables et le sourire du bébé est si craquant…

DÉSIR ASSUMÉ

Depuis quelques années, des pré-papas particuliers se proposent pour cette tâche autrefois inconcevable. Une toute nouvelle catégorie, mais en forte expansion, née chez les hommes homosexuels qui sont tentés par cette belle expérience ! Ont-ils envie de filles ou de garçons ? Nous n'avons pas noté d'exigences particulières, car dans la réalité les choses sont suffisamment compliquées ! Jusqu'ici, la seule solution était de taire leur homosexualité et de faire comme tout le monde : se marier et trouver des accommodements avec leur épouse. Les exemples célèbres en témoignent. André Gide, Oscar Wilde, Marcel Jouhandeau sont de ceux-là. Après sa récente décision de ne plus vivre cachée, la communauté homosexuelle ne peut se satisfaire de ces dissimulations. Certains, déjà engagés dans le mariage et la vie de famille, osent, au moment où elle s'impose, vivre leur sexualité et rompre avec ce qui n'était qu'un conformisme peureux. C'est un choix souvent douloureux, mal jugé par l'entourage et par notre société. Nous nous souvenons de nombreux cas et des souffrances qu'ils révélaient : de la culpabilité pour le mari en rupture, de la colère pour l'épouse hébétée, des interrogations pour les enfants. « Quoi ! Mon père est homo ? » Aïe ! Les quolibets à l'école. Aïe ! L'entourage homophobe et moraliste. Toute la panoplie sectaire va jouer à fond pour enfoncer des clous déjà bien présents chez le « salaud, le traître qui aurait dû s'en apercevoir avant de mettre tout le monde dans cette panade ! » Rude moment pour tous, mais souvent la vérité est à ce prix !

Pour la nouvelle génération c'est plus facile. Ces hommes ont souvent fait un travail d'analyse ou participé à des groupes de réflexion sur ces sujets et savent ce qu'ils veulent. Des solutions sont là. Ils peuvent choisir celle qui leur convient : décider de faire un enfant avec une amie hétérosexuelle ou homosexuelle qui portera l'enfant et qu'ils élèveront à deux ou à quatre, selon la configuration de leurs couples et leurs possibilités. Ils peuvent aussi adopter un enfant, bien que cette pratique ne soit pas permise dans tous les pays ! Elle l'est au Canada, ou l'article 546 du Code civil stipule que « toute personne majeure peut adopter un enfant ».

On nous dit aussi que, de fait, les demandes sont moins bien accueillies si on s'aperçoit qu'elles sont le fait d'un couple homosexuel, qu'il y a mille façons de faire pour qu'un dossier n'aboutisse pas ! C'est aussi le cas en France, où les dossiers d'adoption de couples homos ont peu de chance d'aboutir sans tricher et dissimuler ! Ils se perdent alors dans les tiroirs ou se heurtent aux multiples tabous des décideurs, toujours convaincus qu'il faut pour un enfant une cellule familiale stable. Encore une fois les pratiques devancent les lois et amènent les législateurs à se questionner. Au Québec, la Loi sur l'union civile, adoptée en juin 2002, accorde à des hommes et des femmes le droit de s'engager dans une vie commune et la reconnaissance des responsabilités et des droits parentaux du conjoint (ou de la conjointe) de même sexe uni(e) civilement au parent biologique de l'enfant. La France, plus frileuse sur ces sujets, réfléchit... Nous avons vu déjà ces précurseurs téméraires dans nos bureaux. Nous pouvons témoigner de leur envie de bien élever leur enfant, fille ou garçon, qu'importe ! Mais beaucoup craignent les lenteurs de l'évolution des mentalités et les souffrances que leur prise de position peut causer à l'enfant. Au risque de déplaire aux grincheux, nous ne voyons pas pourquoi ils ne seraient pas tentés par une telle aventure et pourquoi quelques préceptes psychanalytiques, religieux ou philosophiques viendraient suspecter leurs possibilités d'être de bons pères. Les pères dits normaux demandent-ils des autorisations ? Quelle est l'instance compétente pour décider du bien-fondé de ce désir-là ? Vous n'en voyez aucune ? Donc, homos ou pas, on peut souhaiter remplir cette fonction d'éducation, de transmission et d'amour qui est pour nous l'essentiel de la paternité.

LE *PATER FAMILIAS*

Pour d'autres pères classiques et déjà comblés, le désir concerne souvent les troisième et quatrième enfants... d'une longue série. Ce sont ceux qui rêvent de grandes tables, d'où, assis, tel le patriarche du *Parrain* ou du *Guépard*[8], ils régneront sur leur progéniture. Le *pater familias* dans toute sa splendeur ! Si vous en croisez, ne vous moquez pas, regardez-les attentivement, car l'espèce est quand même en voie d'extinction ! Autrefois, ces grandes familles donnaient de la main-d'œuvre et du prestige au clan. Aujourd'hui, elles coûtent cher, en argent mais aussi en soucis. La plupart des femmes l'expliquent très bien en une phrase : « Qui va s'occuper des enfants ? »

Cette boutade malheureuse, prononcée par un homme politique français[9] nous a scandalisées par ce qu'elle contenait de discriminant, mais... nous l'entendons dans nos cabinets à longueur de

8. Deux films cultes que vous connaissez bien, qui traitent de l'autorité et de la soumission au père, voire au maître du clan.
9. Laurent Fabius s'est moqué de la candidature de Ségolène Royal aux élections présidentielles françaises de 2007 en disant : « Qui va s'occuper des enfants ? »

journée, dite par des femmes… hum, comblées de bébés! «Qui va s'en occuper? C'est pas lui.» Là, nous sommes bien obligées de reconnaître que c'est vrai. Ce ne sont pas les derniers sondages qui vont nous démentir, puisqu'ils confirment que le rôle du papa n'a pas vraiment, vraiment changé, malgré les apparences. Ces papas très désireux d'ajouter un couvert devront prendre patience et faire preuve de beaucoup de pugnacité pour convaincre leur compagne. Réussiront-ils? C'est moins sûr! Deux désirs vont se confronter. Qui va gagner? Ben, ça dépend…

LA LUTTE FINALE

Il faut bien voir surtout que dans la plupart des cas, les femmes ne sont pas prêtes à s'abandonner au désir d'enfant qui n'est pas le leur. Vous savez ce que dit le proverbe: «Ce que femme veut, Dieu le veut!» Donc, par extension: «Ce que femme ne veut pas… ne se passe pas!» Depuis qu'elles ont la mainmise sur la contraception, elles entendent bien la garder et la gérer. Toutes celles que l'on interroge sur une possible contraception masculine affirment qu'elles ne s'y fieraient pas. Elles ont des projets d'enfants, des idées souvent bien ancrées. Beaucoup ont décidé, bien avant de choisir le père, le nombre d'enfants souhaité et l'âge adéquat pour les fabriquer. Nos petits sont programmés très tôt en fonction des rêves de petite fille, de l'imitation de maman et du niveau socioculturel ou même religieux… Elles peuvent refuser un enfant de plus. Elles peuvent parfois tricher et mettre le père au pied du mur avec un nouveau bébé, comme nous l'avons dit quelques pages plus haut! «C'est pour la bonne cause!», nous disent-elles avec parfois un peu (à peine) de honte. «J'en ai tellement envie, et lui sera ravi quand l'enfant sera là!» Ce qui est très souvent vrai. Nous ne nous prononcerons pas en moraliste, mais attention à ne pas faire un bébé toute seule: fille ou garçon. Nos compagnons méritent mieux que ces stratagèmes d'oubli volontaire ou inconscient de pilule qui ne nous honorent pas, même si c'est pour un sourire d'enfant!

L'enfant et son royaume restent au « département féminin » et malgré toutes leurs déclarations… les femmes ne sont pas prêtes à… partager… leurs merveilleuses prérogatives de femmes ! Comment leur jeter la pierre ? Pour certaines, c'est leur seul pouvoir ! Avez-vous vu notre difficulté à ponctuer ce passage ? Elle est signe de notre… difficulté à nous prononcer ! Avons-nous honte d'avouer que nos hommes sont souvent exclus des décisions maternelles de leurs compagnes ?

JEUX DE GARÇONS

Depuis qu'Élisabeth Badinter[10] et Angela Belotti[11] se sont penchées sur la construction du féminin et du masculin, on sait que même si l'instinct maternel n'est pas inné, les filles l'acquièrent très vite. L'éducation et le poids des mentalités font que toutes les petites filles sont mamans depuis la première poupée. Pour les garçons, il en va certainement autrement. La poupée est absente de la panoplie de jouets classiques et de la liste du père Noël ! Les créateurs de la poupée Barbie ont bien imaginé un garçon, mais il sert de prince aux filles… Très longtemps, le garçon ne se projette guère dans la fonction paternelle. Certes, il a certainement été prié de jouer de temps à autre le rôle du papa par ses sœurs ou amies, mais si un copain arrive avec ses legos ou sa voiture téléguidée, le jeu du papa est vite oublié, même si ce rôle est enviable. Que fait un papa dans sa peau de papa ? Il conduit la voiture, il donne des ordres, de sa grosse voix. Le petit garçon peine à entrer dans l'habit de ce personnage qu'il cerne assez mal, qu'il voit par intermittence, qui lui fait plutôt peur ou qui ne joue pas un grand rôle dans certaines cellules familiales.

Il s'aperçoit très tôt que jouer au papa et à la maman est moins passionnant que le foot ou l'aventure dans les arbres… ou le foot avec son vrai papa ! Déjà, il rêve de déserter la maison. Ce monde

10. Elisabeth Badinter, *XY, de l'identité masculine,* Paris, Odile Jacob, 1992.
11. Angela Belotti, *Du côté des petites filles,* Paris, Éditions des femmes, 1969.

de princes et de princesses dans le château enchanté n'est pas pour lui. « Ce sont des trucs de fille », et les filles, dans la cour de récré, on les fuit. On fait mine de les mépriser… À la rigueur, on répondra à l'invitation de l'anniversaire en douce ! Mais très vite les clans se reformeront, comme autrefois dans les repas de famille : les filles d'un côté, les gars de l'autre. Même si la mixité est de règle dans toutes les écoles, les professeurs disent bien que nos petits ne se mélangent guère et que pendant la première période scolaire, ils ne s'aiment pas davantage. Il faut souvent sermonner les quolibets sexistes et malveillants ! Les temps en cela n'ont guère changé. L'une d'entre nous se souvient que lorsqu'elle était enfant, les garçons crachaient à travers le grillage qui séparait la cour de récré de l'école des garçons de celle de l'école des filles ! Leur cible : les filles, bien sûr !

« La paternité est toujours de l'ordre de la conquête et de la construction psychique », écrit Marcel Rufo[12], comme l'est l'accès à l'identité masculine. Il faudra que l'adolescence arrive avec ses convoitises de sexualité réussie et l'attrait de la rencontre amoureuse pour que les clans se retrouvent, que l'idée d'une paternité apparaisse parfois dans un grand envol romantique et lyrique.

« Je veux un enfant de toi ! » Voici pour tous la phrase qui scelle le plus bel amour qui soit ! Celle que chacun rêve d'entendre ou de prononcer, qui légitime amplement sa propre naissance. **« Je suis le fruit de l'amour de deux êtres. »** Alléluia !

LES PETITS PÈRES

La donne est un peu différente pour les aînés des fratries. Quand viennent les petites sœurs ou petits frères, les parents n'oublient pas de leur rappeler leur belle première place afin de les valoriser et de faire passer gentiment l'arrivée de l'intrus. Le garçon va alors jouer le rôle du petit père.

12 . Marcel Rufo, *Chacun cherche son père, op. cit.*

Alors, être l'aîné n'est pas si mal. « Surveille tes frères, toi qui es grand, aide-les ! », lui dit-on. En somme, il devient le petit papa qui va se faire obéir comme le grand. Nous connaissons tous la place du grand frère dans certaines familles. Il va souvent diriger ses sœurs et ses frères plus jeunes, même si le père est présent. Il est adapté, à la fois plus moderne, mais aussi plus sévère et plus intransigeant. Cette tâche-là peut amener certains garçons à une réelle habileté pour mener un groupe d'enfants et développer leurs aptitudes à transmettre, à aider, à protéger. Voilà ce que l'on appelle des éducateurs-nés. Hélas, parfois certains exercent une véritable oppression, dont plusieurs de nos patientes se sont fait l'écho ! Ces cas sont fréquents dans les familles musulmanes, même celles de la deuxième et troisième génération, où la place des grands frères est quasiment une place de père, une autorité inflexible et absolue qui peut aller jusqu'à la maltraitance ! Telle Yasmine, qui subissait les réactions violentes, les raclées de son frère, et regrettait le mutisme de son père à qui elle se plaignait et qui répondait : « Ton frère sait ce qu'il fait, il connaît le monde, lui ! » Ce relais de père n'était pas exceptionnel à notre époque, le « gars » surveillait la « petite ». Et lorsqu'il y avait deux grands frères, comme pour l'une de nous deux, nous ne vous décrivons pas le tableau !

« Surveillance » voulait dire pas d'homme trop près, pas de gestes déplacés ! Lili, amoureuse d'un ami de son grand frère, tremblait que celui-ci ne le découvre. Les amoureux usaient de ruses de Sioux pour se voir en cachette… non pas des parents, mais du frère ! David, aîné de quatre enfants, a gardé l'habitude de s'occuper de ses sœurs, de les aider et de les soutenir. Ce qui n'est pas toujours bien vécu par les sœurs désormais adultes, mais l'intention y est ! Dans les familles monoparentales, la mère, dépassée, excédée, se décharge parfois de l'éducation de sa fille sur son fils, lequel peut devenir un tyran, même sans Coran ni Bible.

Voilà un début d'essai en paternité mal engagé. Souhaitons qu'ils soient plus mesurés avec leurs propres enfants à venir ! Ce qui, effectivement, est souvent le cas. Les tortionnaires peuvent se transformer en « papas poules » à tout moment. Cette charge trop grande pour eux peut aussi devenir source de véritables angoisses. C'était le cas pour David, qui gardait sa petite sœur le soir en tremblant de peur autant qu'elle et qui nous a récemment déclaré qu'il ne voulait plus assumer aucune responsabilité ! Les raisons de ce désengagement sont multiples et complexes et ne peuvent se résumer à cette interprétation trop rapide, mais…

« MAMAN, TU ES LA PLUS BELLE DU MONDE… » *PATER SEMPER INCERTUS EST*

Ces cas mis à part, on ne voit pas le désir de paternité s'affirmer chez nos amis les garçons avant un bout de temps. Tout irait donc bien si les psys, qui voient des problèmes partout, n'allaient débusquer très en amont un désir bien dissimulé. En fait, tous ces pauvres petits garçons ne voudraient d'enfant qu'avec leur maman ! Le vrai, le grand, l'inconscient désir de paternité est là, ou était là, et ne se déclarera qu'en grande pompe. « Quand je serai grand, j'épouserai maman et on aura des bébés ! » Nous retrouverons plus loin la même délirante affirmation chez la fille, qui veut aussi épouser papa !

Sornettes de psys, disent ceux dont la mémoire chancelle. Disputes de psys, dès que ce scénario s'envisage dans un groupe de travail. Terreur des auteurs quand il faut s'y coller pour une explication qui doit être aussi honnête que possible et sans jargon incompréhensible pour éviter que l'éditeur la censure ! Pas vrai ?

Au moment de cette belle envolée lyrique, toute la famille attendrie - car la déclaration a lieu lors de grands rassemblements - a éclaté de rire ! Pourtant, ce qui est dit est dit, et souhaitons que cette phrase si mignonne trouve une réponse du papa du style : « Mon fils, tu es tout gentil, mais pour ta maman, c'est fichu, il faudra chercher ailleurs, et ce sera encore mieux, car vois-tu maman n'est pas libre ! » Histoire de bien distribuer les cartes et pour la première fois, devant tous, de jouer ce méchant rôle de celui qui sépare ! Le petit garçon remballe sa demande, fâché et humilié.

À dire vrai, le père agace son garçon depuis la naissance avec cette idée permanente de le couper de maman sans arrêt ! Il a coupé le cordon ombilical sans frémir, il a donné des bains trop chauds, des biberons trop froids, il ne le comprend pas aussi bien que le comprend maman, qu'il lui pique d'ailleurs pour de sauvages amours derrière une porte fermée. Quel empêcheur !

Avouons quand même que la vie est une sacrée farceuse. Pour une fois que notre garçon projetait de la fonction paternelle, essayait de ressembler à papa, de se mettre à la place de papa… « Et hop, tu me files ta femme ! », on vient lui rabaisser le caquet et l'expédier tout seul dans sa chambre ! C'est vraiment « trop inzuste », dirait Caliméro, notre petit canard télévisuel français emblématique des années 80[13]! Comment s'étonner que devenu grand, après cette magnifique veste, il ne veuille pas renouveler ses vœux sans que revienne ce cuisant souvenir ?

Injuste mais utile. La loi de l'espèce veut que les fils quittent le premier nid pour aller en construire un autre avec la jolie fille de leur choix. Alors, ils mettront au point le plan bébé et le cycle normal reprendra. Comme leurs parents, même s'ils s'en défendent, ils décideront de fonder une famille.

Notre garçon, oubliant alors que maman est la plus belle du monde et changeant de registre, va enfin endosser légitimement l'habit du futur père. Il va, au-delà de la génétique, des yeux bleus et de la peau noire, transmettre une histoire, **inscrire l'enfant dans sa lignée, donner des valeurs, du sens à la vie, des devenirs possibles, parier un avenir superbe, passer le relais.** C'est une tâche merveilleuse qui va demander de l'abnégation, de l'intelligence, de la psychologie, de la générosité, du travail et de l'amour. Ouf !

Surtout de l'amour et *ad vitam aeternam !* Et puisque nous avons des lettres latines continuons, sans la certitude pour lui que cet enfant est le sien, ***Mater certissima, pater semper incertus est*[14].**

13. Nous avons hésité à prendre cet exemple franco-français… mais youpi, même notre éditeur canadien le connaît !
14. La mère est très certaine, le père est toujours incertain.

Dans les laboratoires, les professionnels qui manipulent les éprouvettes, s'ils utilisent le vocable « mère », en revanche, parlent de progéniteur ou du géniteur mais jamais de père… Le père c'est celui qui élève l'enfant, ce n'est pas forcément celui qui transmet ses gênes, nous y reviendrons sans arrêt… « Pourquoi fait-on des enfants, si ce n'est pour qu'ils nous prolongent, nous survivent, et nous offrent ainsi une part d'immortalité ? Être père est toujours un pari sur l'avenir[15]. »

Au passage, notons que c'est un pari courageux, puisque c'est à la vie à la mort et dans tous les cas de figure. Que l'enfant soit une fille ou un garçon, il faut se préparer à mourir. De mort symbolique. Ne dit-on pas, à tort et à travers, qu'il faut tuer le père[16] sans que cette idée ne choque plus personne, alors qu'elle est d'une violence inouïe ? Tout se passe comme si deux prétendants se disputaient cette confortable relation à la même femme, se surveillant l'un l'autre. Comme s'il n'y avait qu'une seule place. Ce règlement de comptes, selon qu'il se sera bien ou mal passé dans son enfance, aura bien sûr des effets sur notre futur père de fille puisque c'est dans cette expérience qu'il se fera une idée de ce qu'est un père… mais ce qu'est un père de garçon, en se rappelant ce qu'était son propre père. Ce souvenir sera-t-il aussi utile pour sa fille ? Oui, à quelques nuances près, la relation père-fils a imprimé sa propre construction psychologique et va faire retour.

Un pari sur l'avenir, c'est bien le joli pari des parents. Sans certitude que cet enfant est le sien, c'est le pari du père ! Voilà que nous relançons le pavé dans la mare et proférons une perfidie de plus au milieu de l'innocence et de la joie du futur père et que nous soupçonnons nos semblables d'être trompeuses et fourbes. Eh bien, point du tout ! Ce n'est pas pour inquiéter les hommes que nous rappelons cette loi impitoyable et que nous voulons louer cette disposition naturelle à croire que ce bébé est le leur sans se poser trop de questions. Aux innocents les mains pleines !

---

15. Marcel Rufo, *op. cit.* p. 27.
16. Idée psychanalytique souvent très mal comprise selon laquelle les hommes se sont construits autour du meurtre du père parce qu'il leur interdisait tout commerce sexuel avec les femmes, réservées à son seul pouvoir.

Le docteur Naouri note, en bas de page, dans son ouvrage *Éduquer ses enfants,* que « c'est parce qu'il est *incertus* que le père entreprend de ne plus l'être en investissant les moyens qui le lui permettraient en demeurant dans une entente armée et en intervenant dans la relation de la mère et de l'enfant[17] ». Des statistiques pessimistes dénoncent que six pour cent des enfants de couples constitués ne sont pas les enfants légitimes. Naïfs, bêtas, généreux adoptants, qu'importe ! C'est l'enfant de la femme aimée qu'ils prennent ! « Le père est celui qui est là », dit la chanson. Et en cas de doute, ce sera un secret de famille de plus.

Cette incertitude du père nous permettra, dans le courant du livre, d'écrire un beau passage (lançons-nous quelques fleurs, cela ne nous fera pas de mal !) fort nourri, car nous avons des témoignages de qualité, sur les secrets de famille, mais aussi sur les révélations de ces secrets. Parfois le silence nous aurait semblé préférable à la révélation abrupte. Nous irritons tous les psys persuadés que toute la vérité doit être privilégiée. Certes, la plupart du temps la vérité est bonne à dire, mais quels spectacles lamentables ont donné les derniers procès relayés par la presse à scandale autour de ces recherches en paternité, lorsqu'elles sont abusives ! Qui a oublié le cas d'Yves Montand, déterré pour recherche d'ADN et de gros héritage ? Saluons aussi tous les pères qui acceptent les fécondations avec donneur quand ils ne peuvent avoir d'enfant. C'est d'une grande générosité. Ces sujets très brûlants méritent un traitement au cas par cas.

LE PÈRE *IN UTERO*

Elle a dit d'un ton extasié : « Chéri, ça y est, le test est positif ! » Ils ne parlaient que de cela depuis quelques mois, depuis qu'ils avaient décidé de mettre un bébé en route. C'est bien d'un bébé « nouvelle vague » dont il s'agit, un bébé de l'époque de la contraception maîtrisée. Auparavant, ils arrivaient n'importe quand ces

17. Aldo Naouri, *Éduquer ses enfants,* Paris, Odile Jacob, 2008, p. 140.

petits, sans rien demander et sans savoir s'ils allaient être bien accueillis. Des petits malotrus. Il y eut donc des rejets ! Il y eut des mères embarrassées, des avortements clandestins et dangereux, des pères qui prirent le large ! La littérature ne parle que de cela, ou presque. C'était avant, dans des temps révolus. Encore que…

Nous allons faire comme si aujourd'hui ce n'était plus pareil, même si nous connaissons les limites de l'évolution des mentalités (et de l'espèce !) et si, plus tard, au cours de ce travail, nous reviendrons à ces enfants peu désirés par leurs pères.

Supposons pour l'instant que ce père de 2010 ne va pas s'engager dans la légion, partir chercher du pétrole en mer du Nord ou, tel le Marius de Pagnol, succomber à la passion de l'aventure en mer.

Non, Pierre, Paul ou Jacques (ou Martin) approche la trentaine. Il a bien vieilli et veut bien fonder une famille. Avec celle qu'il a choisie sur les bancs de l'université ou découverte un soir de solitude sur Meetic[18] ! Aussi, lorsqu'il entend la voix émue, Pierre, Paul ou Jacques (ou Martin !) ne sait ni que dire, ni que faire. Cette attitude est immortalisée dans un grand nombre de films où le benêt bafouille quelques phrases inaudibles, les larmes aux yeux. Il va tenter un bête : « Tu es sûre ? » Comme si l'annonce émanait d'en haut, de quelque magicien ou de quelque puissance divine, comme si elle n'était pas confirmée par la science. Puis, il va rester quelque temps son téléphone en main pour digérer l'annonce. « Mais non, lui ordonne la future mère. Non, il ne faut encore rien dire. C'est un secret, car il faut attendre les confirmations, même pour nos parents ! » (Au cas où il aurait envie de le dire à sa propre mère illico.)

C'est ce qu'il voudrait faire d'ailleurs, puis le dire aux copains, puis à tout le monde. Ses spermatozoïdes arrivés en grand nombre ont grimpé l'impossible col, sont allés à la conquête de l'œuf magique et l'UN d'eux a réussi, oui, oui ! C'est un miracle, et il faut le taire ! Avouez que c'est difficile, c'est inhumain même !

Pour le moment, il est très loin de nos préoccupations d'auteurs et notre livre ne peut encore s'écrire ! Fille ou garçon, il n'y pense

18. Meetic est l'un des plus importants sites européens de rencontre en ligne.

pas. Il essaie de se souvenir de ses connaissances biologiques, de cette merveilleuse possibilité physiologique qui va donner un autre être.

Soit un spermatozoïde qui, à une heure très précise, en se hâtant pour ne pas être bouffé par les autres, va se réfugier dans une espèce de cellule femelle appelée œuf, s'y lover. « Ouf, j'y suis, j'y reste, avec tout mon matériel, mes chromosomes (et un bouquin) pour neuf mois ! » Voici ce que se dit le futur papa, se prenant une seconde pour le dit spermato ! Puis, comme il est homme d'avenir, il anticipe et pense que rien n'est plus beau, plus fort que la nature. C'est la première fois qu'il est confronté avec une telle splendeur. **Le roi du monde !**

Maintenant, il va falloir attendre et, si c'est le premier bébé, attendre sans trop savoir justement comment on attend ! Il va pouvoir consulter les copains, lire l'antique madame Pernoud, et surtout ouvrir les yeux, car il sait très bien que son rôle va être difficile à tenir. Dès aujourd'hui, son épouse, la mère de ce petit, va lui voler la vedette. Va-t-elle avoir envie de fraises des bois, être écœurée à la vue d'une feuille de salade ou vomir tout le temps ? Et ce ventre qui était à lui, ce corps désormais occupé ailleurs, va-t-il lui échapper ? Il va falloir tout imaginer, tout organiser et être spectateur d'un accouchement terrifiant. Les seuls qu'il ait vus étaient au cinéma et il n'y a pas là de quoi être rassuré.

Parions que ce papa moderne va passer l'après-midi sur Google à chercher des solutions et des explications, des témoignages. Ceci accompli, ne pas stresser, il naît environ… beaucoup, beaucoup de bébés par jour. Ce n'est pas chose si rare et ce n'est pas un tel exploit monsieur !

Heureusement, il reste neuf mois. Rectificatif : non, huit et demi pour s'y préparer. Dans ce livre, nous nous adressons essentiellement aux filles, mais pouvons-nous exceptionnellement donner à cet homme quelques conseils ?

« Mon cher futur père, l'heure est plus grave que tu le penses. Il faut dignement accueillir la nouvelle, avec l'œil brillant et les bras ouverts pour que la future maman s'y niche. Sur la table du salon, un très gros bouquet de fleurs doit trôner sans empester (car les futures mères ont souvent la nausée), avec quelques délicats chocolats et quelques gouttes de champagne (ce seront les dernières avant la naissance). Quelques soupçons de caviar ou de foie gras doivent attendre au frais la fête de l'Annonce du Bébé ! On peut être psys et gourmandes, non ? À la vôtre ! »

Tout bien réfléchi, notre conseil est extrêmement sensé et celles qui le liront pourront le suggérer insidieusement à leur compagnon. Il est temps de rajouter de la symbolique à des choses capitales. Notre société l'a compris, mais uniquement du côté mercantile. Nous, nous disons cela pour que les futurs parents gardent au cœur de doux souvenirs. Le couple en a toujours besoin, c'est sa came, c'est avec cela qu'il tient et qu'il tiendra ! Oui, ce sont de ces jolis moments dont le couple se souviendra pour adoucir les tempêtes qu'il ne manquera pas de traverser quand bébé sera là. Ce sont ces instants de magie qui le sauveront ! D'ailleurs, les Américains, toujours à la fine pointe du progrès et du profit, viennent d'inventer la deuxième lune de miel pour ces futurs parents. L'offre comprend des séjours relaxants, massages et bains ouatés, pour qu'ils profitent de ces derniers instants à deux. Nous parions que cette nouveauté va s'inscrire tout naturellement dans les cadeaux de naissance en bons d'achat et compléter celle, déjà bien ancrée, de la post-naissance, avec remise en forme pour la nouvelle maman. C'est bien le progrès !

Mais revoyons notre papa après ce repas bien arrosé. Il est doublement groggy : l'Annonce faite à Marie et la gueule de bois. Hier soir, ils ont envisagé toutes les belles choses qui leur arrivaient. Ils ont imaginé ce bébé-là, ont revu les photos de leur enfance, se sont promis d'aller regarder dans les albums de leurs mamans, et surtout, ont cousu et recousu le bébé idéal. Ils ont ainsi préétabli une petite charte éducative. Sûr qu'ils ne toléreront pas que ce bébé soit grognon comme celui de Machin, ni mal élevé comme celui du cousin… Ils auront un bébé en or ! Un bébé sur mesure !

« ET SI C'ÉTAIT UNE FILLE ? »

Peut-être est-ce soudainement que l'un des deux a pensé cette phrase fatidique et osé prononcer à haute voix ce que nous attendions, nous, pour commencer ce livre ! **« Et si c'était une fille ? »**

Il y a eu un temps de silence et en même temps, nous l'espérons, ont fusé ces jolis mots : « On s'en fiche… Surtout si c'est le premier enfant, pardon, la première ! »

On n'affirmera pas que cette déclaration est réfléchie, car **logiquement,** le premier enfant **devrait** être un garçon ! Un garçon, nous dit-on, pour porter l'espoir du nom, pour régler très vite cette question préoccupante de la transmission du patrimoine. Ensuite, si les vents étaient contraires la première fois… au moins un garçon pour sauver la face la deuxième fois !

Il en était ainsi autrefois. Reprenons le petit extrait drolatique dans le livre de Wajdi Mouawad *Visage retrouvé*[19]. Il parle de son trisaïeul : « Il avait hurlé sa prière : "Dieu, voilà huit enfants que tu m'envoies par ta grâce… huit enfants, huit filles, donne-moi un fils et toute ma descendance ne portera plus le nom de Soulaymaan, mais celui, très saint, très sacré de Moutabbi qui signifie : l'exaucé" » et bien sûr, rajoute l'auteur quelques lignes plus loin, « Dieu en eut pitié ».

Comment Dieu n'aurait pas eu pitié d'un pauvre hère affublé de huit filles ! Voilà donc un homme prêt à tout pour UN mâle ! Il n'est pas le seul. Nos souvenirs d'enfance gardent en mémoire ces phrases entendues : « Encore une fille, il va en remplir la maison ! » Et tous de se moquer du pauvre diable que le sort ne comblait pas ou que les dieux ne remerciaient pas ! Faire un garçon reste le sommet de l'exploit.

On ne parlera pas non plus de tous ces régimes alimentaires inventés par des sorciers de la nouvelle vague, censés influencer les cellules génétiques et permettre ainsi aux parents de s'assurer le choix de l'enfant. Le régime très protéiné convient aux mâles. C'est normal, la protéine est le muscle, la force, la forme ! On

19. Wajdi Mouawad, *Visage retrouvé,* Arles, Actes Sud, 2009.

n'élève pas les mâles au maïs et à la courgette ! La plupart sont mis en place et respectés pour obtenir enfin le garçon. Rarement pour une fille, même quand on a déjà des garçons, car alors, on laisse faire le hasard ! On oubliera aussi tous ces parents tellement persuadés qu'ils attendaient un garçon qu'ils en oubliaient de chercher un prénom de fille, ou ceux qui, pris au dépourvu, ont seulement ajouté le petit « e » féminin ou ont opté pour le même prénom : Camille, Claude, Dominique…

« ET SI C'ÉTAIT PLUTÔT BIEN ? »

Bien, puisqu'il paraît que nos jeunes parents sont plus évolués, saluons leur modernité et décidons de les croire. Il y a même des couples qui diraient leur préférence pour une fille, arguant qu'elles sont plus souples, plus faciles à élever, plus douces, et surtout qu'on ne les perd plus.

Ah oui, on les perd moins. Anciennement, dans notre société, les filles, une fois mariées, étaient souvent happées par la famille de l'époux et allaient grossir les rangs de la main-d'œuvre bon marché. La jeune épouse allait seconder la belle-mère dans les travaux de la ferme ou de l'élevage. Nous avons de nombreux témoignages de ce « vol » de filles et des rebuffades qu'elles enduraient de cette belle-mère peu encline à leur laisser les rênes de la maison, qui les éloignait au dehors pour des travaux pénibles sous prétexte de garder le foyer et les petits-enfants. Double rapt !

Cette tradition demeure dans de nombreux pays. Nous nous souvenons d'un mariage en Inde, où les rites très codés maintiennent ce passage d'un foyer à l'autre. Le jeune marié va en grand apparat chercher sa future épouse à son domicile, puis l'accompagne dans sa famille, où elle est accueillie par la mère et les sœurs de son époux. La symbolique est claire, la dot en plus.

Dans nos sociétés actuelles, les fils partent, car peu de métiers sont héréditaires… Des études réussies les amènent souvent fort loin. Les filles suivent leur mari comme le recommande le Code civil, et ce sont souvent elles qui maintiennent le lien, car on sait l'aversion des hommes pour « donner des nouvelles ». La communication se fera plus aisément avec la famille de la jeune femme, ce qui renforcera le lien avec son papa, pendant que son mari essaiera de se faire adopter par cette famille. Beaucoup de pères et mères de garçons constatent que leur garçon les oublie et adopte peu à peu sa nouvelle famille. Une mère confiera son enfant plus volontiers à sa propre mère qu'à sa belle-mère. Il se tisse ainsi de fortes solidarités.

DES PRÉJUGÉS ATTRISTANTS ET TRÈS RÉSISTANTS

Souvent contraint et forcé, le législateur loi a pourtant dû adopter quelques décrets adaptés à l'évolution des mentalités. Où en est-on aujourd'hui ?

En 2010, une fille peut revendiquer les mêmes droits juridiques qu'un garçon et peut prétendre à la même éducation ! Que les plaisantins ne raillent pas, ces réformes sont très jeunes…

Savez-vous depuis quand, en France, les filles sont autorisées à entrer à l'École polytechnique, fief militaire spécialisé dans l'éducation très haut de gamme des garçons[20] ? Allez voir la note de bas de page. Vous êtes encore sous le choc ? D'accord ! Alors continuons.

En France, la femme peut ouvrir un compte bancaire sans la permission de son mari depuis 1965. La loi supprimant la notion de chef de famille date de 1970. Depuis 1985, les époux peuvent administrer leurs biens conjointement. On applaudit la performance. Mais… combien de femmes en France peuvent prétendre au titre de chef d'entreprise aujourd'hui, même en dehors du CAC 40[21] ? On envisage même des quotas pour qu'elles accèdent à de nouvelles fonctions dans les conseils d'administration. La bagarre autour de l'efficacité de cette proposition va recommencer. Certaines vont encore protester qu'elles ne sont pas des produits

20. Le concours de l'École polytechnique est ouvert aux candidates depuis 1967.
21. Système de Cotation Assistée en Continu, principal indice boursier de la place de Paris.

laitiers – même s'ils sont nos amis pour la vie, comme nous l'assènent régulièrement les publicitaires ! Mais comment faire ?

Nous n'aurions pas trop de tout le livre pour traiter de cette problématique. Bornons-nous à souligner les avancées. Disons encore que l'héritage est le même pour tous, que le droit d'aînesse et le droit du garçon sont abolis, que les terres peuvent être confiées à la fille de la maison, ainsi que l'usine de métallurgie… Que la Suède a modifié sa constitution pour que l'héritière du trône, première née, puisse régner. Que les filles peuvent maintenant garder leur nom et le transmettre à leur enfant. Certains pays européens gardent même les deux patronymes accrochés, montrant bien que les enfants sont nés de l'union de monsieur Lopez et de madame Garcia. En France et au Canada, les parents peuvent choisir de donner à l'enfant le nom de la mère ou celui du père, indifféremment. Cependant, la coutume veut que le nom du père soit le plus souvent choisi. Nous connaissons peu de pères qui ont accepté de bonne grâce que leur enfant porte uniquement le nom de leur mère, et quand cette solution est adoptée, elle ressemble souvent à un règlement de comptes ! Nous nous souvenons d'un papa qui n'avait pas envie d'enfant. Sa compagne enceinte, il s'est repris, a changé d'avis… un peu trop tard, vers le sixième mois de grossesse ! La future maman, jugeant lâche la conduite du père, l'a puni. Elle a refusé que l'enfant porte le nom de l'indécis ! « Comment lui faire confiance à l'avenir, après de telles hésitations ? Elle s'appellera comme moi, il ne me volera pas ma fille ! » Le grand-père maternel appréciait et jubilait secrètement, car c'était son nom que sa petite-fille allait porter.

Pour les questions d'héritage, les attitudes sont très diverses. Certes, papa ne choisit plus le mari de sa fille et son avenir, mais la tradition pèse toujours, et dans tous les milieux, quand il s'agit de léguer ses biens.

C'est le cas d'Emma, par exemple. Son grand frère a hérité de l'entreprise de maçonnerie, d'une voiture de fonction, du carburant sur le compte de la société, du téléphone gratuit… Emma reçoit en échange un pécule compensateur chaque mois, mais quand papa le décide et quand papa le veut. Si Emma déraille ou souhaite le dépenser à sa façon, alors papa lui coupe les vivres. Drôle de différence de traitement entre le fils, qui récolte un instrument de travail à faire prospérer et l'usage de biens sociaux, et celle qui est dépendante du bon vouloir de papa. « Fille de monsieur C » !

Heureusement, Emma travaille, gagne bien sa vie par ailleurs, mais elle est blessée que ses parents n'aient pas estimé qu'elle puisse avoir les capacités de diriger l'entreprise, ou mieux encore, qu'elle puisse être l'associée de son frère. À vrai dire, ils n'ont même pas envisagé que leur fille puisse s'y intéresser. Aussi, quel fut leur étonnement, lors d'échanges plutôt vifs, de se voir reprocher la différence éducative ! L'histoire est plus compliquée pour l'une de nos amies qui aurait aimé reprendre la suite d'une belle histoire professionnelle et y ajouter des chapitres. Ses parents ont dû juger que ce travail-là était trop difficile et n'ont pas passé le relais. Auraient-ils procédé autrement avec un fils ? C'est possible. On voit même des parents de fille confier de grandes responsabilités à leur gendre, le préférant à leur fille, qui peut ainsi élever les enfants ou mener une vie de privilégiée. Nous avons entendu de nombreuses fois les parents expliquer : « Il peut bosser (le gendre) et laisser ma fille profiter de la vie ! » L'intention est louable, si fifille est du même avis ! Ce qui n'est pas toujours vérifié. Certaines s'insurgent : « Il a préféré confier l'entreprise à mon compagnon, voilà la mesure de sa confiance en mes capacités ! »

Ceci se passe en 2010. Quelques années plus tôt, nous nous souvenons d'une de nos parentes, enragée de voir que nous travaillions mieux que son fils, s'être exclamée : « C'est injuste, ces filles qui travaillent bien à l'école prennent la place des garçons alors qu'elles ne sont pas laides et qu'elles trouveront forcément un mari ! » Notre sort était tracé : mariage, maternité et allégeance à l'homme ! Parole de femme !

Malgré cela, nous avons persévéré et essayé de prendre quelques places, sans cesser d'entendre qu'il fallait garder du temps pour élever nos enfants. Le choix d'un métier de professeur ou de tout autre métier libérant des heures pour la famille avait la préférence de nos géniteurs. Et voilà que cette année les statistiques reconfirment une fois de plus que les femmes sont beaucoup plus embarquées que les hommes dans le soin des enfants et choisissent le plus souvent leur carrière en fonction de ces impératifs.

Pour rajouter de l'eau à notre réflexion, le nouveau livre d'Élisabeth Badinter[22] dénonce fort justement le retour de pratiques que nous pensions enterrées à jamais et qui vont, si nous n'y prenons garde, être exhumées et ramener les mères à la maison. Pour toutes celles qui ont tellement marché, tellement usé de semelles dans ces longues manifestations pour l'égalité des sexes, quelle désillusion ! Mais, mais... quand nous débattons entre femmes de ces questions, nous reconnaissons bien que nous avons du mal à mener de front toutes nos tâches, que notre vie professionnelle doit tenir compte de nos obligations familiales, qu'il y a des périodes où ce sera impossible, que nous serons dans la culpabilité ou dans le dépit quoi que nous choisissions.

Marie nous disait même, alors qu'elle a mis toute son intelligence à bâtir un projet professionnel, qu'il lui arrive d'imaginer avoir plein d'enfants qui légitimeraient, aux yeux de la société, son retour à la maison.

Sachant tout cela, que peut dire un pré-papa de fille ? **Comment va-t-il réfléchir à son projet éducatif ? Comment va-t-il penser l'avenir de cette petite ?**

Le cas d'Emma est heureusement contredit par des parents qui veulent sincèrement offrir à leur fille les mêmes chances qu'à leur garçon. Nous avons souvent entendu des pères nous affirmer leur désir de voir leur fille les égaler ou les dépasser, mais disons tout de suite à notre futur papa qu'il lui faudra être opiniâtre et dès le départ très vigilant, car les us et coutumes ont la peau et la vie dure. C'est un premier conseil et non le moindre, car il devra lutter en permanence contre ces mentalités bien installées. Aussi, aujourd'hui, après la bombance de la veille, nous te disons, papa, que ce n'est pas pareil ! Quoi donc ?

---

22. Élisabeth Badinter, *Le conflit,* Paris, Odile Jacob, 2010.

Eh bien, une fille ou un garçon, ce n'est pas du tout pareil! Et peut-être qu'on ne doit pas les éduquer de la même façon… Ah oui? Tiens, tiens, voilà une évidence qu'il faut bien claironner, comme on enfonce un clou!

LES JOIES DE L'ÉCHOGRAPHIE

Pour l'instant, père et mère attendent et imaginent. Ils attendront plus calmement que la génération précédente, sauf s'ils veulent jouer les héros en ignorant les avancées de la science et surtout cette merveilleuse chose qui se nomme l'**échographie.** L'échographie est une invention récente datant des années 1980. Donc, beaucoup de nos trentenaires (ceux qui sont jeunes papas maintenant) y ont échappé. Dans la boîte à souvenirs des parents, ils ne trouveront pas la fameuse première photo. Nous rappelons donc au pré-papa qu'il est inutile de demander à sa propre mère des renseignements, elle n'a pas vécu l'expérience de l'échographie! Nous pensons que cette avancée est formidable et pour nous, son utilité dépasse évidemment la révélation du sexe de bébé. D'abord, elle le fait vivant très tôt. Certains parents se plaisent à reconnaître dès les premiers clichés les traits mêmes de la ressemblance (hum!). Et quelle émotion il y a à voir ce petit être s'étirer, bailler! Vive la science qui permet cela! L'attachement peut commencer et remplacer avantageusement le fantasme.

Mieux encore, cette merveilleuse découverte sert à rassurer les futurs parents quant à la bonne santé de l'embryon. Toute la génération précédente, qui n'a pas eu cette chance, vous parlera de ses sourdes angoisses à imaginer ce qui se passait dans ce petit logis pendant neuf mois. Et qu'adviendrait-il ensuite si… Bref, il valait mieux ne pas y penser, nous disait-on. Mais comment ne pas penser que le bébé pourrait être malade ou handicapé? On nous rétorque qu'actuellement l'échographie qui révèle une malformation pose de graves questions morales aux parents qui doivent décider ou non d'une interruption de grossesse, mais au moins ont-ils le choix.

Aussi, autrefois ce qui importait autant que le sexe du bébé était qu'il soit en bonne santé. Notre père du XXIe siècle évite donc ces tracas ancestraux. Les obstétriciens, qui sont aux anges pendant ces examens, sont unanimes : les pères sont généralement présents et fascinés. Ils veulent savoir et comprendre. Où est le cœur ? Les poumons fonctionnent-ils ? De l'émotion pure, un véritable cadeau. Donc, c'est très bien pour papa. Son travail peut commencer. Nous en avons rencontré qui montraient le cliché de la petite merveille à qui voulait le voir avec une fierté qui nous a fait grand plaisir. Jamais on ne se réjouira trop de la venue d'un enfant. Surtout que jusque-là, pour le futur papa, c'est quand même pas très difficile d'être un pré-papa… Il suffit de poser sa tête pour le sentir bouger, de lui parler doucement, de ne rien faire et d'attendre. C'est ce que disent les femmes, dont on sait qu'elles sont si mauvaises langues, surtout parce qu'elles appréhendent l'accouchement et le biblique : « Tu accoucheras dans la douleur ! »

En réalité, ces messieurs ne sont pas si éloignés de leurs préoccupations, mais même s'ils sont embarqués sur le même navire, ils ne font pas le même voyage et n'admirent pas le même horizon. Chacun dans sa tête déroulant un avenir pour monsieur bébé, tout en repeignant à deux la nouvelle chambre en bleu ou en rose !

Ces pères peuvent même se permettre certaines fantaisies. Prendre du poids, nous faire une « couvade », rêver qu'ils sont « enceints », comme Marcello Mastroianni dans ce drôle de film, qui est plus qu'une comédie, *L'événement le plus important depuis que l'homme a marché sur la lune.* L'année de la sortie de ce film (1972) est proche d'une année de grande victoire ! En effet, la bataille pour la loi sur l'avortement avançait à grand pas, soutenue par le manifeste des « 343 salopes » que Catherine Deneuve, héroïne du film, Agnès Varda et tant d'autres, signaient elles aussi.

La réflexion autour de l'enfantement et de son exclusivité féminine a fait couler beaucoup d'encre. En même temps que ce pouvoir de décider d'avoir ou non un enfant, se posait la place et la question du père qui, lui, n'en ferait jamais, mais qui devait comprendre ce qu'était le « devenir mère ». Curieusement, c'est la même démarche que des publicitaires de cette année 2010 ont adoptée en France pour mobiliser les ados. Ils proposent dans un petit film d'inverser les rôles. On y voit donc un homme pousser des cris de cochon qu'on égorge pendant que la voix off crie : « Poussez, monsieur, poussez ! » Et comble de mauvais goût, quand on lui demande où est la mère de cet enfant, celle qui devrait tenir la grosse paluche, il répond : « Eh bien, elle s'est barrée… »

Le mérite de cette pochardise nous échappe un peu, mais l'humour des ados n'est pas le nôtre. Peut-être seront-ils émus devant la souffrance de la (du) parturiente, sans (e). Peut-être seront-ils choqués ? Mélange-t-on les rôles pour ramener du féminin chez ces hommes ?

Nous, on veut bien rire sans tabous, mais nous attendons les commentaires. Cette pub, des plus sérieuses quant à son but, marquera-t-elle les esprits ? Pour le moment, puisque la recherche médicale ne lui laisse aucun espoir sérieux d'enfanter à son tour, l'homme devra vivre longtemps encore la grossesse par épouse interposée, faire fonctionner son imaginaire et se résigner à ne pas vivre ce voyage dans son corps.

SURPRISE, SURPRISE !

Certains futurs parents ne veulent pas savoir le sexe de l'enfant avant la naissance. Bien sûr, cette attitude intrigue un peu les psys. Pourquoi ne pas s'habituer doucement à prononcer Léa plutôt que Paul en parlant à ce bébé qui ainsi est nommé ? Les papas questionnés ne nous ont pas paru très déterminés dans leur volonté de savoir ou pas. Ils suivent en général les recommandations de la future maman.

Nous pensons que c'est plutôt elle qui donne le ton encore une fois… Écoutons Sophie nous dire « qu'elle ne veut pas savoir, car elle veut une surprise et que ce sera un vrai bonheur après l'accouchement ». Une surprise. Son mari en souriait et, pour leur premier bébé, a juré qu'il se moquait de savoir si c'était une fille ou un garçon. D'autres pères nous ont affirmé ingénument qu'ils « savaient », une sorte de prémonition magique : « Pour le premier, j'étais sûr que ce serait un garçon, pour le second une fille, et le troisième un garçon ! Et c'est ainsi que ça s'est passé, comme pour mes parents ! » C'est mignon et pas rationnel du tout, mais nous avons beaucoup aimé cette confidence. Après tout c'est le fantasme de tous les couples, non ? Un garçon d'abord, une fille ensuite. Et dans l'ordre s'il vous plaît. Il ne faut pas bousculer le droit d'aînesse.

Nous n'avons aucune idée sur la question. Doit-on savoir ? Attendre la surprise ? Toutes les attitudes sont bonnes puisqu'elles sont la résultante d'un choix et appartiennent à chacun.

Ceux qui veulent le secret seront étonnés. Ceux qui savent se préparent et ont assez d'imagination pour fantasmer sur autre chose que le sexe de l'enfant. Mais quoiqu'ils disent, tous ont un imaginaire d'enfant sexué. C'est-à-dire qu'ils rêvent d'un garçon ou d'une fille, peut-être déjà en secret.

Nous l'avons déjà largement dévoilé, il fut un temps où la grossesse n'était qu'une affaire de femmes. Les usages évoluent lentement. Vous avez bien remarqué qu'aujourd'hui, notre future maman a d'abord annoncé l'événement à son compagnon et qu'elle lui a interdit de le rapporter ! Autrefois, c'était sa propre mère qui recueillait la nouvelle en premier. Ces choses-là regardaient le gynécée, mères, sœurs, amies. On informait les hommes plus tard. N'en parlons plus, c'est du passé.

Depuis que papa est volontaire, la grossesse est mieux partagée ! Nos nouveaux compagnons ne s'évanouissent plus à la moindre goutte de sang et nous souhaitons très sincèrement les embarquer dans l'histoire. Certes, il y a encore quelques frileux qui perdent connaissance quand bébé montre son nez, mais la plupart se réveillent pour couper le cordon. Acte ô combien symbolique de cette séparation douloureuse, qui donne le coup d'envoi du début de l'Aventure avec un grand A.

CHAPITRE 2

Lorsque la fille paraît

Y a-t-il des bougons et des mécontents à l'annonce du sexe? Certainement! Oseront-ils l'avouer de façon agressive? C'est moins sûr maintenant.

Toutefois, si nous consultons nos tablettes, les exemples perdurent. C'est Pierre qui ne se rend pas à la clinique quand sa fille naît et qui avoue qu'il en était incapable: «Je ne savais comment cacher ma déception et mon épouse la sentirait!» On imagine surtout sa déception à elle en ne le voyant pas venir et quelle rancœur allait prendre racine sur ce rendez-vous manqué…

Ce sont toutes ces confidences d'hommes déçus: «J'aurais tant voulu un garçon pour le nom!» Le nom? «Mais votre fille porte votre nom! Et elle peut le garder», répondons-nous. Non, elle se mariera et adoptera le nom de l'autre. Au passage, notons déjà le malaise que cause l'idée même de l'autre, celui qui enlèvera la petite. Il rôde déjà, le voleur, en filigrane.

MALÉDICTION, C'EST UNE FILLE. « C'EST FOUTU POUR LE RUGBY! »

Jean-Louis, notre ami, est encore plus tranchant. Il dit n'avoir jamais souhaité une fille et toujours rêvé d'un garçon, «pour aller à la pêche et au foot». Pour avoir un copain, quoi, un «mini-lui»! Quels égoïstes, ces hommes. (Laquelle de nous deux a dit ça? Cherchez!) Comme nous voulions le taquiner, car ces déclarations péremptoires nous étonnaient, nous lui avons demandé avec qui il avait passé de bons moments. Et là, surprise. «Eh bien, c'est avec ma fille, car elle a exactement le même caractère que moi, un foutu caractère, comme un mec, alors que mon fils ressemble à sa mère. » *Sic !* Et véritablement, il met dans cette déclaration une émotion sincère. Nous rions sous cape et nous trouvons que le hasard est bien espiègle. Bien espiègle, mais pas suffisamment parlant pour que notre ami présente ses souvenirs autrement. Par contre, cette jeune fille apparemment indésirable a su s'affranchir de ce désir mou, ou s'en moquer, ou ne pas y croire, ou encore a-t-elle inconsciemment réussi à se mettre dans la peau de ce garçon que son père attendait. Ce n'est pas toujours le cas et nous verrons plus tard les grands traumatismes que peut causer l'indifférence d'un père déçu.

Philippe voulait aussi un garçon et il l'attendait ferme, sauf que tous les jours les copains déjà pourvus d'enfants lui chuchotaient de souhaiter plutôt une fille, car « tu verras comme c'est bien », et notre Philippe intelligent commença à douter de ses goûts, au point qu'au moment de vérité, il ne savait plus ! « Ils m'avaient embrouillé, alors quand j'ai su… » C'est une petite fille qui est arrivée ! Sans regrets.

Si la perte de ce fameux nom de famille est la raison la plus souvent invoquée, elle n'est pas la seule. Certains pères craignent de ne pas savoir élever une fille, de ne pas comprendre ces bouts de chou qu'ils accusent de faiblesse et dont ils soulignent les défauts légendaires : cabotines, capricieuses, coléreuses, pénibles…

Des « pisseuses » ! Toutes les représentations misogynes ressurgissent du plus profond des temps, et on croirait entendre quelque moyenâgeux personnage ou un saint Augustin ressuscité. Les filles ça fait peur ? Aux papas, on l'a vu, comme les femmes feront peur aux hommes plus tard.

C'est vrai qu'ils n'auront pas leur propre enfance comme repère et que, s'ils n'ont pas eu de sœur ou d'amies très proches, les méandres du cerveau de leur fille pourront paraître bien codés et impénétrables. Comme les voies du Seigneur ou… celles de Satan. Mais c'est là le défi. Cette merveilleuse rencontre avec un Autre qui est vraiment… autre va les surprendre et les enrichir !

On ne leur dit pas d'apprendre le point de croix, la broderie ou le macramé, car s'ils se tiennent un peu au courant et écoutent les nouvelles du soir, ils savent que depuis quelque temps, les filles ne font plus dans la dentelle ! Et pour une chochotte, combien de téméraires ? Pour le moment, ces papas ont peur sans raison, uniquement parce que les générations précédentes les polluent encore avec leurs fausses informations et leurs tabous.

Rassurons-les, hier certains hommes se sont insurgés contre nos légitimes exigences. Celles de la libération de la femme. Ils les ont tordues, déviées, ridiculisées. Ils nous ont fait le coup de la sorcière, de la vaurienne.

Les femmes veulent comme les hommes choisir leur devenir, être épouse ou non, être mère ou non, travailler comme eux, recevoir le même salaire, avoir des libertés sexuelles, abolir la hiérarchie des sexes, qu'ils prennent un malin plaisir à confondre avec la différence des sexes. NORMAL, NON ?

C'est le moment pour ce papa de fille de se cultiver, et puisque nous sommes là pour l'aider, que pour commencer il apprenne l'encadré ci-dessus par cœur, puis qu'il lise quelques bons auteurs féministes. Il n'est jamais trop tard pour bien faire. Ces auteurs sont connus. Nous espérons que tous ces hommes feuilletteront au moins une fois dans leur vie le si utile *Deuxième sexe,* de Simone de Beauvoir, qui reste encore très mode, ainsi que le travail d'Élisabeth Badinter déjà mentionné, qui fait encore scandale en France, avec son nouvel opus, parce qu'il revient sur ce qui est au creux de la problématique : la fonction maternelle[23].

Nous avons écouté avec stupeur (et tremblements pour l'avenir de nos filles !) les insultes qu'elle essuyait via la boîte à témoi-

23. En deux mots, pour renseigner nos amis francophones qui sont loin de ces batailles franco-françaises, elle défend pour nous, ses consœurs, le droit de choisir notre façon d'être mère, avec ou sans allaitement, sans culpabilité !

gnages de l'émission de Daniel Mermet sur France Inter (*Là-bas si j'y suis*, février 2010), et nous avons compris qu'il restait encore des hommes peu fréquentables qui ne souhaitent pas donner aux femmes des droits essentiels. Des hommes loin de nos préoccupations de femmes libérées.

Ce qui ne sera pas le cas du futur père de notre livre, qui va tenir compte de nos recommandations et se répéter qu'une fille n'est pas un garçon, n'est-ce pas ! Le concept de masculinité et de féminité n'est pas exclusivement biologique. Il existe de nombreux préjugés contre lesquels il aura à se battre. « Les filles sont coquettes, sournoises, sages ! Elles pleurent toujours, elles ont un imaginaire limité, elles sont mauvaises en maths… » Ce matraquage est quotidien et sournoisement orchestré. Les psychologues et sociologues analysent le pourquoi de ces attitudes et rendent à César ce qui est à César. Les filles sont ce que notre société souhaite qu'elles soient… Et les systèmes éducatifs sont loin d'être neutres, alors qu'ils devraient être très vigilants et adaptés. Le rôle des jouets, des jeux, dont nous disions plus haut qu'ils faisaient des petits garçons un aventurier plutôt qu'un papa, font des filles une maman avant d'en faire une mathématicienne ! Les modèles masculins et féminins classiques sont très bien véhiculés par la littérature destinée aux enfants. Il est difficile de répertorier tout ce qu'un père de fille devra combattre pour la libérer de tous ces tabous et de ces schémas sans lui coller illico des migraines à n'en plus finir !

AUTRES PAYS AUTRES MŒURS… LES CONTRÉES QUI N'AIMENT PAS LES FILLES

Nous savons que le poids des pratiques culturelles, religieuses et sociales est encore bien plus lourd dans certains pays, et bien que les coutumes ancestrales ne puissent disparaître d'un coup de baguette magique, il faut reconnaître qu'y naître fille n'est pas enviable. Bien sûr, nous pensons à tous ceux qui tuent leurs filles, ceux qui les abandonnent, ceux qui les mutilent, enfin, ceux qui les cloîtrent dans des forteresses de pierre ou de tissu ! Ces jours-ci, nous pouvons voir sur grand écran, dans *Fleur du désert*, de Sherry Horman (2010), retracée la vie de ce célèbre mannequin somalien, Waris Dirie, qui avait déjà témoigné avec un beau livre des horreurs commises au nom de la coutume. Au Mali, en Somalie, à Paris, on excise les petites filles. À grands coups de couteau sale, on leur ôte le clitoris, les petites et grandes lèvres. À Toulon, en novembre 2008, c'est une famille entière qui se lie pour punir Inès, qui refusait le mari qu'on lui destinait. L'UNICEF parle de 70 millions d'Africaines victimes de ces mutilations. En Europe, en France, ces pratiques sont interdites. Mais… les chiffres officiels communiqués par la secrétaire d'État à la solidarité disent qu'il y a en France au moins 55 000 femmes mutilées.

Qui sont ces barbares qui acceptent qu'un homme puisse amputer sa fille ou brûler sa femme ? Et bien plus grave est l'avertissement de Bénédicte Manier, dans son essai : *Quand les femmes auront disparu. L'élimination des filles en Inde et en Asie*[24], puisqu'il est question non plus de mutiler, mais de supprimer carrément une partie des filles. Supprimer à la naissance ou après l'échographie, par volonté ou par manque de soins. Certains préjugés font toujours de la naissance d'une fille un déshonneur. Elles sont, à cause de leur dot, une charge très lourde pour les parents ou la fratrie. L'Asie compte aujourd'hui 100 millions de femmes de moins que d'hommes. Où sont passées ces pauvres créatures ? Elles disparaissent à la suite de nombreux avortements. Elles sont tuées par des belles-mères mécontentes à leur naissance, étouffées dans des sacs en plastique comme des petits chats, empoisonnées par des plantes toxiques ou abandonnées sans soins ni vaccins jusqu'à ce que mort s'ensuive. Il ne faudra pas se plaindre si les hommes un jour cherchent en vain une épouse après ce massacre. Dans certaines régions de l'Inde, les jeunes femmes survivantes sont vendues 100 000 roupies, c'est-à-dire le prix d'un réfrigérateur, aux célibataires en manque. Ont-ils réalisé, tous ces gens,

24. Bénédicte Manier, *Quand les femmes auront disparu. L'élimination des filles en Inde et en Asie*, Paris, La Découverte, 2006.

qu'en tuant leurs filles ils n'auront plus de fils ? Ceux de nos lecteurs qui sont révoltés par ce chapitre trouveront plus de renseignements sur le site www.genreenaction. net.

Rappelons-nous Jean-Louis et sa confidence naïve et réjouissante : « C'est avec ma fille, finalement, que je m'entends vraiment bien. » Elle dit mieux que tous les discours qu'il n'est pas nécessaire d'être semblable pour s'entendre. Au contraire, la compréhension de l'autre, qui demande un minimum de questionnement et de remise en cause de soi, est une saine nécessité et ne peut que faire progresser une relation, à condition d'éviter les projections parasites. Après ce que nous venons de dire, le rôle de père se révèle un vrai défi. Oui, c'est bien ainsi que nous l'entendons. **Élever une fille au XXIe siècle est un défi.**

MAMAN CLONÉE

Bien sûr que cette petite fille va être une sorte d'énigme, mais au moins ce sera excitant et en fait, pas si nouveau que cela, car elle va beaucoup ressembler à sa mère. Cette femme que notre futur père aime à la folie – en principe.

Beaucoup d'hommes ravis nous l'ont confié : « Je veux qu'elle ressemble à sa maman, qui est si belle avec ses beaux yeux bleus et son fin visage. » Cette future maman, elle est là dans sa vie, depuis plus ou moins de temps et ce n'est pas si compliqué de la fréquenter, de la comprendre !

Voilà notre homme embarqué dans une adoration émouvante : « Je l'aime, je veux un enfant de cette union, ce sera un but dans ma vie, je saurai pourquoi je me lève tous les matins. » Ces petits êtres fragiles méritent protection et soins. Autant maman, soudain si douce, si patiente, que bébé. Pour nos Zorro machos, ce sera l'occasion rêvée de jouer les gros bras, de se rendre utile, de séduire la mère qui se réjouit d'avoir à la fois un bon mari et un bon chef de clan ! Nous répétons sans honte des confidences de patientes ou d'amies : « Je l'ai épousé parce que j'ai senti qu'il serait un bon père pour mes enfants à venir. » Aïe ! L'amour de mère passerait-il parfois avant celui de l'amante ? Y a-t-il une sorte d'homme qui fait des pères et une autre qui fait les amants, que l'intuition, la fameuse intuition féminine – ce radar infaillible venu du fond des âges, archaïque, que muent la nécessité de se reproduire de l'espèce humaine et la pyramide des âges – saurait déceler, détecter ?

Les poètes décrochent leur guitare ! C'est Claude Nougaro et sa Cécile... Double hommage au terrible désir de la femme et à cet amour irrésistible qui va surgir : « Elle voulait un enfant, moi je n'en voulais pas, mais il lui fut pourtant facile, avec ses arguments, de te faire un papa, Céciiiiile, ma fiiiiille. » Ce sont encore, preuve s'il en est que ce n'est pas si mal, les Higelin, Renaud, Gainsbourg qui rendent hommage à leur fille en de belles romances. L'homme est finalement conquis, terrassé par ces fragilités qu'il doit protéger. Quel beau sentiment que celui-là. Il y a des compensations à être père de fille ! Pas de compétition à mener comme avec son garçon. Pas de tuerie, pense-t-il alors, en accord avec les copains qui lui avaient conseillé de souhaiter une demoiselle. « Le coq dans sa basse-cour », diront les méchantes langues à la vue de ces deux poupées et de leur protecteur.

C'est un peu vrai, mais nous n'allons pas cracher dans la soupe si on a de l'aide pour porter les paquets et la poussette, et si on se lève la nuit pour consoler les chagrins, calmer les pleurs et bercer le bébé ! Alors pourquoi l'inquiéter avec les possibles difficultés ? Pourquoi l'empêcher de vivre un bonheur sans nuages ?

Attendons encore quelques pages pour chercher l'os dans le potage ! Pour l'instant c'est un velouté rose, sauce Aurore, un velouté de princesse.

DIVINE IDYLLE

Donc, dès que miss bébé a montré son joli minois et que, photographiée et filmée par papa elle a effectué cent fois le tour de la famille conquise, père va protéger ses deux petites femmes. La petite d'abord. « Si petite, si démunie, si craquante », disent-ils d'emblée ! Si en plus la maman assure qu'elle a aussi besoin d'être entourée, c'est gagné !

Le père sera présent pour tout: changer les couches, faire la compote... comme une vraie maman! On nous dit même que l'investissement du père peut être très fort et que certains vont jusqu'à rentrer à la maison, mais oui! Les Américains nomment ces extraterrestres les *Mister Moms.* En France, ce sont les MAF (mari au foyer, le père n'est pas cité!). Damien Lorton, polytechnicien distingué, mais sans emploi - l'un n'empêche pas l'autre! - nous fait part dans un joli livre, *Le père est une mère comme les autres*[25], de son expérience de père à la maison. Nous aimons sa conclusion: la paternité est une belle aventure. Surtout quand on en fait une belle analyse sociologique, avec le recul et l'humour nécessaire, c'est-à-dire beaucoup...

Faut-il y voir une envie véritablement nouvelle de s'impliquer dans sa famille? Oui, pour ceux qui savent que ce sera surtout une période passagère. Pas sûr non plus que leur compagne soit toujours d'accord et émerveillée. « J'aimerais pas, disent certaines, parce que ça le diminuerait à mes yeux. L'homme n'est pas fait pour le travail à la maison et il ne sait pas s'occuper très bien des enfants. » Nous espérons que ce ne sont pas les mêmes qui se plaignent que leur compagnon passe tout son temps devant la télé!

Les hommes qui ont tenté l'expérience ont compris que ce n'était pas si facile et ils sont moins critiques ensuite. Nous avons leurs avis sur les blogues du Net: « Ça te bouffe une énergie! Tiens, déjà le matin pour les bols du déjeuner, et les fringues à choisir, t'es crevé... » En France, nous rions beaucoup en écoutant la célèbre humoriste Florence Foresti, qui dans son spectacle, *Mother Fucker* (nous vous laissons le soin de traduire), apostrophe les nouveaux pères ainsi: « Quand je vais au parc avec ma fille, je vois de plus en plus de papas. C'est bien, messieurs, bravo! Vous avez vu, on se fait chier hein? » Ah! La garde alternée, c'est « duraille » pour Arnaud, qui se donne du mal pour élever ses deux filles, et sans la grand-mère, comme il le fait remarquer, « alors que les autres potes les collent à la mamie... » Bien vu!

25. Damien Lorton, *Le père est une mère comme les autres,* Paris, La Découverte, 2009.

Au début, les filles de pères à la maison sont un peu déboussolées par cette présence très importante du père sans maman. Ce n'est pas conforme à ce qu'elles ont connu et voient autour d'elles. Petites, elles préfèrent rester du côté gynécée, pour toutes les raisons déjà évoquées – imitation de maman, jeux de petite fille, pseudo-fragilité... Heureusement, il reste des plaisirs mixtes à partager avec papa : le cinéma, le théâtre, le sport, les vacances. Ce qu'ils aiment faire avec leur fils.

Il n'est plus rare, depuis le grand développement des gardes alternées, de croiser papa et sa demoiselle grandie dans le club de vacances ou au restaurant. Si, si... Même que les femmes se retournent pour voir ce joli couple ! Et que les pères ne sont pas mécontents que l'on puisse penser que... Si, si ! Et que la jeune fille est ravie, quand son joli papa l'enlève à la sortie des cours devant un public époustouflé, des filles et des garçons verts de jalousie... Si, si ! Puisqu'on vous le dit !

En échange de ces bons traitements, elles vont être dévouées, nos filles. Toutes prêtes à conquérir cet homme. Ce sont les mères, parfois un peu jalouses, qui nous racontent les entreprises de séduction qu'elles mènent, en vraies femmes d'expérience !

Lorsque papa travaille, ce sont les mères encore qui notent que la chipie, désagréable toute la journée, cesse ses colères dès qu'il pousse la porte.

C'est que papa est un événement ! Il ne fait pas partie du quotidien, il n'a pas eu sa dose d'énervements dans la journée, comme maman. Sauf contrariété au boulot, il est disponible. Surtout que maintenant il ne va pas oser s'affaler dans le fauteuil (ou beaucoup moins que son *pater* !), car il a lu tous les ouvrages qui font de lui un bon père et alors, s'affaler dans le canapé, ce serait vraiment un délit majeur. Quasiment une faute professionnelle. Condamnable, que le bébé soit une fille ou un garçon.

Il est disponible également pour s'accaparer maman, pour la détourner de son enfant. La preuve ? Tout à l'heure elle se démenait pour rapporter tous les jouets que la demoiselle envoyait valdinguer... Certes, papa a regardé un peu fifille, mais voici que maintenant tous les deux paraissent absorbés par autre chose qu'elle, et là ce n'est pas tenable. La stratégie se met en place. Il faut récupérer papa, l'ôter des bras de maman. Les petites filles seraient-elles plus séductrices que les garçons à l'égard de papa ? Certainement plus coquines puisqu'au lieu de le rejeter, elles essaient le plus vieux procédé du monde : l'avoir au charme.

Les plus futés vont nous dire que c'est bien la peine de faire notre couplet féministe pour en conclure si bêtement que la rouerie est féminine ! Non, rassurez-vous, ce n'est ni atavique, ni génétique, mais simplement œdipien, donc normal et justifié ! Que les impatients se projettent tout de suite dans le chapitre qui suit, car voici ce qu'ils vont entendre de la bouche de leur petit bout de chou.

« QUAND JE SERAI GRANDE... J'ÉPOUSERAI... »

Refrain connu. Voilà que ça recommence, nos enfants manquent vraiment d'imagination. Les garçons veulent épouser leur mère, les filles leur père... Vous connaissez la suite si vous avez lu les contes de fées, ou plus sérieusement les grands mythes de l'humanité : « Quand je serai grande, j'épouserai papa ! » Cette idée fait écho à la demande en mariage du petit garçon à sa maman, dont nous parlions plus haut.

Elle est loin d'être idiote, d'ailleurs ! « Qu'a fait maman qui, jusqu'ici, est mon modèle en tout ? Elle me parle de lui, mieux, elle l'a épousé. C'est qu'il vaut le coup cet homme ! Ne dit-il pas que nous sommes ses rayons de soleil ? Oui, comme celui de maman, mon cœur est à papa... ***Cause my daddy, he treats it so well.*** »

« Qui est la sécurité même ? Qui va travailler pour mes petits besoins ? Les grands disent même qu'il ne travaille que pour moi ! Qui mieux que lui m'aimera ? Personne. D'ailleurs, pour le moment, je ne connais pas grand-chose du monde qui m'entoure ! »

Pour le moment, papa, sur son canapé, son bijou dans les bras, fond de plaisir quand lui reviennent en désordre en mémoire les règles élémentaires du grand livre de la vie, les incestes de l'Olympe, les théories de l'éminent professeur Sigmund Freud, avec en sourdine la lancinante mélopée de Marilyn Monroe: «*Cause my daddy da da da da...*»

LORSQUE MONSIEUR FREUD PARAÎT, PAS COMPLEXÉ DU TOUT !

Monsieur Freud, vous avez la parole une nouvelle fois, bien que nous craignions que nos lecteurs et lectrices se lassent ou concluent qu'il n'y a qu'un seul penseur psy sur cette planète... Mais vous êtes ici inévitable. Que dites-vous ? Qu'on ne peut pas épouser papa ? Qu'on ne peut pas avoir de relation sexuelle avec son père ? Vous qui avez gardé près de vous votre Anna si savante et dévouée ! Vous qui actuellement êtes totalement désavoué par quelques philosophes en mal de notoriété ou de lecteurs ! Pourquoi ? Parce que c'est interdit !

Michel Onfray[26] rapporte que votre histoire ne tient pas debout. Exemples à l'appui. Il voit donc dans cette invention œdipienne l'expression même de votre propre névrose, Sigmund, et non un fait universel. Le célèbre anthropologue Malinowski[27] refuse aussi cette universalité. Dans les récits bibliques, il est vrai que cet interdit n'est quasiment jamais respecté, bien que la punition divine s'abatte sur les transgresseurs[28] !

L'inceste est d'abord un danger biologique. Les mariages consanguins entraînent des problèmes génétiques. Sa condamnation permet donc aux hommes de nouer des relations avec d'autres communautés où les liens de sang sont absents[29]. Elle a bien sûr aussi l'énorme mérite de maintenir la hiérarchie entre les générations, le rang généalogique.

26. Michel Onfray, *Le crépuscule d'une idole,* Paris, Grasset, 2010.
27. Bronislaw Malinowski (1889-1942), médecin et ethnologue connu pour ses travaux sur les habitants des îles Trobriand du Pacifique occidental.
28. Bernard Forthomme rapporte et analyse le viol du père par ses filles. Loth est d'abord enivré par ses filles, qui ont ensuite une relation avec lui pour perpétuer l'espèce (Genèse 19, 32).
29. Ce que Levi-Strauss nomme exogamie.

L'interdit de l'inceste a été inventé pour mettre de l'ordre dans le désordre et poser une loi qui préserve une paix relative, sociale et générationnelle. En effet, quand cette règle élémentaire est bafouée, on peut voir que l'harmonie n'y est plus ! Par exemple, ces coquins de dieux de l'Olympe ne sont pas des modèles ! Isis et Osiris sont frère et sœur et Zeus, le grand Zeus, est toujours à l'affût de quelque joli corps à dévorer en douce. Déjà, à son propos, retenez l'action de Junon, qui était auparavant sa sœur avant qu'elle ne devienne son épouse jalouse, vous verrez combien elle est vigilante et combien elle veille au grain.

C'est pour cela qu'aujourd'hui il faut les surveiller, ces deux-là, père et fille qui roucoulent sur le canapé quelques pages plus haut. Pour vous en convaincre, mère lectrice, écoutez Fricka, l'épouse de Wotan dans la *Tétralogie* wagnérienne. Écoutez sa colère lorsqu'elle comprend que son propre époux tolère sous son toit des amours incestueuses et ensuite ne se résout pas à perdre sa fille. C'est au dernier acte qu'il lui signifiera son destin : il ne la donnera qu'à celui qui la méritera et sera son vainqueur. Pour cela, il allume autour du corps de sa fille un feu protecteur que seul un valeureux digne d'elle saura franchir. Cette séparation du père et de sa fille désobéissante donne sûrement les plus belles pages d'amour de tout l'opéra (*La Walkyrie,* acte 3).

Il y a aussi ce roi, père de Peau d'âne, que nous allons revoir quelques pages plus loin, qui ne veut pas perdre sa fille, et la gentille fée à la voix inimitable qui chante : « Mon enfant, on n'épouse jamais ses parents... » sur une musique de Michel Legrand, dans un film de Jacques Demy : une féerie ! Il y a des pères qui sont sous le charme et qui ont oublié qu'ils ne voulaient pas d'une fille tellement ce qu'ils vivent avec elle est beau. Il y a des pères que l'on doit rappeler à l'ordre.

Dans les lettres à Wilhelm Fliess, le 15 octobre 1897, Freud formulait le fameux complexe d'Œdipe pour la première fois. Quelques années plus tard, en 1913, avec *Totem et tabou*[30], il analy-

30. Sigmund Freud, *Totem et tabou,* Paris, Payot, 2004.

sera les origines de l'exogamie et l'interdit de l'inceste. Car il est bien de notre avis. Autrefois, c'était la pagaille !

L'essai *Moïse et le monothéisme*[31] suivra, Freud y dépeint le père de la horde sauvage : « Le mâle vigoureux, seigneur et père de toute la horde, disposait à son gré et brutalement d'un pouvoir illimité. Toutes les femelles lui appartenaient ; les femmes et les filles de sa propre horde, et aussi celles ravies aux autres hordes. » Que les fils et frères ne s'aventurent pas sur son chemin, car ils étaient immédiatement chassés ou punis de mort. Ceci jusqu'à ce que ces mêmes fils décident de le supprimer pour se jeter enfin sur les femmes ! Ce ne serait pas si mal si la culpabilité des fils à tuer le père n'enlevait au massacre toute jouissance ! Elle débouchera finalement sur l'idée d'interdire l'inceste et de prohiber tout commerce sexuel entre parents. Toujours dans l'espoir que la violence entre les générations et la bagarre pour la possession de la femme cessent.

Sauf que la horde a couru encore très longtemps ! Au Moyen Âge, le seigneur exerçait son droit de cuissage. Le siècle des Lumières mariait ses filles sans les consulter. La bourgeoisie du XIXe siècle les vendait pour un titre, contre une dot. Les fermiers agrandissaient leur propriété avec les belles joues de leurs filles. Pour les mariages entre cousins, on n'était pas non plus très regardants ! Nos propres grands-mères ont été « présentées » à des hommes convenables… Liberté chérie… On obéissait !

Quand nous les interrogions, elles répondaient : « Vois-tu, c'était comme ça, il ne fallait pas discuter ! » et nous, filles modernes, nous ne comprenions pas. Ont-elles été heureuses ? Nos grands-mères ont vécu des temps troubles et les guerres au siècle dernier. Elles ont perdu des fils et des frères, elles ont assumé les longues solitudes et un dur quotidien en attendant le retour de leurs maris prisonniers. C'étaient des femmes fortes, on imagine que les attentes amoureuses et les tracas qui vont avec les perturbaient moins. Rappelons que le mariage d'amour est une invention très récente.

---

31. Sigmund Freud, *Moïse et le monothéisme*, Paris, Payot, 2004.

L'amour venait après les présentations ou ne venait pas. Le devoir primait.

Mais revenons à notre petit couple encore si innocent et au sujet brûlant des amours œdipiennes. Seul, pour le moment, le papa sait par ouï-dire que cet amour est impossible. La petite fille n'a pas lu ce Freud, ni le philosophe Onfray (pour le second, elle peut attendre), elle n'a ni la science ni le courage de Peau d'âne, car papa est à conquérir, et elle persiste à dire qu'elle veut l'épouser.

Les psys, qui n'en sont pas restés à l'idée simpliste de cet amour œdipien, le nomment attachement farouche, possession. Et complication. Car ce que vont vivre ce père et sa fille, ce que cette dernière va mettre en place est très raffiné. Au départ, elle veut conquérir son père pour le leurrer et faire en sorte qu'il n'intervienne pas, qu'il laisse se dérouler cette histoire d'amour première et inoubliable qu'elle entretient depuis toujours avec sa mère. Lien d'une force inouïe ! Pour cette entreprise de séduction, on a dit qu'elle allait tout simplement imiter sa maman. Ce qui a marché une fois remarchera bien une deuxième, non ? Pas idiot, mais insuffisant…

Donc, que les pères comprennent bien que cette attaque, apparemment amoureuse, a pour but de faire diversion et qu'ils ne doivent pas s'en laisser compter. Ils ne sont pas le but direct de la stratégie.

Surtout qu'ils n'imaginent pas que c'est comme pour les relations mère-fils, qu'une simple séparation suffit ! Dans le cas qui nous occupe, il faut rompre avec tact et doigté le fil de la fille à la mère, le fil abuseur de la fille au père. Pour la fille, c'est un véritable numéro de trapèze volant puisqu'il faut se séparer de l'indispensable mère dans une ambivalence folle, contre son propre désir, en s'accrochant à son père que l'on pare alors de toutes les qualités, pour enfin renoncer aux deux. Sans aide, ce serait mission impossible. Ces médiateurs sont bien entendu les principaux acteurs, papa et maman. Surveillants de leur fille et se surveillant mutuellement, pour calmer le jeu.

D'où, vous l'avez compris, la nécessaire présence de la mère, de l'épouse, qui, comme Fricka, doit être la gardienne de la famille et énoncer fermement qu'on n'épouse pas papa, mais aussi la constance d'un papa qui défait cet amour primitif, total, tripal qui attache sa fille à sa mère, et ensuite celui qu'elle lui porte à lui. Joli boulot, n'est-ce pas ? Vous comprenez mieux maintenant pourquoi nous disons que ce travail de père est héroïque. « Mon père, ce héros au sourire si doux… »

Vous imaginez les trésors de psychologie qu'il faut déployer pour rester dans cet entre-deux. Surtout que personne ne se fait de cadeau et que d'autres comptes à régler vont s'y glisser et compliquer le paysage. Voulez-vous quelques exemples ? Papa joue le jeu de l'amour avec sa fille pour rendre maman jalouse. Ou encore, fifille, furieuse de constater sa dépendance à maman et voulant s'en détacher, peut se réfugier dans les bras du père. Ou encore, maman, fâchée contre papa, peut faire de sa fille sa confidente et son alliée. De multiples cas de figure sont possibles qui entravent la marche victorieuse vers la liberté ! Laissez travailler votre imagination !

Si le couple est solide, il peut manœuvrer gentiment. Les choses se compliquent si maman, pour des raisons diverses, n'aime plus papa, si papa n'aime plus maman… mais ce n'est pas mission impossible, loin de là, même dans ces cas-là !

Première réassurance : maman a aimé papa, même si leur histoire est maintenant terminée. Elle le dit sans arrêt (sur les conseils des psys) depuis leur séparation : « Tu comprends, autrefois, quand on t'a conçue, avec papa, c'était le grand Aaaamour. » Maintenant la petite doit apprendre « que la vie sépare ceux qui s'aiment tout doucement sans faire de bruit[32] ». Et que peut-être, papa aime et est aimé d'une autre femme : celle qu'on nomme la marâtre dans les contes de fées, et, de façon plus actuelle, la belle-mère.

Le vocabulaire est déjà bien chargé, non ? Là, l'évidence saute aux yeux de la petite fille. Papa aime ailleurs. Elle le voit, elle épie leurs gestes de tendresse, elle en conçoit du dépit pour maman qu'elle pense trahie et pour elle-même. La violence et la souffrance que leur récit charrie nous font toujours froid dans le dos. Surtout si c'est papa

32. Yves Montand, Jacques Prévert, *Les feuilles mortes*, 1962.

qui a laissé tout ce beau monde pour butiner ailleurs. C'est carrément insupportable si celle qu'il a choisie possède des qualités ou un statut social supérieur à sa mère… ou encore si elle est nettement plus jeune! Les bons mots de «pute», de «salope», de «briseuse de famille», les «je ne veux pas la voir» accompagnent en général le ressenti. Ces circonstances désagréables de la vie, paradoxalement, aident à grandir et à se détacher peu à peu du traître.

Certes, nous faisons semblant de ne voir qu'un bon côté de cette situation. Cependant, nous ne sommes pas bêtement naïves et nous savons bien que le travail de séparation avec papa ne se fera pas tout seul, et que la jalousie, le dépit que la situation entraîne, le rendra plus douloureux que dans une famille classique. Nous disons plus douloureux, c'est encore à relativiser… et à moduler. Ce qui est sûr, c'est que la jeune fille ne peut plus se raconter d'histoires et que, outre qu'il vient de lui montrer une surprenante infidélité, elle constate que papa n'a pas pour elle cet amour exclusif, et que même la rivale actuelle a plus de pouvoir sur lui qu'en avait maman. Il va falloir qu'elle trouve des stratégies plus opérantes. Certaines réussissent très bien et il n'est pas rare de recevoir un père décontenancé par la violence et le culot de sa fille.

En voici un exemple. On va le nommer Laurent. Il est venu un beau matin défait… Sa chère fille, sa prunelle, celle pour qui il avait fait le sacrifice de son bonheur en maintenant un couple qui ne le satisfaisait pas, l'avait trahi. D'abord, fine mouche, elle l'avait espionné, elle avait découvert les codes secrets qui donnaient accès à son courrier électronique, à son téléphone. Elle l'avait suivi au bureau, au restaurant, planquée comme un détective de série américaine. Une fois la maîtresse découverte, elle l'avait abordée pour des renseignements sur un profil de carrière, elle lui avait écrit des insultes, des menaces et… au final, lors d'une grande dispute avec sa propre mère, lui avait asséné le coup de poignard fatal: «C'est pas étonnant que papa aime B… avec le caractère que tu as!»

Ce qui s'appelle régler deux problèmes à la fois. Ficher une pagaille telle que papa, au nom du code de l'honneur, se doit de partir (car sinon son infidélité n'aurait aucun sens) et obliger maman, soutenue par le même honneur, à le ficher dehors… Voici comment cette jeune fille a écopé de dix ans d'analyse pour culpabilité extrême et regrets éternels. Quand on vous dit que l'amour est violent, on n'est pas des brodeuses !

ET MAMAN DANS TOUT ÇA ? L'EMPÊCHEUSE DE TOURNER EN ROND !

« Et en plus, elle est jalouse ! » Avons-nous perdu une phrase en route ? Nous doutons du sens de l'affirmation véhémente. Qui est jalouse ? Ici, point de maîtresse ni de scandale, on serait en droit d'espérer que tout aille bien. « Mais maman, bien sûr, tu comprends rien ! », s'insurge Carla, étonnée de notre question. Comment notre Carla pourrait douter des sentiments qu'elle inspire puisque papa fait ses quatre volontés, craque pour un sourire et que madame mère bougonne sans arrêt qu'il lui passe tout ! C'est effectivement idiot de ne pas comprendre illico que papa trouve sa fille formidable en tout, eh oui… Et s'il peut, par cette attitude bienveillante envers sa fille, énerver son épouse en plus… c'est tout bénef ! Faut bien reconnaître que la plupart du temps, il ne la trouve pas toujours très diplomate, son épouse. Ni très psychologue. Ces disputes incessantes entre elles deux pour des mesquineries lui paraissent sans intérêt, et parfois la grande paraît plus sotte que la petite ! Bref, cette tension l'épuise. Comment être heureux les fesses entre deux chaises ?

Alors, abandonnant maman à ses récriminations, les deux zigotos s'octroient des balades à vélo à deux, des cinés à deux, des concerts pop à deux, sous prétexte que « maman, elle aime pas sortir, tu la poses avec un livre et t'as la paix ! » Oui, on comprend et on compatit, maman est bonne pour rester à la maison et préparer le repas de ceux qui aiment bouger, eux, quand ils auront décidé de rentrer.

Combien de règlements de compte s'opèrent par ce biais-là ? Beaucoup, nous pouvons en témoigner. Parole de psys ! Au point même que souvent, même s'il n'en meurt pas, comme dans le cas précédent, le couple en pâtit, et que la jeune fille ne paraît pas fâchée de ce petit tumulte. Séparer pour mieux régner est souvent de mise dans les familles. Voici donc la sourde lutte pour la préférence. Les coups bas et les perfidies pleuvent très tôt. « Maman a dit que tu étais méchant ! » ; « Maman, elle fait des choses que tu n'aimes pas. » ; « Maman m'a battue ! » ; « Maman sort quand tu n'es pas là ! » Papa, ne résistant pas aux grands yeux en pleurs ourlés de longs cils humides, de conclure : « Viens, viens voir papa, ma chérie ! » Sous-entendu : « Lui va savoir te consoler, il n'est pas comme cette vilaine mère ! » Cette scène vous l'avez vue ou vécue des milliers de fois. Parfois c'est un jeu entre les parents, de connivence. Parfois c'est plus grave et bientôt personne ne rira plus. Si notre Carla s'interrogeait plus lucidement, elle avouerait bien aussi son énervement à voir son père lié à sa mère et ses manœuvres de séduction demeurer parfois vaines. Eh oui, ma belle, ça ne marche pas à tous les coups la stratégie de la sournoiserie. Et là, qui est jalouse ?

Un père naïf et étonné nous dépeignait récemment cette petite saynète. « Faire les magasins avec mes deux femmes relève de l'exploit. La petite compte tout ce que sa mère achète et veut l'équivalent, sous prétexte que c'est « ma » carte bancaire. Pourquoi ce même traitement ? « Parce qu'il n'y a aucune raison qu'elle (l'autre) soit privilégiée ! », a déclaré la jolie tête à claques. Nous supposons que son papa a répondu en expliquant la différence de statut, etc. Nous lui conseillons au passage de ne pas dire « mes deux femmes », mais « ma femme et ma fille », car sinon c'est bien lui qui entretient cette rivalité et s'y colle, dans cette gadoue !

« FAIRE UN BÉBÉ POUR MOI TOUTE SEULE »

C'est peut-être en imaginant éviter la problématique de ce fameux couple à trois[33] que certaines femmes souhaitent un enfant pour elles toutes seules. Ainsi, il n'y aura qu'un seul sujet d'amour, la mère, et aucune comparaison possible entre les deux parents. Cette

33. La présence de frères ou de sœurs tempère la toute-puissance enfantine, mais les jalousies flambent avec la préférée de papa ou de maman, créant des problèmes encore plus complexes parfois.

peur de l'homme va conduire certaines à faire des enfants en douce, sans envoyer de faire-part de naissance au père. Cette attitude, actuellement très critiquée, a eu son heure de gloire ! Féminisme exacerbé façon années 70-80, haine de l'homme. Ces femmes prennent de lourdes responsabilités. Élever un enfant seule est une gageure. Les dangers psychologiques sont réels. Nous connaissons bien ces cas-là, où nous voyons des mères coupables ou soudainement dépassées par l'ampleur de la tâche, mais nous recevons aussi leurs filles, qui sont souvent nos « patientes impatientées » par la recherche de la vérité sur leur origine, lassées de ces mères qui mentent, trichent ou refusent de répondre, qu'elles finissent par mépriser.

Au XXIe siècle, se battre pour la transparence de son histoire reste un combat. Dominique a attendu la bonne trentaine avant de savoir qui était son vrai père, et ceci après des recherches personnelles, car sa mère ne voulait rien avouer. Nous la retrouverons plus loin et nous donnons en annexe son témoignage. Les journaux sérieux disent qu'une très célèbre dame de France a appris que son père n'était pas son géniteur à la mort de celui-ci, lors des aveux de sa sœur, elle-même fille légitime ! On imagine le choc, la stupeur et les traces que peuvent causer de pareilles révélations.

Là encore, nous observons ce grand pouvoir des mères qui est de garder secret le moment amoureux où l'homme devient père. Certaines avouent ne plus rien savoir du père présumé. Ce qui est tout à fait possible quand on a une double vie et que l'on souhaite la taire pour des raisons aisément compréhensibles. D'autres sont tenues au secret par l'homme engagé ailleurs, qui a menacé du pire si son autre famille l'apprenait. D'autres ont choisi en toute connaissance « le géniteur abusé », l'étalon utile.

C'est évidemment là que se trouve le vrai pouvoir des femmes : décider seules de leur désir d'enfant et de son accomplissement. Arrêter leur mode de contraception en secret, passer à l'acte avec un oubli de pilule… hum, malheureux ! Nous n'écrivons pas pour juger du bien-fondé des comportements humains et ne dispenserons de leçon à personne. C'est ainsi, ça existe, et le résultat est quand même ce magnifique espoir de vie et de bonheur qu'est la naissance d'un nouvel enfant sur Terre.

Toutes les vilaines et les belles histoires sont possibles, riches en déroulements et rebondissements dignes d'une comédie de Molière ou de Beaumarchais. Souvenez-vous, quand le vieux barbon se révèle être le père de celle qu'il veut épouser ! Tiens, tiens, aurait-il lui aussi, sans le savoir, une intuition quelconque ou d'inconscients penchants pour sa propre fille ?

L'histoire de Dominique est parfaitement romanesque et Dominique est une femme heureuse, même si les silences de sa mère au début de sa vie ont été fracassants. C'est celle d'un père retrouvé par miracle grâce à de nombreuses complicités et des hasards bienveillants qui ont éclairé sa vie.

Imaginez que le téléphone sonne : « Bonjour, je m'appelle Domi et je suis votre fille ! Je suis née en… Ma mère ne vous l'a jamais dit, vous étiez son amant à l'époque, nous avons 30 années à rattraper ! »

Un choc partagé ! Et dans ce cas-là, un très bon accueil de l'autre famille, car le monsieur avait une bonne épouse et deux autres bons enfants ! Ceci est assez rare pour que nous le signalions[34]. C'est la vie et c'est un miracle, quand tout avait si mal commencé !

---

34 . Vous trouverez l'histoire en annexe, telle que Dominique nous l'a racontée.

CHAPITRE 3

« Un jour mon prince viendra »

Nous écrivons ce livre apparemment en chantant, car notre discothèque est riche d'hymnes à papa. Oui, un jour le prince viendra pour enlever la belle. Le père l'attend, mais il n'est pas pressé. Jusqu'ici tout s'est plutôt bien passé, comme on le dit dans les livres. La petite fille est fière de son beau papa et ne craint pas de l'exhiber à la sortie du collège, devant ses copines aussi émerveillées qu'elle. Pères de tous pays, si vous nous lisez, attention ! À l'adolescence, les amies de votre fille sont en admiration devant vous. Veillez à ne pas en être fiers. Vous n'avez plus l'âge et ne souhaitez pas finir par faire les sorties de lycée avec des bonbons, n'est-ce pas ? Certes, vous avez une belle voiture mais le muscle a fondu[35] et pour l'allure jeune, vous repasserez… honnêtement. Laissez-les ados entre eux !

En général, à notre époque où tout va si vite, le petit ami montre son nez très tôt. Nous entendions récemment une petite fille de quatre ans nous raconter que son petit ami d'école lui avait collé un joli bisou ! Nous étions attendries ! Qu'a dit papa ? « C'est pas sérieux ça, dans la vie, il n'y a que papa qui a le droit de faire des bisous ! » Nous avons tous ri, papa aussi. Papa est très éclairé, nous n'avons pas à nous inquiéter, il sera vigilant. D'autres petites entendent cela. Y voient-elles déjà un interdit ou une mise en garde contre le fait de recevoir des bisous ? Sûrement les deux. Papa signifie une injonction : « Attention à te préserver ! » et un désir : « Reste auprès de moi ! »

35. Nous avons écrit ceci contre l'avis et en dépit des protestations de nos compagnons, qui revendiquent une musculature ferme !

PROTECTION RAPPROCHÉE

Alors que le dur apprentissage de la relation amoureuse commence pour elle, papa doit surveiller, sans aller gifler sa pauvre petite devant les copains comme le fait le père, joué par Claude Brasseur, excédé par sa fille, incarnée par une Sophie Marceau adolescente, dans le célèbre film de Claude Pinoteau, *La boum* (1980). Papa doit prévenir des dangers. Maman s'y emploie aussi, mais en général son discours a peu de poids. C'est bien connu, maman s'affole pour tout et elle ne connaît rien à la vie à l'extérieur, même si elle y travaille. Un cliché de plus!

Écoutons le dialogue père-fille-petit ami dans le film *Une éducation,* scénarisé par Nick Hornby et réalisé par Lone Scherfig (2009). Nous sommes dans l'Angleterre des années 1960. Jenny, la jeune fille, présente Graham, son prétendant, à ses parents. Jack, le père, est surtout intéressé par l'avenir du jeune homme, il enquête.

« Alors Graham, où voulez-vous aller l'an prochain?

– Je ne sais pas encore.

– Et quand est-ce que vous saurez? Il ne faut pas laisser traîner ces choses-là!

– Je vais peut-être prendre une année sabbatique…

– Mais pourquoi donc?

– Voyager!

– Voyager, mais qu'est-ce que vous êtes, un voyou? Vous savez que Jenny va entrer à Oxford pendant que vous ferez le juif errant! »

Jack ne va pas donner sa fille, condamnée à entrer à Oxford, à un dilettante pressé de voyager… La suite sera plus compliquée, nous y reviendrons. C'était juste pour compléter le toujours d'actualité: « Que font ses parents? » Phrase qui a le don d'exaspérer nos ados et à laquelle ils répondent par un laconique: « Qu'est-ce qu'on en a à foutre? »

Par définition, papa protège. Il est le chef de famille. Nous avons souvent entendu des témoignages d'enfants qui ne dormaient pas quand le père était absent. Par crainte des voleurs, des monstres ou des bêtes que maman ne saurait pas faire fuir ni terrasser…

Alors que papa, lui ! Par nécessité maintenant, papa doit être le passeur et regarder qui fréquente qui. Même si, paradoxalement, depuis que les pères sont plus présents dans la vie quotidienne, il nous semble que leur image se ternit quelque peu. Le principe de la garde alternée rapproche père et fille et démystifie le héros qui a les mains dans la vaisselle ou à tourner la purée. Ces tâches ingrates donnent-elles de papa une nouvelle représentation ? Seulement un peu, car ne nous y trompons pas, ce n'est pas le papa réel qui importe le plus, mais ***le papa mythique.*** Un papa idéal, fruit d'un imaginaire de papa, un papa inventé de toutes pièces, acquis par ouï-dire, dont on ne fera la connaissance que beaucoup plus tard, après la traversée de l'azur. « J'ai longtemps pensé que mon père… ou bien je me suis inventé un père ! »… C'est une petite Linda de huit ans expédiée en thérapie par une structure médico-sociale qui décrit un papa star de la chanson, alors qu'il est en prison pour vol. Elle dit qu'il est venu la chercher chez sa tante, dimanche, avec une voiture magnifique, qu'ils sont allés dans un restaurant où il n'y avait que des gens qui embrassaient papa et qu'il a chanté et qu'on l'a applaudi et qu'ils sont allés à la mer, et « tu me crois quand je te dis que c'est vrai ? » Oui Linda, on espère que ton papa est un bon papa, surtout, on croit que ce rêve peut t'aider à l'attendre de l'autre côté du fantasme. Toutes les filles n'ont pas le papa de Linda mais ont besoin de cet imaginaire avant d'accepter le papa de réalité.

Un papa de réalité, c'est quand même utile pour ramener les sous à la maison ou payer la pension alimentaire, pour garantir l'avenir et les chères études. C'est même maman qui insiste là-dessus pour excuser les retards et les manques du père. Il est là pour énoncer les dangers de la vie, du monde extérieur et de sa violence. Ceux des hommes et du sexe.

« S'IL TOUCHE À MA FILLE… JE LUI FOUS MON POING SUR LA GUEULE ! »

Les hommes surtout font peur à ce père. Une peur panique, irrépressible qui fait monter la violence en lui. Il a souvent tendance à les imaginer comme de potentiels prédateurs dangereux. Ce ne sont pas les faits divers odieux dont la presse se fait l'écho qui vont le rassurer. Viols, agressions, disparition d'enfants, il sait que les adultes peuvent laisser parler leur pulsion mortelle. Ces crimes sont les seuls que la société ne pardonne pas et la peine de mort comme châtiment pointe son nez dès qu'une de ces horreurs se produit. Donc, on n'en voudra pas trop à papa de faire sa sale tête quand le copain de son âge trouve que sa fille est jolie et qu'il porte sur elle des yeux luisants de convoitise ! Il a raison d'être prudent. Beaucoup trop de jeunes filles entendues dans nos cabinets ont eu à subir des attouchements sexuels de leur proche entourage. Lors d'une séance de travail avec d'autres collègues psys, nous avons été étonnées du nombre de nos patientes respectives qui avaient été malmenées sexuellement. Par leur professeur de musique, de gym, par l'ami des parents, l'oncle, le grand-père.

Oui, c'est horrible à écrire et à lire et non, tous vos amis ne sont pas des violeurs en puissance, mais les chiffres sont là et les témoignages courageux de ces jeunes filles parlants. Ce n'est pas de bon augure pour commencer leur vie sexuelle.

En somme, ce père vigilant a raison de l'être, mais il ne faut pas non plus que sa peur et son désir de protection soient névrotiques. Car alors une surveillance absolue et des interdits permanents maintiendraient sa fille dans l'enfance. Il ne doit pas penser non plus que les copains de sa fille n'en « veulent » qu'à son joli corps, ni mépriser le pauvre petit ami qu'elle lui présente gentiment.

Françoise nous a toujours dit qu'elle était restée célibataire parce qu'aucun des prétendants présentés à son père, sévère médecin de campagne, ne lui convenait : « Non content de ne pas leur parler, il les fichait à la porte. C'était pourtant des hommes bien. » Elle en sourit maintenant, car elle s'est débrouillée pour franchir les interdits, mais… cette victoire a eu un prix.

Nos jeunes patientes ne sont pas si philosophes. Elles râlent et se rebellent. Papa est contre le maquillage, les jupes trop courtes, la vulgarité, les copains et copines trop délurés, contre les fréquentations sur Internet, contre Meetic, contre le sexe de toutes les façons, contre la drogue, contre les mauvaises fréquentations. Un dernier reportage à la télévision incitait les parents à choisir un logiciel de surveillance pour avoir un suivi des sites fréquentés par leurs enfants sur Internet. Un second présentait une machine à révéler la consommation de drogue. Est-ce la solution ?

On aimerait bien que le père flique moins et éduque plus, mais dans nos civilisations, et surtout pour une fille, l'éducation est plutôt du domaine de la mère, qui ne siffle papa que quand elle est au bord de la crise de nerfs et en échec. « Là, comme le dit Karine, elle va cafter[36] ! »

Ce qui est ennuyeux ce n'est pas que la mère cafte. C'est que si elle le fait enfin, c'est parce que le père n'était au courant de rien précédemment et que la mère a fait obstacle à tout ce qui pourrait entraîner remarques ou punitions. À cet égard, il n'est ni normal ni sain de maintenir le père dans l'ignorance, car en cas de catastrophe, il sera démuni puisqu'il ne l'aura pas vu venir, ni n'aura pu l'éviter.

Le fameux chantage « Je vais le dire à ton père ! » marche à fond dans certaines familles. Toujours pour les mêmes raisons : protéger la fille du courroux du père sévère. On comprend que les choses sont mal engagées, le père étant sommé de se conduire en père fouettard – joli rôle – la mère en complice ou en dissimulatrice !

Combien de pères roulés dans la farine par leur épouse et leur fille avons-nous entendu ? Pas mal. Au début de notre vie professionnelle, nous étions indignées de l'attitude nonchalante

36. Nous nous excusons auprès de nos lecteurs si nous paraissons prétentieuses, mais nous donnons d'excellents conseils pour un père qui souhaite éduquer ses enfants dans le livre *N'ayez pas peur d'éduquer vos ados,* paru en 2010 aux Éditions de l'Homme.

de certains pères qui ne savaient plus ni la date de naissance exacte, ni la classe que fréquentaient leurs enfants et avions remarqué que leur ignorance s'accusait quand il s'agissait de leur fille : « C'est l'affaire de ma femme, elles sont toujours fourrées ensemble, moi, les histoires de chiffons... » Sous-entendu : « Nous, les mecs, on ne s'occupe pas de ces futilités de nanas ! » Au père les affaires sérieuses ! Depuis peu, on en croise qui sont ravis de parler de fringues et de *look*, d'accompagner leur fille pour les habiller, et d'être au courant du dernier petit ami ! Elles jurent que papa est moins pingre et moins regardant que maman. Il faut dire qu'il est un peu naïf et peut penser que le prix des vêtements a beaucoup augmenté en ces temps de crise, ou vouloir saper sa princesse comme une reine pour son propre plaisir ! Les mères sont différentes ? Le juste prix, la raison les tiennent, et souvent l'économie du ménage.

Il est essentiel de protéger et d'éduquer, mais il est tout autant nécessaire d'apprendre à sa fille l'indépendance et l'autonomie. Surtout que ces deux qualités paraissent ou paraissaient moins importantes pour une fille que pour un garçon. Une fille dont la destinée est de se marier a-t-elle besoin d'être libre et indépendante ? Il y a encore très peu de temps, la réponse était non, puisqu'elle passait d'une tutelle à l'autre. Notre génération a connu beaucoup de jeunes filles qui ont quitté la maison familiale pour le petit nid d'amour arrangé par les parents sans passer par le taudis ou la chambre de bonne ou d'étudiant. Aldo Naouri, grand spécialiste des relations parents-enfants, confirme ce passage symbolique... et sa persistance : « Les pères ont, semble-t-il, procédé ainsi de tout temps et sous toutes les latitudes, écartant leurs filles de leurs mères respectives et les confiant, en les prenant par la main, à l'homme qui leur est dévolu[37]. »

Féministes et anti-psys de toutes espèces, ne hurlez point à la mort, c'était avant ! Et ça reste symbolique ! Un passage, un témoin de course de relais quatre fois cent mètres...

---

37. Aldo Naouri, *Les filles et leurs mères*, Paris, Odile Jacob, 1998, p. 285.

Une image que traduit encore le père dans la cérémonie religieuse du mariage catholique en amenant sa fille au jeune homme qui attend au pied de l'Autel, en se demandant, anxieux, si les alliances sont bien dans sa poche. Et cette situation ne vous choque pas, chères petites amies ? Vous êtes bien d'accord pour entrer à l'église au bras de votre joli papa et d'en ressortir sous une pluie de pétales de roses au bras de votre nouvel époux, l'anneau magique au doigt ! Mais vous êtes-vous arrêtées sur le sens de cette cérémonie ?

Ce qui a changé, c'est la façon de choisir son mari, et peut-être en vraie rebelle avez-vous choisi un mari qui ne plaît pas du tout à papa ? Vous avez outrepassé son avis et ne l'avez pas respecté ? Vous avez raison si votre choix est un vrai choix. **Et dans l'instant, il semble l'être.** On peut hélas s'attacher à un homme pour de mauvaises raisons. On peut vouloir se caser par conformisme, pour ne plus être célibataire, pour quitter son père, parce que l'on veut un statut d'épouse, un richissime mari… Si vous vous trompez et si vous en prenez conscience plus tard, vous l'assumerez comme une grande et nous espérons que papa ne vous assénera pas un « je te l'avais bien dit que cet homme n'était pas pour toi ! » rancunier et triomphant. Comprenez bien, nous ne sommes pas en train de dire que le mariage n'est rien et que l'on peut s'engager à la légère et le rompre pour un oui pour un non. Nous disons simplement que le droit à l'erreur existe et que les jokers ça existe, même s'ils sont très douloureux. Ils le sont surtout quand il faut « partager » les enfants et les sous. Là encore suivez notre humour, il se veut rassurant. Il veut simplement conforter l'idée qu'il faut faire le choix de sa vie de fille adulte et se passer de l'autorisation de papa. Il doit rester cet homme bienveillant qui écoute et laisse libre. Cette possibilité, cette faculté de s'autoriser à choisir ne naît pas d'un coup de baguette magique, elle n'est pas innée, elle est le fruit d'un long travail de quelque 20 années qui font de l'enfant un adulte, de la petite fille une femme.

LES YEUX OUVERTS, À LA CONQUÊTE DU GRAAL

Cette démarche est indispensable pour tous les enfants, fille ou garçon, mais en raison du poids des habitudes et des mentalités qui définissent des rôles et des comportements différents selon les sexes, elle sera plus difficile à mener pour les filles. Nous avons vu déjà le poids de « l'imaginaire fille » avant qu'elle naisse. Notre petite n'existe pas encore et déjà une représentation de la fille s'impose... à la mère et au père. Ce qui complique les choses puisqu'ensuite il faudra que ces deux imaginaires se rencontrent et se complètent pour un projet éducatif cohérent. Gare si père et mère ont une vision opposée du futur de leur fille et s'ils ne tiennent pas compte de ses « désirs » et de sa « nature » à elle, parce que très vite, en fonction des personnages de son théâtre, de son décor et de son milieu, la demoiselle va se construire... Penser qu'elle répondra à tous les désirs de ses parents est une erreur dont personne ne doute ! Indubitable !

On s'en aperçoit très tôt puisque dès la naissance, les parents tout fiers en témoignent : « Elle a un sacré caractère ! Celle-là dans la vie, elle saura ce qu'elle veut », alors pourquoi l'oublient-ils si vite pour venir se plaindre qu'« on ne peut plus rien en tirer », à l'adolescence[38]. Parce que l'on perd la mémoire et que ce qui amusait quand mademoiselle était petite, ce qui prouvait son (mauvais) caractère, passe maintenant pour de l'insolence et de l'agressivité. Parce qu'il y a loin de la petite désobéissante coquine qui essaie de détourner l'attention du père pour avoir son jouet, à la chipie qui fait le mur pour retrouver sa bande de copains (entre nous, insupportables... et que l'on se demande ce que font les autres parents !) et se laisse entraîner dans un dévergondage écervelé.

Donc, après cette période de rêve qu'est l'enfance, les premiers conflits fille-père voient le jour à propos de tout et de rien. De ces fameuses permissions de sortie, par exemple.

---

38. Nous vous renvoyons encore à notre précédent ouvrage, *N'ayez pas peur d'éduquer vos ados*, *op. cit.*,

«Mon père ne veut pas que j'aille en boîte de nuit, ma mère serait d'accord mais elle n'a pas son mot à dire. Il ne veut pas parce qu'il a peur que je couche!» C'est le constat lucide de Camille. Nous revoilà partis dans ce fameux œdipe! Le père ne veut pas de rival? Le père se veut le garant de la virginité de sa fille? Comme toujours oui et non. Il est surtout victime d'une norme sociale.

Bourdieu et Passeron, dans *Les héritiers*[39], notaient que «la différence entre les sexes n'apparaît jamais aussi manifestement que dans les conduites ou opinions qui engagent l'image de soi, l'anticipation de l'avenir».

« GAREZ VOS POULES, JE SORS MON COQ ! »

Le jeune père a pour cadre son milieu naturel, pour exemple sa mère, sa sœur, sa compagne, son vécu, sa souffrance, ses joies. Le milieu ambiant traîne avec lui les miasmes du passé.

«Toutes des putes, sauf maman!» était une phrase célèbre des années 1980. Nous n'avons pas retenu le nom de l'auteur délibérément et nous maudissons ce souvenir qui lui fait de la pub! Toutes des putes à consommer et des slogans publicitaires qui ont fait les délices et les colères du mouvement féministe… C'est le credo en vogue. De l'art, de l'humour, disent les hommes.

Sauf que trop c'est trop. Trop de femmes offertes sur le cul des bus, trop de demi-mondaines déguisées en putain, trop de maigres, de trop belles, de trop tops. Trop, sauf pour ces messieurs, qui, tel le loup de Tex Avery, hurlent au fond de la rue et se retournent sur les gambettes assassines. Ces mêmes hommes verront d'un mauvais œil le clone façon Kate, la célèbre égérie, mèche sauvage, jupe mini, seins offerts, assise face à lui au petit «dej» le matin. Aïe, les contradictions! «Qu'elle est belle ma fille, presque mieux que la Kate en question!» Mais, rappelez-vous, «Mon poing sur la gueule» si c'est l'ami de toujours qui, voyant la

39. Bourdieu et Passeron, *Les héritiers*, Paris, Les Éditions de minuit, 1964.

chrysalide, s'extasie en connaisseur : « Putain, ta fille, qu'elle a grandi ! » Le père aux aguets apprend, s'il ne le savait déjà, que le statut des femmes, comme celui de sa fille, est subordonné aux regards des hommes. La fille comprend que son père n'est pas ce sauveur qui lui donnera tous les contentements. Elle voit qu'il est un homme comme les autres, presque comme les autres ? Qu'il a des faiblesses et des colères, des désirs qui la contrarient, qui ne sont pas les siens, qu'il est un obstacle !

Manu, pourtant ni rebelle, ni excessive, est partie du domicile parental le jour où son père, excédé par son retour à l'heure du laitier, l'a traitée de salope. Il s'est sûrement souvenu des conversations façon troisième mi-temps avec ses camarades, où toutes les filles qui couchaient étaient habillées de noms gracieux, de son propre mépris pour elles, des propos graveleux sur le sexe et pourquoi pas de ses dernières consultations sur les sites « hautement chauds » d'Internet. Il pense que sa fille, la chair de sa chair, mérite mieux. Tous les pères le pensent généralement, mais comment le lui signifier en douceur et efficacement ? Il a raison d'y réfléchir quand on sait que l'épanouissement sexuel d'une femme se joue très tôt et que cette construction est fondamentale pour son bon développement psychologique.

À l'opposé, un homme, un fils, qui a des aventures est un dégourdi qui mérite les applaudissements, un dragueur, un don Juan. Il a l'autorisation de sortir bien avant la fille, rentre plus tard, bénéficie d'une plus grande liberté, et ce, dans toutes les cultures. Point n'est besoin de se moquer de ceux pour qui les filles sont les gardiennes de la maison et ne sortent pas sans le grand frère.

Une fille oserait revendiquer les mêmes privilèges ? On vous laisse répondre et imaginer les ravages que peuvent causer les disputes issues de ces tiraillements. Le désarroi du père est une évidence. L'humiliation de sa fille en est une autre. Qu'opposer au si radical « Rentrez vos poules, je sors mon coq ! » des pères de fils ?

Quand nous étions adolescentes, la maxime était la règle. Certains parents de garçons étaient convaincus de sa sagacité et de sa validité. Qu'importait alors que des relations sexuelles se terminent par une naissance! Le coq était sorti, il avait rencontré une poule, ce n'était plus son problème. Nous avons vu certaines de nos compagnes quitter l'école pour devenir au pire des filles-mères, au mieux des mères célibataires. Il n'était pas rare non plus que le bébé atterrisse dans la famille de la jeune fille et devienne le dernier enfant de la famille! Pour la paix générationnelle c'était raté, pour l'avenir, pas mal gâché. Aujourd'hui, un avortement légal est envisageable, mais les tourments ne sont pas absents pour autant et la sexualité permise ou interdite difficile à définir.

À la fois pour le père et pour la fille, puisque des deux côtés les désirs sont ambivalents et contradictoires. Pour un bon père, accompagner sans tout interdire, sans poser la moindre question, dans une infinie délicatesse, doit être la bonne manière. Quant à la jeune fille, elle doit franchir beaucoup d'interdits, oser avec parfois une grande culpabilité et avancer sans trop se préoccuper de la norme sociale. Avec son seul libre arbitre comme conseil et morale, et surtout sans comparer son sort à celui des hommes. Une fille n'est pas un garçon, elle doit trouver sa voie. Surtout si, comme l'expliquent nos philosophes féminines, Julia Kristeva[40], Hélène Cixous[41] et bien d'autres, il existe une spécificité féminine que notre société essentiellement dominée par l'homme ne veut pas reconnaître.

LE DROIT DE CHOISIR « EN FILLE »

Cette différence ne doit pas empêcher les femmes de revendiquer des places réservées aux hommes, dans le monde du travail, par exemple. Nous avons évoqué précédemment quelques barrages idéologiques qui menacent l'avenir des filles. Qu'elles ne soient pas attirées par des carrières dites masculines, si c'est un choix de vie, tant mieux ou tant pis pour nous, mais qu'elles ne se l'interdisent pas *a priori*.

40. Julia Kristeva, philosophe, psychanalyste et écrivain français d'origine bulgare.
41. Hélène Cixous, romancière, essayiste et dramaturge français.

Un père peut aider. Il a les clés du monde du travail, il occupe parfois un poste fait pour un homme. Il peut guider sa fille, refuser les compromis habituels.

Une femme doit-elle être infirmière ou professeur ? Non, une femme peut être médecin, chef d'entreprise… et son mari devenir papa à la maison (sans contradiction avec ce que nous avons vu précédemment sur les maris à la maison). **L'essentiel est de leur laisser le choix.** Parce que dans sa tête de père, il a balayé toutes les idées préconçues et les représentations stéréotypées. Parce que dès l'enfance, il n'a pas accablé la jeune fille de pensées restrictives. Avec des dictats tout cuits : une femme ne fait pas de politique, une femme ne rentre pas tard le soir, une femme doit être un objet de désir, un modèle de mère et une bonne femme de ménage. Et puis, pourquoi pas, une vierge, une sainte, etc. Ouf ! Ce ne sont pas de vraies lois, mais des poncifs, des conditionnements perfides dont on a de la peine à se démarquer quand on est une jeune femme encore pétrie de respect – comme nos grands-mères qui acceptaient la fatalité – à la recherche patiente et obstinée de sa propre route. Route incertaine et sans arrêt soumise à interrogation. « Où est donc mon foutu chemin sans GPS ? » Voilà l'essentiel du destin féminin.

DU BOULOT SUR LA PLANCHE

En résumé, c'est quoi un père de fille ? Un homme soucieux et confiant à la fois. Sa première obligation : réfléchir à la tâche d'éducateur et de papa. Les deux en même temps. Lutter contre les idées reçues. Réinventer la relation en permanence. Il y en aura beaucoup d'autres au terme de notre réflexion, mais d'ores et déjà, empruntons la première définition d'un idéal de père à Aldo Naouri : « Le père… n'est-il pas celui qui doit donner les biberons quand le sein ne suffit plus ou que les réveils nocturnes se multiplient ? Celui qui a tous les droits d'intervenir, activement et avec sa réalité, quelque maladroite qu'elle put être, dans la vie de son enfant pour le séparer de sa mère ? N'est-il pas celui qui doit envoyer au lit, tancer, ordonner, réprimander, punir, dire la limite et imposer la loi à toute la maisonnée ? Celui contre lequel chacun se sent le droit de se dresser, mais dont la seule évocation devrait faire taire les conflits ? Celui enfin que tout enfant, **fille ou garçon se doit un jour ou l'autre de tuer[42] ? »**

Bigre, monsieur Naouri, le poste n'est pas enviable ! L'hallali a sonné ! On avait coutume d'entendre que le garçon devait tuer le père ! Voilà que mademoiselle est aussi conviée au repas cannibale. Elle, la toute belle, la tant aimée, censée tuer celui pour qui elle était prête à mourir quand elle était enfant ! Heureusement, depuis, il y a eu les fameux conflits pour l'autonomie et l'indépendance. Le papa chéri est devenu « le vieux con » ! Si, si, ce que l'on cite est toujours du vécu, nous n'inventons rien et notre pratique nous le confirme. Ces petites filles charmantes se sont transformées en furies qui nous rapportent vos querelles quand vous nous les confiez, alors vous êtes complètement en vrac.

Vous connaissez la suite, une haine féroce, et finalement très adaptée, va naître entre votre fille et vous. D'autant qu'elle peut mettre le paquet ! Elle a, comme vous le savez, une intelligence hors norme, une imagination sans limites et des munitions. Arrêter de travailler au lycée par exemple, traîner sans plus rien foutre, les oreilles dans le portable ou dans i tunes… Voilà qui vous énerve ! Voilà ce qui va déclencher ces phrases horribles et ces mots durs que ni vous ni elle ne pensez… Mots qui vont danser sauvagement autour de votre relation et la pourrir pour un bout de temps. Des exemples de phrases assassines… Papa : « Tu es nulle, y'a rien à tirer de toi, je n'attends plus rien, tu es ma plus cruelle déception ! » Fille : « J'en ai rien à foutre de toi, je vais me barrer, toi et tes conseils à la con ! » Ambiance ! Un démon passe… En cela, pour la forme et les mots doux, c'est la même chose avec tous les enfants. Fille ou garçon. Ce qui diffère, c'est la soudaineté de cette violence de la jeune fille, cette rupture évidente de la relation fusionnelle que le

42. Aldo Naouri, *Les filles et leurs mères,* Paris, Odile Jacob, 1998.

père n'a pas connue avec un fils parce que la violence sourde qui les tient est palpable très tôt. La mort annoncée est en marche… Et quelle marche !

D'ŒDIPE À ÉLECTRE

Ces deux chères références à la mythologie grecque refont surface pour nous donner quelques clés symboliques de la relation père-fille.

Nous avions déjà évoqué dans le chapitre précédent cette recommandation essentielle pour les psys, qu'un savant monsieur Lacan, réputé illisible, appelle « la version vers le père ou encore la père-version[43] » et qui peut s'énoncer simplement ainsi : **le père doit intervenir pour que la primitive relation à la mère ne se transforme en cauchemar.**

Nous en étions restées à cette nécessaire vigilance que doit exercer la mère sur les relations de sa petite et de son époux, et avions convoqué pour exemple la Fricka de *La Walkyrie.*

Mère vigilante maintenant, mais mère indispensable auparavant. À la naissance, elle tient la vie ou la mort du nourrisson dans son sein. Elle est pour la petite fille l'objet premier d'un indicible amour, fanatique et homosexuel. C'est cette dépendance archaïque que le père doit rompre.

Dans notre cas, ce n'est plus le complexe d'Œdipe qu'il faut franchir, mais celui d'Électre ! Nous changeons de mythe, mais pas d'idée, il s'agit toujours d'éliminer le gêneur. Le complexe d'Électre est un concept repris par Carl Jung en référence à cette héroïne grecque qui vengea son père en assassinant sa propre mère. Pour

43. L'étude des travaux de Jacques Lacan est ardue et réservée aux spécialistes. Ils sont très difficiles à simplifier et à retraduire. Pour tous ceux qui s'y intéressent, les séminaires ont été retranscrits. Son apport dans cette question complexe (!) est d'ajouter l'idée du « phallus » comme élément d'introduction au langage. Il se construit une relation triangulaire entre la mère, l'enfant et le phallus, que le père réel personnifiera ou non. La fonction du père est structurante parce qu'il nomme l'interdiction œdipienne. Le « nom » du père est aussi et en même temps le « non » du père ! Pour ceux qui le souhaitent, lire Jacques Lacan, *Écrits*, coll. Points-Essais, Paris, Seuil, 1966.

les amateurs d'opéra, c'est notre cas, nous conseillons l'écoute de l'*Elektra* de Richard Strauss. La violence des sentiments est servie par une musique déchirante qui en dit plus que de longs discours. En un mot tout de même, voici la dramaturgie dont il ne faut garder que le symbole !

À son retour de la guerre de Troie, Agamemnon, père d'Oreste et d'Électre, est assassiné par sa femme qui aime ailleurs. Depuis cet odieux meurtre qui la prive de père, Électre ne rêve que de vengeance et attend le retour de son frère, à qui elle va confier le sale boulot. C'est un acte d'homme (tuer sa mère !) mais elle est prête à l'accomplir si celui-ci ne revient pas ou s'il est une poule mouillée comme son autre sœur.

L'histoire finit comme toutes les tragédies. Très mal. La mère est assassinée par son fils Oreste, dûment chapitré par Électre, pour venger la mort du père. C'est là que l'affaire se corse et que l'énigme rebondit. Électre aurait toutes les raisons de triompher puisque son vœu se réalise et que la punition est exemplaire. Dans l'opéra de Strauss, ce n'est pas tout à fait le cas car ce crime la précipite dans la folie furieuse. Il faut l'imaginer, dansant, aux accents fulgurants de l'orchestre, sur la tombe de cette mère maudite ! Alors ? Regrets, remords, effroi devant cette horreur qu'est l'acte de tuer sa mère ?

Attendez les prochains chapitres en travaillant cette question ! Voici un indice important toutefois pour la route. Il est dans l'*Iliade*[44]. La mère infidèle n'a pas tué son mari pour roucouler avec son amant mais pour venger la mort de leur fille Iphigénie[45] que le sinistre époux Agamemnon a froidement massacrée pour plaire aux dieux avant de partir récupérer la belle Hélène à Troie ! Elle aussi réparait le meurtre horrible de sa première fille. Certes, ils sont compliqués, ces Atrides, mais à bien réfléchir, c'est une vraie mine d'or pour expliquer des comportements universels. La définition du mythe, non ?

---

44. Les diverses versions de l'histoire de l'*Orestie,* d'Eschyle et de Strauss, montrent bien dans leurs déroulements divers les intentions du message délivré.
45. Nous la gardons comme représentante exclusive des filles qui se sacrifient et subissent sans broncher l'autorité paternelle.

Comme le complexe d'Œdipe pour le garçon, le complexe d'Électre doit se résoudre à l'adolescence, quand la jeune fille, affrontant à la fois son père et sa mère, puis en renonçant aux deux, se tourne enfin vers d'autres partenaires sexuels pour une liberté enfin acquise. Oublions ce grincheux de Freud qui ose dire que ce complexe ne se règle jamais complètement chez une fille et que l'attachement aux deux parents perdure au-delà de sa nécessité[46]. Mais sommes-nous sûres qu'il a tort ? Pas vraiment.

Si on s'en tient à notre expérience clinique, nous pouvons constater que les rapports mère-fille sont très complexes, vraiment très perturbants et donnent lieu à consultations, bien plus que les relations père-fille, ce qui ne veut pas dire que celles-ci ne soient pas très difficiles non plus[47].

Si nous faisons un petit point récapitulatif à ce stade de notre étude, nous retiendrons donc quelques items essentiels pour la suite :

- Le père est toujours *incertus*.

- Le père doit prendre le train en marche, soit avec neuf mois de retard.

- Le père est totalement grisé par ses deux femmes. Aïe !

- Le père doit se glisser au milieu de cette relation fusionnelle mère-fille pour les séparer. Aïe ! Aïe !

- Le père doit être vigilant, les sourires de sa fille sont des demi-roueries pour ennuyer la mère, qui n'a pas de phallus à offrir !

- Le père doit permettre à sa fille de s'envoler loin de lui, vers des ailleurs enchanteurs. Aïe ! Aïe ! Aïe !

- Le père doit promouvoir l'intégration de sa fille dans la vie professionnelle.

Eh bien, nous le redisons : quel boulot !

46. Cette idée ne fait pas la joie des féministes, qui râlent contre cette définition de la femme amputée, à la recherche d'un phallus qu'elle convoite ! Elle se construirait autour d'un manque… dont les femmes se passeraient très bien.

47. Lire avec profit le livre de l'une de nous, Véronique Moraldi, *La fille de sa mère, de la difficulté des rapports mère-fille, op.cit.*

CHAPITRE 4

Lorsque ça se passe mal

Devant tant de devoirs, nous en oublierions même de poser l'essentiel et le plus que nécessaire. Ce père parfait et indispensable doit lui aussi avoir achevé son développement psychologique, et bien entendu ne pas être encore amoureux de sa maman et en guerre avec son papa. Sinon, c'est la catastrophe pour tous qui est garantie, pas moins !

La catastrophe, c'est ce qui va se passer dans les deux chapitres qui suivent, où il va être question de la défaillance des pères ou de conduites extrêmes.

L'ABANDON : « UN PÈRE ET MANQUE »

Il y a bien sûr le manque involontaire, injuste et imprévisible, dû à une mort prématurée. Ce phénomène était fréquent dans les générations précédentes, où la mortalité des hommes était forte car ils étaient exposés aux dangers encourus lors de travaux pénibles et décimés par les guerres. Ceux-ci se sont absentés malgré eux et nous ne pouvons que déplorer le mauvais sort et souvent le malheur qui s'abattait alors sur la famille quand le pilier nourricier disparaissait.

Ces filles sans père n'accusent que le destin et la malchance et s'écrient : « Et pourquoi c'est sur moi que ça tombe ? » Il est vrai que leur futur est irrémédiablement marqué par cette disparition. Pourtant, les possibilités de résilience existent, nous le verrons. Le rôle de la mère, son attitude devant ce chagrin seront essentiels pour permettre à l'enfant de ne pas sombrer.

La littérature romanesque et nos témoignages de psys se rejoignent pour affirmer qu'il arrive que le père manque de son plein gré ! Il manque à ses promesses, à ses engagements, à son devoir. Il peut fuir dès l'annonce de sa paternité pour des raisons que nous connaissons bien pour les avoir si souvent entendues. On a vu aussi que parfois on ne lui demandait pas la permission de le faire papa. Sa compagne peut décider de faire un bébé en douce, ou alors le destin capricieux peut se jouer des moyens contraceptifs ! Combien de petits sont arrivés avec la pilule ou le stérilet dans leurs petites mains ? « Tiens maman, je te le rends pour le suivant, car tu sais, j'aimerais rester l'unique ! » Ne parlons pas de la vieille génération sans contraception... Elle s'éteint peu à peu. Donc, ces pères viennent à manquer pour au moins trois raisons essentielles :

- Ils ne savent pas qu'ils ont un enfant.
- Ils ne veulent pas de cet enfant.
- Ils en ont voulu mais ils n'en veulent plus... (Eh oui, souvent homme varie !)

Apparemment, ces trois lapalissades méritent des explications très diverses. C'est le jeune Marius[48] de Marcel Pagnol qui a fait pleurer toutes les Fanny du monde. La mer (non, pas d'interprétations psychanalytiques s.v.p., la mer sans « e ») plus forte que l'amour. L'aventure, le rêve et les chimères que l'on ne peut remettre à demain, qu'il faut vivre tant qu'on est jeune, tant que l'exaltation est présente. Pars mon beau marin, pars, je t'attendrai, dit Fanny, en Pénélope accomplie ! Il ne sait rien de ce qui se prépare, l'étourdi, alors il part. On ne peut l'accabler. Serait-il resté s'il avait su ?

Le retour sera terriblement revendicatif : « Mon enfant, je veux mon enfant » et là, c'est le grand-père César qui énoncera la loi de la cité. Le père c'est celui qui est là, celui qui a accompagné la mère, celui qui a recueilli l'enfant du père perdu en mer !

Nous avons vu le cas de notre amie Dominique. La mère n'a rien dit, laissant le vrai papa dans une totale ignorance. Pour quelles

48. Voir la trilogie de Marcel Pagnol : *Marius, Fanny* et *César.*

raisons ? Honte, manque de confiance en cet homme volage, histoire de quelques soirs, d'un soir, peur d'être obligée de ne pas garder cette enfant ? Même Dominique ne le sait pas et doit se contenter d'excuses comme « on était trop jeunes » et d'autres considérations maternelles embrouillées sans grand intérêt pour elle. Pour son quotidien, elle a été placée chez une nounou pendant que sa mère travaillait. Elle s'est attachée à la famille de cette nounou et à son mari. Ensuite, sa mère lui a offert un autre « papa », qu'elle adoptera sans savoir qu'il n'est pas le vrai géniteur. Sa curiosité et sa ténacité lui ont enfin révélé le vrai père. Trois papas dans la vie, c'est formidablement trop, non ? Lors de leurs retrouvailles, quelque 30 ans après, le père biologique se montrera très accueillant et ils passeront quelques moments à se raconter le temps perdu… pour tous deux, car ce papa avait bien sûr continué son chemin en toute légèreté et semé des enfants dans deux foyers, dont une autre enfant illégitime, lors d'une de ses escapades amoureuses. Cet homme faisait des enfants aisément. Provoquait-il chez les femmes un obscur et incontrôlable désir de bébés ? Était-il tout simplement négligeant et persuadé que la conception et la contraception n'étaient pas son affaire ? Toujours est-il que sur ses quatre enfants connus, il n'en a élevé que deux ! Le destin se rit des obligations paternelles. Nous nous souvenons aussi d'un certain champion de judo qui lui aussi avait « oublié » un enfant en route. En parfait homme d'honneur, il a accepté cette reconnaissance, mais a déclaré que ce n'était pas une tâche facile ! On imagine les rancœurs, la souffrance de ces enfants en quête de vérité, et les bouleversements que causent ces découvertes pour l'ensemble de la famille. C'est ainsi qu'il faut saluer l'épouse accueillante du père de Dominique, qui n'a pas hésité à reconnaître et à « adopter » les filles illégitimes de ce mari productif. Après la mort de celui-ci, Dominique a gardé des contacts heureux avec la mère de ses demi-frères et sœur. Cette situation mérite un coup de chapeau, les femmes sont souvent plus dures et plus enclines à rejeter les enfants des autres qu'à les recueillir. « Ce que tu as fait avant de me connaître ne m'intéresse pas », clament-elles ! Et ceci est la version minimale et polie…

Plus agressives encore sont les positions de ceux qui, à l'annonce de leur future paternité, essaient de convaincre la mère que ce n'est pas le moment d'avoir un enfant. Ou bien de ceux qui n'en veulent pas du tout.

Pour les derniers, c'est radical, ils fuient et disparaissent, arguant qu'ils n'ont rien demandé, qu'on leur « a fait » un enfant-piège, un enfant dans le dos. Facile mon coco de dire cela, alors que tu as joué parfois longuement avec la future mère sans te préoccuper de mettre ton préservatif, comme on te le serine depuis les années sida. On dira que ces mâles sont des irresponsables et des immatures s'ils ont dépassé l'âge de l'adolescence. Les très jeunes ont souvent plus de scrupules et une vision de l'amour très idéaliste. Ils sont prêts, eux. Ils se croient aptes à jouer aux grands mais ce sont le plus souvent leurs parents qui réfléchissent à la suite à donner. Avortement ou non ? Choix difficile mais utile et possible. Et négociations souvent douloureuses pour les femmes... Très récemment, une très jeune femme de nos patientes avait cru à l'emballement, certainement très sincère, de son compagnon, mais l'annonce du bébé a provoqué chez lui une telle panique qu'il lui a demandé d'y renoncer « raisonnablement » ! Ces incertitudes de pères causent de graves angoisses chez ces femmes qui se voient ainsi abandonnées et trahies et qui, en plus de la souffrance morale que cause un avortement, sont souvent quittées ensuite, puisque le faux père, tout penaud et supportant mal les reproches muets de sa compagne, se débrouille bien vite pour casser la relation amoureuse. Elles sont alors victimes d'une double peine : un espoir de bébé déçu et une rupture sentimentale. S'il fallait mettre notre grain de sel nous dirions qu'il ne faut pas regretter le départ de ces hommes couards et lâches qui changent d'avis comme de jeans. On ne nous a rien demandé ? Pardon, oui c'est vrai. La paternité et le désir de paternité engagent pour longtemps et nous ne nous contredisons pas par rapport à ce que nous avons dit précédemment, à savoir que le sourire du bébé change tout... Il faut y arriver à ce sourire, neuf mois, c'est long !

Nous avions bien promis aussi que nous ne parlerions plus des temps reculés où... mais durant notre enfance sans pilule, nous avons vu se produire ceci (qui n'était pas rare) : la demoiselle enceinte « offrait » l'enfant à sa propre mère qui l'élevait comme son (sa) propre petit (e) dernier (dernière). Ou plutôt, la mère raptait l'enfant de sa fille pour lui éviter le déshonneur et la vilaine appellation de fille-mère qui découragerait les prétendants qui suivraient. Comment était-ce possible ? Ça l'était ! À croire que le voisinage, les amis devenaient soudainement aveugles ou amnésiques ! Un secret souvent longtemps gardé, où la sœur présumée de l'enfant devenait soudain la mère lors de la révélation finale... Où le père devenait le grand-père ! Toutes générations mêlées, il est plus difficile de faire son chemin dans cette broussaille, ce maquis... Ces pratiques ont à peu près disparu aujourd'hui. L'honneur de la demoiselle ne se sauve plus de la même façon. L'enfant de la fille peut se subtiliser autrement !

Il arrive bien souvent encore que le père parte à mi-parcours pour toutes sortes de bonnes ou de mauvaises raisons, les plus fréquentes étant les divorces. Normalement, on se sépare de son épouse, dites-vous ? Certes, papa reste toujours papa et maman reste toujours maman. C'est le couplet que l'on récite aux enfants pour expliquer que rien ne change. Sauf que la réalité est tout autre et que rien ne sera plus pareil !

La plupart du temps, les parents savent aménager cette nouvelle vie. Surtout s'il n'y a pas la reconstruction d'une autre famille. Les choses se compliquent si soudainement papa doit être partagé avec une nouvelle femme qui, en plus d'être l'intruse, débarque avec armes et bagages, et surtout avec sa tribu ! Tout le monde sait que ceci se nomme une famille recomposée. Les psys, ravis de la nouveauté, s'en donnent à cœur joie, dépeçant la bête, supputant ses chances de survie, alignant des statistiques pour le bonheur de tous. Une famille recomposée est à la fois une chance et une difficulté. Nous sommes en général d'un caractère optimiste et préférons ne jamais jouer les Cassandre. Évidemment, il faut, pour que la vie soit tenable, des montagnes de patience, des parents au caractère bien trempé et beaucoup d'amour. Comme pour les familles classiques, sauf que toutes les émotions, toutes les passions vont être ici exacerbées. La plupart du temps, soyons honnêtes, les femmes ont plus de mal que les hommes à tolérer les bêtises d'un enfant qui n'est pas le leur, fut-il à moitié celui de leur nouvel amour ! Nous l'avons déjà signalé, l'homme est toujours un adoptant. C'est là sa force. Nous nous souvenons de nombreux récits confirmant que pour un homme quelques enfants de plus étaient plutôt une aubaine. Probablement que l'idée du patriarche au bout de sa longue table, distribuant le pain et les gratifications à la ronde, les aide à envisager l'avenir positivement. Sont-ils naïfs ? Non, simplement amoureux de leur nouvelle compagne qui a promis qu'elle serait une bonne belle-mère. Décision sincère et réfléchie sur le moment qui va se heurter aux rudes lois de la réalité. Très vite, la nouvelle épouse peut se trouver en grande difficulté car les chérubins ne manquent pas d'imagination pour pourrir la vie de la nouvelle famille. Même et surtout s'ils sont grands ! Si les attaques sont trop fortes, elles déstabilisent le couple et si un choix doit être fait, c'est problématique et quasi… insurmontable. Ce n'est plus le légendaire : « Choisis entre ta mère et moi ! » mais : « Choisis entre ta fille et moi ! » qui, tel le couteau dans la plaie, va entailler l'espoir de réussite de la famille recomposée. Le principe de cette guerre sournoise est d'attaquer si fort que l'une des deux doit mourir. La belle-mère ou la fille ? Nous avons vu beaucoup de ces pères tentés de tout laisser tomber tellement l'atmosphère est intenable, et nous confier surtout leur incompréhension devant cette sourde et terrifiante haine. Eux, ils les aiment toutes les deux pareillement, alors ils se demandent ce qu'elles ont à se déchirer ainsi ? Pour des babioles, des bêtises. C'est ce qu'ils nous disent ! À bout de nerfs et d'arguments, ils peuvent lâcher l'une ou l'autre de ces deux femmes pour retrouver la paix ! Dure loi du choix et perte de temps et d'énergie pour tous, car ce ne sont ni de babioles ni de bêtises dont il est question ici… mais d'émotions, de jalousie, de vengeance. Une belle-mère est une rivale plus dangereuse encore que la mère. Que dire si celle-ci, réglant sa propre histoire, souffle chaudement sur les braises ! Ainsi, nous avons vu des pères las, usés, abandonner leur fille.

Après de rudes combats ou en douce, en jouant sur l'effet du temps et les vertus de l'absence. Ces hommes essaient d'oublier le passé trop problématique, trop prise de tête, trop empoisonnant. Ils tournent vraiment, vraiment la page ! C'est le principe de la *tabula rasa* et un ancien souvenir des guerriers lointains : « Je suis venu, je repars, c'est fini, j'oublie ! » « Y'en a marre, je me casse ! » Ces hommes refont leur vie, ils auront d'autres enfants ou même adopteront sans souci ceux de leur nouvelle épouse. Tant pis pour les abandonnées dont ils se consoleront en disant qu'elles l'ont bien cherché ! Certes.

Cette façon de voir ne nous satisfait guère. Les ravages de la rupture et de l'abandon seront souvent grands et graves. Ils auront une très grande répercussion sur la vie future des filles.

Marcel Rufo pose la question dès le début de son ouvrage[49] : « Est-il possible de se passer de père ? Certains, confondant certains registres, ont tenté de le faire croire… Si le papa du quotidien peut paraître accessoire, le père symbolique, lui, est essentiel. » Pour mieux comprendre ceci, revenons sur l'idée du père symbolique. Le père symbolique, cette fonction de père qui passe le relais au fil du temps, qui, de père en père, énonce la loi et veille au grain. Rien à voir donc avec présence et absence du père de la réalité, rien à voir avec ce père idéal que la jeune fille attend. Pourtant, dans tous ces cas difficiles, père souhaité, père symbolique, père de réalité vont être agrégés pour aboutir à une représentation de père décevante et créer du manque : « Mon père ne s'est pas occupé de moi, mon père est parti et a refait sa vie, mon père m'a quittée, oubliée. » Nous avons vu beaucoup de ces femmes sans père et avons recueilli leur souffrance à vif ! Il les a abandonnées, oubliées, même parfois déshéritées[50] en trichant, en contournant la loi. Elles se lancent alors dans des procès sans fin pour « le principe » pour récupérer ce qui n'aurait jamais dû leur échapper. Non pas leur père, mais « l'héritage du père ». Il faut lire ceci comme la transmission

49. Marcel Rufo, *Chacun cherche son père, op. cit.*, p. 20.

50. Ceci est une plainte obsédante, non point à cause des biens perdus, mais parce qu'elle est le signe même du rejet.

symbolique du père. Tout ce qui les nomme, un patrimoine, une tribu… que ce salaud a volé et a offert à l'autre famille. Là, point de demi-frères et de demi-sœurs, point de compassion. La guerre seule les tient.

LE DÉNI

Le cas d'Éliette résume on ne peut mieux notre propos. Les parents ont divorcé, il y a fort longtemps, alors qu'elle était jeune. Les deux se sont remariés. Deux familles se sont recomposées, dans la haine des deux anciens époux. Heureusement, Éliette a trouvé un bon beau-père, car le père biologique s'en est allé peu à peu et l'a oubliée sur le trottoir des fins de semaine. Quelques années (beaucoup d'années) plus tard, Éliette entreprend, en même temps qu'une thérapie, une recherche du père disparu à quelques kilomètres de là et lui écrit une magnifique lettre. Une lettre où elle lui demande avec des mots touchants ce qu'elle a pu faire pour mériter un tel traitement et lui dit combien elle aimerait le revoir ! La réponse s'est fait attendre. Peut-être eut-il mieux valu qu'elle ne vînt jamais d'ailleurs… Elle disait cruellement : « Je ne suis pas ton père, ta mère était une p… Tu es la fille de… »

« Merci papa ! » Pour les retrouvailles, c'est fichu ! Éliette a questionné la mère qui a nié, déchiré la lettre et conclu : « Il n'existe plus. » Quelques années plus tard, le père disparut et l'héritage aussi, donné par assurances vie nominatives aux membres de l'autre famille. Notre Éliette, devenue philosophe, nous a déclaré qu'elle « ne voulait pas de ce fric et qu'elle l'aurait de toute façon donné à quelque association caritative ». Nous plaignons ce père qui est passé à côté de ce qui aurait pu être une belle relation, s'il n'avait confondu honneur et paternité. Et encore honneur mal placé ! Qui dira de qui Éliette est la fille ? Sa mère ? Les recherches ADN ? Notre amie y a pensé puis a préféré s'imaginer qu'il n'était vraiment pas son père. Quel père digne de son nom oserait se comporter ainsi ? Ce fut sa façon de conclure l'histoire. Décidément, elle n'était pas sa fille. Mais quelle image de l'homme la fille doit-elle se coltiner après cela ?

Abandonnent-ils de même leurs garçons ? Oui, assurément, oui. Peut-être même plus, à cause d'une forte rivalité père-fils et d'une sévérité plus grande devant les agissements d'un fils. En fait, pour être tout à fait précises, nous devrions parler de l'attitude de la nouvelle compagne du père. Tout dépend alors de la résistance de la fameuse belle-mère ! Toutefois, il nous semble que les garçons s'accommodent mieux de cette rupture que les filles. Ont-ils une mère très présente, un père de remplacement mieux investi, une faculté plus grande à se passer d'un père qu'il faudra éliminer ensuite ? Canalisent-ils mieux ce genre d'émotions en tentant d'être vite des grands ? « Bof, je le voyais déjà pas, ça n'a pas changé grand-chose », nous ont dit certains orphelins de père. On se console comme on peut !

CEUX QUI S'ACCROCHENT

Pour en finir avec le père qui divorce et qui oublie, il y a, comme toujours en psychologie, son contraire : le père qui s'accroche ! Contre tout, contre vents et marées, contre l'avis de sa fille qui le rejette et dont il dit alors qu'elle est sous l'influence de la mère. Les excès ne sont jamais souhaitables. Les procès non plus. Les enfants, filles ou garçons, les redoutent plus que tout car ils savent qu'il va falloir prendre parti pour l'un ou l'autre des parents, ce qui les amène à être coupés en deux (conflit intrapersonnel).

Certains parents, pères et mères confondus, peuvent en devenir fous. La passion pour leur enfant les anime et leur enlève tout bon sens. Les tribunaux en témoignent. Ne parlons pas de ceux qui les volent et les séquestrent pour des mobiles honteux. La fille comme le garçon deviennent des victimes, objets de combat entre les parents. Des objets, nous insistons bien sur ce mot, soumis à la passion des adultes. Les pères ont le chic pour chiper les enfants aux mères, mais celles-ci ne sont pas à la traîne pour descendre en vrille les pères avec des phrases assassines. Les filles choisissent plus volontiers le camp des mères, mais les pères, en général mieux lotis financièrement que leurs ex-compagnes, sont les champions des procédures ou des enlèvements. Ces rapts d'enfants sont souvent le fait de couples où l'homme et la femme sont de religions ou de cultures différentes, et où personne ne veut accepter un compromis. Deux cent cinquante affaires de déplacements de mineurs sont jugées en France chaque année. Nous avons suivi récemment les déambulations d'une petite Élise que le père reprenait de force à sa mère qui l'avait ramenée dans son pays… Nous pensons à cette petite, tiraillée de droite à gauche par amour. Mouaih !

Par amour de ses filles ! C'est ainsi que l'on définirait l'attitude paternelle d'un illustre père bafoué de la littérature : le père Goriot, de la *Comédie humaine* d'Honoré de Balzac. De quel amour s'agit-il ? D'un amour fou dans le vrai sens du terme. « Je ne suis rien… Je les ai habituées à me fouler aux pieds. » Il n'en est pas récompensé, elles le ruinent sans remords. C'est que l'ancien vermicellier n'a pas sa place dans le monde auquel elles aspirent. Ce père est à cacher car il fait honte. Seul son argent est convoité et quand il aura tout donné, elles le quitteront. Les derniers mots du père Goriot sont un cri de désespoir, d'une lucidité effrayante : « En ce moment, je vois ma vie entière, elles ne m'aiment pas, elles ne m'ont jamais aimé. Je suis trop bête, elles croient que tous les pères sont comme le leur[51]. »

Eh oui, le père Goriot est un mauvais père, un Christ de la paternité cloué et saigné aux quatre veines. Un père qui répond à tous les caprices de ses filles avec une constance qui frôle la folie et le masochisme rate sa mission. « Il aimait jusqu'au mal qu'elles lui faisaient. » Qu'expie-t-il ainsi ? Quel ciel croit-il gagner ? Quel dieu veut-il être ? Dans quelle adoration mystique ? « Enfin, je vis trois fois. Eh bien ! Quand j'ai été père, j'ai compris Dieu[52]. »

Dieu aurait dû lui parler, lui dire qu'un père est quelqu'un qu'il faut respecter au moins un minimum et qu'il doit résister à se

51. Honoré de Balzac, *Le père Goriot*, Paris, Librairie nouvelle, 1858 et Le Livre de poche, 2004.
52. *Ibid.*

faire aimer parce qu'il donne. On n'a que faire d'un père crucifié ou d'un père martyr. Et c'est sans compter la culpabilité qui viendra à jamais poursuivre les enfants !

Les pères martyrs du XXIe siècle n'ont pas la stature de notre père Goriot. L'habit a pris d'autres formes, mais certains dévouements sont aussi suspects. Nous voyons parfois des pères prêts à tous les emprunts, tous les sacrifices pour que leur fille, qui est leur fanion, leur porte-drapeau, réussisse. Le sport nous en fournit de beaux exemples. Un journaliste sportif disait, lors d'un reportage, que derrière toute athlète féminine se cachait un père. Nous pensons aux sœurs Williams, à Steffi Graf. C'est vrai aussi pour certaines interprètes, pianistes, violonistes, musiciennes de grand talent. Dans cette création d'excellence doit-on parler de bon ou de mauvais père ? Les filles sont sublimes et doivent bien reconnaître leur propre volonté dans ces exploits. Nous souhaitons seulement que le désir soit le leur, et non seulement celui du père. Au nom du père, mais surtout de la fille ! Ainsi soit-elle !

L'exemple que nous allons donner concerne une jeune fille de 13 ans. C'est un reportage sur une chaîne de télévision française qui nous emporte sur les mers autour du monde pour un exploit encore jamais réalisé. La jeune fille envisage de battre un record : être la plus jeune à faire le tour du monde ! Nous sommes béates d'admiration. Elle va affronter les quarantièmes rugissants, la mer Australe sur un bateau qu'elle n'a jamais barré. Puis vint le père… et on comprend que c'est le rêve de papa que cette petite doit réaliser. Papa cherche à réunir l'argent nécessaire, y engloutit son énergie et tout son temps. Il conseille, il coache. On comprend que malgré les « Je t'aime » il ne rigole pas. « Tu dois le faire, tu le peux ! », lui dit-il. L'entourage professionnel, ceux qui connaissent cette épreuve sont visiblement atterrés. À l'un d'eux qui lui demande : « Êtes-vous prêts à suivre un cercueil vide avec une enfant perdue en mer ? » le père répondra un « oui » étonnant qui nous laisse sans voix. Heureusement, nous apprendrons plus tard que les autorités s'opposent à ce départ… La jeune fille enrage. Quelques semaines plus tard, c'est un magazine qui salue l'exploit d'une autre ado de 16 ans qui toute seule a accompli son tour du monde. Avec des larmes et des coups de blues qui lui ont sûrement forgé un caractère de fer. Sûr que c'est une héroïne qui revient à quai.

Quel sera son futur ? Que cherchent ces pères ? Pourquoi, si ce sont réellement leurs propres rêves, ne les accomplissent-ils pas eux-mêmes ? Nous allons tout de même saluer l'exploit, car ces filles ont, exactement comme nous le souhaitons pour toutes les filles, des caractères bien trempés ! Mais comment se retrouveront-elles dans le désir de l'autre ? C'est un autre problème.

LES ACCROCHÉS DÉCROCHÉS

Il nous est arrivé de conseiller à certains pères de rompre provisoirement une relation difficile avec une fille difficile. Ceci pour le bien même de la jeune fille, accrochée de façon fusionnelle pour mille raisons à son papa. Non, un papa n'appartient pas à sa fille, lui aussi est libre de choisir son destin. Quelques pages plus tôt nous évoquions la stratégie de la fille de Laurent qui avait détruit le couple parental. Marielle n'avait pas à « éliminer sa mère » puisque ses parents étaient séparés, mais elle était habituée à faire « petit couple » avec papa : sorties ensemble, complicité autour de la musique et de la littérature… Tout les liait, jusqu'à ce que papa trouve chaussure à son goût et laisse tomber fifille qui, après une colère noire, entama une grève de la faim suicidaire. Celle-ci eut le mérite (*sic*) de la conduire en thérapie, et la belle intelligente prit très vite conscience que sa conduite l'engageait dans une impasse. Elle ne changea pas immédiatement de cap pour autant. La vengeance qui couvait dut s'exécuter. Elle se priva de père encore quelques années, jusqu'à ce qu'elle nous déclare, en nous stupéfiant : « Finalement, c'est bien pour l'œdipe cette affaire ! Quand ton père a une concubine, tu comprends vite que tu ne vas pas l'avoir ! » Bravo Marielle, la théorie psy est comprise sans que tu aies eu à ouvrir le grand livre ! Notre conclusion est que les plus mauvaises choses ont parfois du bon.

Quand papa aime ailleurs, quand il est pris par une autre, il faut vite désinvestir la relation.

> **Attention danger si papa choisit sa fille au lieu de sa maîtresse et refuse de refaire sa vie pour lui plaire.**

Il ne lui rend pas service et ne lui permettra pas de s'envoler ailleurs sans culpabilité. Des « couples malsains » se forment alors. La fille devient la confidente ou, inversement, le père reçoit les confidences de sa fille. Aucune femme ne peut se glisser entre eux. Notre Virginie en fait tous les jours la triste constatation : « Mon ami est capable de renoncer à nos vacances ou nos sorties dans la minute si sa fille le siffle. » Et comme la demoiselle est fragile, elle le siffle souvent, causant disputes et agacements dans le couple. Nous l'avons déjà dit : « Choisis, entre ta fille et moi, ta compagne ! » démode le célèbre « Choisis entre ta mère et moi ! »

À l'opposé, il est des pères sévères. Des pères si sévères que l'on n'ose pas bouger le petit doigt, ni froncer le sourcil. Des exemples ? On en a plein nos tiroirs de ces pères-là. Au point que l'on se demande si la fonction paternelle a vraiment évolué, changé, comme on nous pousse à le croire. « Mon père ce héros au sourire si doux » n'est pas l'hôte de toutes les familles.

L'AUTORITÉ FAITE PÈRE

Les injonctions sont connues : « Tu n'as rien à dire. Tu feras ce que je veux, tu ne commandes pas. Tu n'es rien encore, tu m'obéiras… Tant que tu ne gagnes pas ta vie, tu la fermes »… La liste est longue et sort surtout par temps d'orage. Filles et garçons, d'un commun accord, les vomissent, ces phrases. Certains filent dans leur chambre, d'autres se rebiffent.

Les filles sont en général plus soumises. Nous le déplorons parfois mais c'est dans l'ordre des choses, ou plutôt conforme à l'éducation qu'elles reçoivent. La parole du père pèse lourd. Peu de pères actuels souhaitent jouer ce rôle de tyran, mais il demeure des exemples étonnants d'autorité démesurée que l'on ne décèle pas toujours. Point n'est besoin de hurler pour être un père autoritaire, un père qui ne respecte jamais votre désir. Il n'est pas question ici d'une autorisation de sortie au bal du quartier, mais d'interdits plus sournois et beaucoup plus « empêchants » pour l'avenir.

Nous avons connu, dans notre génération (non, nous ne sommes pas allées à l'école avec Jeanne d'Arc), des papas briseurs de carrière. Notre métier devait correspondre à ce que souhaitaient nos pères. Pas de carrière dite masculine, pas d'éloignement trop long du foyer, pas de chambre seule à l'université. Nos pères étaient les garants de notre virginité… sexuelle et spirituelle, et les geôliers de notre volonté « non entreprenante ». Il fallait rester dans la norme fixée par les hommes. Beaucoup de nos amies en ont souffert et en souffrent encore !

« Mon père ne voulait pas que j'aille en faculté. La ville était pour lui un endroit de perdition ! Et lui qui avait fait des études de droit et s'était bien amusé pensait que je n'en avais pas besoin. Que faire d'une licence de lettres pour élever des enfants ? » C'est le témoignage amer de Joss qui a vu partir quelques privilégiées à l'université pendant qu'elle épousait un fringant militaire, sans grand avenir du reste. Pardon aux militaires !

L'argent que coûtent les études est souvent un argument incontournable. Cependant, ces mêmes parents sont capables de sacrifices si c'est pour l'avenir du garçon de la famille. « Il aura une famille à élever, lui. » Merci à notre vieille tante précitée ! Il est bien connu que les filles vivent de l'air du temps, n'est-ce pas ? Ces pères sont donc à la traîne et ne se préoccupent pas suffisamment des études et de l'avenir professionnel de leurs filles. Nous avons dit « se préoccuper », se soucier de l'avenir de leurs filles, nous n'avons pas dit « décider à leur place ». Il faut souvent requérir leur présence dans nos cabinets pour le bien de leur propre enfant. Les orienteurs professionnels avouent recevoir peu de pères, et bien trop souvent encore, ces derniers ne connaissent rien du parcours scolaire de leur enfant. La réunion parents-professeurs est essentiellement féminine. Voilà pour le choix professionnel.

Il y a un autre domaine où l'autorité du père est contraignante! Le choix de l'époux, du compagnon ou du petit ami. On a vu toute la charge émotive que trimbale, à cause de notre copain Œdipe, la relation père-fille. Rappelons-nous les confidences de notre amie Françoise, car son cas est exemplaire. Il illustre à la fois le mépris du père devant la réussite professionnelle de sa fille et sa réaction toujours négative devant les prétendants. Son père est pourtant cultivé, médecin connu et réputé. On est en droit d'attendre intelligence et compréhension de la part de cet homme! *Que nenni!* Françoise doit tout arracher de haute lutte. Le droit d'être médecin à son tour, sans aide, sans encouragement... si ce n'est des quolibets les deux seuls jours où ils ont travaillé ensemble! « Ma pauvre fille, tu fais un fichu médecin, on a dû te donner tes diplômes par erreur! » Deux jours d'insultes, dit-elle, qui lui ont permis fort heureusement de se rebeller, de tourner les talons et de comprendre qu'ils ne pourraient jamais, au grand jamais, travailler dans le même cabinet. Après cela, notre Françoise, virée du cabinet paternel, n'a pas attendu pour rebondir plus haut, bien plus haut que son père. Sans qu'il ne s'en préoccupe un instant! Sans qu'il se déplace pour applaudir, ni même écouter, la soutenance de sa thèse. Quant aux petits amis... on vous l'a déjà dit, aucun n'a jamais trouvé grâce à ses yeux. Ils étaient traités de sots, d'ignares, d'imbéciles, et ce coquin de père ne consentait pas à descendre à la salle à manger familiale quand notre amie lui rendait visite. De ce père-là, elle s'est affranchie, mais avec peine et tristesse.

« COMBIEN TU ME DONNES ? »

C'est l'histoire de l'échange archaïque entre deux familles ou entre un père et le futur époux... Une boutade méprisante pour nous, les filles. « Combien tu me donnes ? »; « Combien de chameaux ? » Et le futur regardera les dents de la promise pour voir si elle est en bonne santé, comme il évaluera sa croupe pour savoir si elle fera une bonne mère.

En général, à l'arrivée du fiancé, tout est passé au crible : sa situation financière, ses défauts et qualités, ses aptitudes professionnelles, ses parents, ses opinions politiques. On comprendrait bien cette attitude si le souci des pères était de préserver leur fille, mais nous doutons qu'il en soit ainsi. Nous accusons plutôt encore leur vanité, leur narcissisme et nous pestons de les entendre hurler contre les travers du futur gendre, alors qu'en fait... ils n'ont rien à dire. Quand nous disons « rien à dire », nous exagérons, bien sûr. Ils ont des conseils à donner, des suggestions à émettre, mais toujours sans insulte, sans passion. De plus, depuis le temps, ils devraient savoir que ces grandes démonstrations d'autorité sont sans effet et que, au contraire, les amours contrariées flambent plus ardentes encore. Des Roméo et Juliette à foison ! Souhaitons pour tous les amoureux contrariés une fin plus heureuse !

À cela peuvent se rajouter des problèmes raciaux ou culturels. Peu de pères approuvent l'union de leur fille avec un homme de race et de religion différentes. Nous avons bien pu rire quand Muriel Robin, humoriste française, mimait l'arrivée de sa fille au bras d'un homme « noir, noir, vraiment noir » et la réaction des parents... Les espoirs de petits-enfants blonds et roses disparaissaient, rendant l'avenir effectivement bien noir pour certains !

Nous rions bien moins quand des parents en pleurs viennent nous consulter et nous confient que leur fille va épouser... un nul, un black, un juif, un arabe, un « qui n'est pas de chez eux », un « qui leur enlèvera leur fille », un « qui n'est pas de leur rang » et qui profitera d'elle. Dans un sens comme dans l'autre : si la demoiselle est riche, alors le fiancé ne voit que ses sous, si elle est pauvre, le nanti va s'en servir avant de la rejeter ensuite. Insoluble !

C'est le tourment du père de la belle Gilda dans l'opéra de Verdi *Rigoletto*[53]. Le duo Rigoletto-Gilda est un magnifique chant d'amour filial ! On connaît la fin. À trop vouloir protéger sa fille, il

53. Cet opéra s'inspire de la pièce de Victor Hugo, *Le roi s'amuse*.

la désespère en lui révélant la trahison du duc de Mantoue, et la conduit au suicide.

La fameuse « malédiction » est le supposé honneur bafoué des pères ! C'est toujours de perte qu'il s'agit. Perte de l'honneur de sa famille, perte de sa fille, de la virginité de sa fille. Ben oui, on « perd » sa fille, mais c'est un sort enviable, c'est pour mieux la retrouver adulte. Vous n'espériez pas la garder pour égayer vos vieux jours, ou vous en servir comme bâton de vieillesse ? Autrefois, il n'était pas rare que la petite dernière serve d'infirmière aux vieux parents. La sacrifiée de la fratrie ! On ne demande pas cela au garçon !

L'exemple suivant vient de haut ! Il s'agit de la fille de notre cher Sigmund. On ne peut parler d'une vraie sacrifiée, car Anna n'était pas une fille innocente et naïve ! Il n'empêche… Alors qu'elle rêve de s'installer à Berlin comme thérapeute, papa Freud tombe malade et souhaite qu'elle demeure près de lui. Savez-vous ce qu'il écrit alors ? « Naturellement, je suis de plus en plus réduit à recourir aux soins d'Anna… Tout comme l'a dit Méphistophélès : "À la fin, nous dépendons quand même des créatures que nous fîmes. En tout cas ce fut très sage de les avoir faites[54]" ». Ben voyons ! Il était sûrement difficile de s'arracher à un père pareil, mais de là à jouer les infirmières avec la bénédiction du grand homme ! Nous verrons dans notre dernière partie que c'est grâce à ce mécanisme de défense formidable qu'est la sublimation qu'Anna réglera sa dépendance à ce père qui n'est pas à ranger dans le camp des pères fouettards, mais qui impose tout de même une présence difficile à contourner. On nous dit qu'Anna était consentante. Nous, on veut bien. Dans une fascination et une admiration dévote qui ne se ferait plus aujourd'hui ? Oui, certainement, on préfère… Anna n'a jamais trouvé de compagnon, elle est restée la fidèle infirmière, la fidèle disciple, « l'ascète permanente » heureusement comblée par ses activités intellectuelles.

54. Lou Andreas-Salomé, *Correspondance avec Sigmund Freud,* Paris, Gallimard, 1966, p. 256.

Nous n'oublions pas les pays où les pères marient leurs filles de force comme nous l'avons évoqué avec Waris Dirie. Mais pour une rebelle comme elle, combien d'autres auront le courage de s'enfuir pour ne pas subir le vieux mari imposé ? Combien de victimes ? Où se ressourcent les sentiments filiaux après de tels chocs ? Les ruptures restent la règle et l'amertume les nourrit.

Nous conclurons cette section avec le témoignage de l'une de nos grands-mères, parce que nous trouvons qu'il signe merveilleusement ce qu'était un père fouettard, version à l'ancienne. Il était né sur une île au large du golfe de Naples. Un de ces *Pater familias* qui trônent au bout de la table, qui transmet des valeurs. Respect, honnêteté, obéissance. Pour la première fois, notre grand-mère avait enfreint la loi, mais elle allait prendre une leçon très cuisante de probité. Le père était pêcheur de corail. Depuis quelque temps, la petite reluquait dans un grand seau ces petites brindilles rouges qui allaient orner le cou et les oreilles des jolies dames… Seconde d'une famille de 13 enfants, elle manquait de cadeaux ! Aussi, un jour, elle fourra dans sa poche un minuscule bout de corail, sans arriver à tromper la vigilance du père qui lui administra une gifle dont elle disait que le seul souvenir lui faisait revivre la douleur… alors que de nombreuses années s'étaient écoulées ! L'honnêteté et la droiture caractérisèrent cette femme toute son existence, de même qu'une sorte de dureté. Une limite stricte avait été mise à sa pulsion d'enfant et à son désir. C'était un père « ancienne formule » responsable, rigoureux, mais si peu tendre…

LES PÈRES INDIFFÉRENTS

Un père indifférent est-il plus facile à vivre qu'un père autoritaire ? Pas sûr du tout ! « J'étais transparente »… Refrain connu qui fait sangloter les filles. La presse rapportait récemment les mots de la fille du grand Agnelli, propriétaire de l'énorme consortium Fiat : « Il n'a jamais regardé l'enfant. L'enfant que j'étais ne l'intéressait pas. » Il a préféré ses fils qui sûrement lui paraissaient plus dignes de reprendre l'aventure de la Fiat. L'histoire s'achève en un interminable procès dont nous comprenons qu'il est, au moment de l'héritage paternel, la seule façon pour cette fille jusqu'ici niée, d'exister. La loi seule lui restituant son statut de « fille de ». Voilà deux fois que nous insistons sur ces malheureux héritages censés restaurer la filiation et nous y reviendrons. Ce n'est pas un hasard si toutes les rancœurs jamais exprimées éclatent au grand jour au moment de la disparition du père[55]. Au-delà de l'argent et du patrimoine, c'est bien sûr d'une restauration de place qu'il s'agit. C'est le moment où on compare, où on soupèse le poids de l'amour. « Il a toujours préféré mon frère ! », se plaignent les filles. On a déjà vu quelques-unes de ces raisons qui poussent un père vers les enfants mâles, ou parfois, vers une autre enfant du même sexe, ce qui rend la chose encore plus difficile à vivre. « Il a toujours préféré ma sœur, plus belle, plus intelligente. »

Un homme ne peut s'empêcher de faire des choix, mais un bon père ne doit pas les montrer. C'est un véritable travail que de trouver dans chacun de ses enfants ce qui plaît et ce que l'on doit encourager. Souvent, la préférée est celle qui rappelle les bons moments de la vie… avec sa mère ! Certains choix sont faits en fonction de la perception que les pères ont eue de moments de leur vie qu'ils disent heureux. Ils l'ont vu grandir plus longtemps, cette enfant-là. Elle correspondait à une époque où ils étaient plus disponibles. « Celle-là, je l'ai élevée », nous disent-ils, faisant sans le savoir référence à la notion d'attachement. L'amour pour un enfant serait-il lié à l'amour ou la haine que l'on ressent pour sa mère ? On a bien vu qu'un père qui quitte son épouse peut aussi quitter sa fille !

C'est le cas dans le récit que nous offre Nicole Lombard[56]. Le père célèbre et remarié l'a oubliée, le grand homme se flatte d'avoir deux garçons d'une autre jeune femme. *Quid* de la première qui

55. À l'heure où nous écrivons, ce qui s'appelle en France « l'affaire Bettencourt » défraie la chronique. Il est question d'une querelle intestine entre une mère et sa fille, depuis le décès du mari et père, à propos de transmission d'héritage. C'est la mère qui est supposée dilapider l'héritage.

56. Nicole Lombard, *Un père que j'avais*, Paris, Éditions du Bon Albert, 2010.

n'a reçu ni soins, ni argent, ni amour. Effacée, comme jadis, en Union Soviétique, on effaçait sur les photos officielles les personnes gênantes ! Paradoxalement, le désamour pour la mère n'est pas obligatoirement négatif. Il peut conduire le père à un surinvestissement quasi amoureux : « J'ai tant aimé sa mère que je la retrouve en ma fille »... Ou bien au contraire : « Sa mère ne l'aime plus, alors je compense. »

La guerre de possession est ouverte. La plupart du temps, à grands coups de billets de banque et de procès malsains. Encore une fois, l'enfant est l'otage.

Peut-on aussi penser que certains pères ne sont pas doués pour remplir une fonction paternelle et que ce rôle ne les intéresse pas du tout ? On peut effectivement être géniteur mais incapable d'assumer la fonction de père et la fonction de papa. Nous avons insisté sur la maturité nécessaire et le désir non moins nécessaire pour mener à bien les missions de transmission, d'éducation et de relais. Certains n'en ont ni la possibilité ni l'envie car ils sont occupés ailleurs. Parfois, leur égocentrisme forcené fait obstacle, parfois, leur mauvaise compréhension de la tâche empêche le lien. Parfois, ils sont eux-mêmes trop torturés par leur propre pathologie pour remplir cette mission. Là, c'est le drame assuré ! Nous les verrons au chapitre 5, ceux-là.

LES PÈRES INDÉTRÔNABLES

Sur sa chaise, en majesté, trône le père admiré de tous. Ce n'est pas un homme défaillant, mais ce peut-être un père difficile à atteindre et... à déboulonner.

Parfois aussi, comme les pères d'antan, ceux qui mourraient à la guerre, il n'est plus là. Le père... ce héros, disions-nous. Il est mort prématurément, ça suffit pour en faire une idole. Une photo sur la cheminée, les pleurs de la mère, le chagrin des grands-parents vouent la jeune fille, elle aussi, aux regrets éternels. Il se crée autour de lui une légende qui va faire de ce père un être à jamais irremplaçable, un disparu magnifique qui va devenir doublement irremplaçable. Dans l'immédiat et dans l'avenir. La jeune fille aura du mal à faire le deuil de ce père si parfait et à trouver ensuite un compagnon à la hauteur. En effet, comment un jeune mari peut-il lutter avec la statue du commandeur magnifiée ?

Pour cette rubrique, point n'est besoin d'être un père mort. Il suffit que le père soit célèbre et courtisé. Se faire dire : « Tu n'arriveras jamais à la cheville de ton père ! » n'augure rien de bon pour la suite. Carmen relève des deux cas de figure. Elle était la fille unique d'un père brillant, cultivé, aîné d'une famille d'industriels fortunés. Tout pour un avenir radieux. Jusqu'à la mort accidentelle de celui-ci. Dès cet instant, le chagrin prit tellement de place dans la famille qu'on oublia son existence pour pleurer le disparu. Échec scolaire, dépression, anorexie, boulimie ont été les seuls compagnons de la jeune fille tout au long de son adolescence. Pour toutes les « filles de », la presse people est suffisamment prolixe pour nous faire comprendre que ce n'est pas toujours facile d'être mademoiselle Anna Freud, mademoiselle Depardieu, mademoiselle Gainsbourg ou la fille d'écrivains ou d'hommes politiques célèbres, et ensuite de trouver le compagnon qui sera à la hauteur de papa ! Finalement, mieux vaut un père « bateau », un père banal quoi !

LES PÈRES TARDIFS

Pour tout dire, nous ne savons où caser ce type de papas. Ils sont normaux, oui ! Sauf qu'ils ont l'âge d'être grands-pères, et qu'ils le sont parfois en même temps ! C'est un phénomène de mode, car ils sont de plus en plus nombreux, ces « pères du regain » comme les nomme joliment Jacky Israël[57]. Regain d'amour, regain de vie et les voilà, à plus de 45 ans, reprenant du service.

Nous avons bien noté plus en amont qu'ils contentaient ainsi le désir de leur jeune épouse, qui n'avait pas à être victime de leur passé ! Ils sont généralement attentifs, plus disponibles, dans une

57. Jacky Israël, *Enfants, mode d'emploi à l'usage des pères*, Paris, Anne Carrière, 2010.

situation professionnelle et financière confortable. Nous supposons que les expériences de la vie et leurs vécus sont profitables… Tout pour faire un bon père, un bon père de fille également.

Leur fille sera-t-elle ravie de ce vieux papa ? Nous pensons qu'elle sera plus encline que le garçon à l'accepter. Ces pères réinventent la fonction paternelle en y introduisant du « maternel ». Le côté un peu macho de leur personnalité s'estompe en vieillissant. Ce sont souvent les grandes filles du lit précédent qui, elles, ne sont pas ravies de se voir voler leur place et de voir que leur propre maternité se confond avec celle de leur belle-mère. Comment être père et grand-père à la fois ? Lisa nous confiait que son père avait oublié sa petite-fille parce qu'en même temps il avait dû s'occuper d'une autre fille : sa demi-sœur. Elle ne lui pardonnait pas ce mélange de générations ! Les deux petites ne réussirent d'ailleurs pas à s'entendre non plus. Trop de rivalités conscientes et inconscientes les séparaient. Les mères n'étaient sûrement pas étrangères au problème. Rivalité, quand tu nous tiens, tu tiens toute la lignée !

CHAPITRE 5

Les pères impossibles

« Tu es mort. Enfin ![58] » C'est le cri du cœur du crieur de nuit de Nelly Alard. C'est bien du père dont il est question. On aurait pu le placer avec les pères difficiles, mais en lisant le récit de Sophie, nous avons bien compris que ce père est une plaie, pire que la septième plaie d'Égypte : « Aux yeux de tous, tu étais juste autoritaire, un peu caractériel. Personne n'avait compris qu'en réalité tu étais dingue… Tu ne nous as jamais frappés, mais tu m'as appris la peur, le doute… en ta présence, je n'ai jamais eu le sentiment de la terre ferme. »

C'est le chapitre que nous aimerions ne pas avoir à écrire. Pourtant, il est indispensable pour rendre justice à toutes celles qui ont subi ces pères-là. Toutes celles qui se battent contre ces souvenirs douloureux, toutes celles qui sont meurtries et doivent réussir leur résilience et retrouver la paix pour survivre. Ce sont tous ces cas de violence extrême, filles maltraitées, filles battues, filles violées, filles tuées par leur père, dont l'une de nous peut donner un témoignage ému.

Elle se nommait Angélique. Elle est venue suivre une thérapie sur les conseils d'une éducatrice pour malentendants qui voulait la voir épanouie. Angélique était sourde depuis sa naissance mais tellement bien soignée que son handicap ne gênait nullement la communication avec nous. Cette jeune fille de 18 ans était un bonheur, un rayon de soleil, un éclat de rire. Surtout qu'elle venait de rencontrer un jeune homme entendant qui la couvait d'amour et

58. Nelly Alard, *Le crieur de nuit*, Paris, Gallimard, 2009.

qu'elle entrevoyait avec lui un bonheur tout naturel. Nous avions rencontré le père à sa demande. Cet homme, commandant de gendarmerie, nous a paru très rigide et très dominateur. Il pensait Angélique... angélique et mal armée pour une vie normale. Il disait que ce jeune homme allait la détruire, qu'elle n'avait aucune expérience amoureuse, qu'il en voulait surtout à son corps, à son innocence. Elle n'avait, selon lui, aucune capacité pour se défendre et résister au mal. Nous avons compris tout de suite que le « mal » était que sa fille lui échappait. Après l'avoir choyée, éduquée, rendue autonome, il la perdait pour une histoire d'amour qu'il jugeait éphémère et dangereuse pour son équilibre.

Pour n'en rien voir, il l'a tuée, et pour ne pas avoir à nous rendre de comptes, il s'est tué ensuite. Un déséquilibré, un fou d'amour, un meurtrier à qui nous ne pardonnerons jamais de nous avoir enlevé Angélique. Elle était sa créature, il l'avait réparée, il l'avait instruite, elle était à lui. Bien après ce drame, nous avons ressassé tous les mots qui avaient été prononcés par ce père lors de cette seule et unique entrevue... Pour comprendre, pour apaiser notre culpabilité, nos regrets de ne pas avoir vu, pas compris ce que cachait cette apparente maîtrise de soi qu'il affichait. Angélique était têtue, déterminée, elle n'en faisait qu'à sa tête, disait cet homme. Nous avions répondu qu'il en fallait de la détermination pour se guérir si bien ! « À quel prix ? », avait-il répondu. Il exprimait en un mot tout le souci que ce handicap lui avait causé, cette blessure narcissique que beaucoup de parents d'enfants malades expriment. Tout ce « prix payé » ne devait pas lui échapper.

Angélique devait rester un ange pur préservé de la souillure sexuelle d'un autre homme. Angélique est morte et c'est notre drame. Cet exemple qui nous fait encore tant de mal aujourd'hui n'est heureusement pas fréquent. C'est le fait d'un déséquilibré, d'un malade mental.

Pour autant, cette souche malfaisante de mauvais pères est dure à éradiquer, car peu souvent dénoncée, par négligence ou par peur. Les services de santé sont très laxistes ou très méfiants. Ils soupçonnent souvent la petite fille qui se plaint de mentir ou d'affabuler, la grande fille de perversité. Pourtant, il faut avoir vu leurs bras pleins d'hématomes et entendu leurs confidences. La plupart sont vraies. Pourquoi ne vont-elles pas se plaindre chez les juges ? Parce qu'elles ont honte. Parce qu'elles n'osent pas pousser la porte d'un commissariat. Parce qu'il ne faut pas que ça se sache. Parce que le lendemain, le soudard dégrisé s'excusera, parce que la mère dira que ce n'est pas bien grave et qu'elle n'était pas volée cette raclée ! Parce qu'elles-mêmes se sentent coupables.

Souvent le père boit, souvent il est coléreux... Et surtout il arrive, avec l'aide de la mère, à les persuader qu'elles ont bien mérité le châtiment, qu'elles se conduisent mal ! Ce sont ces filles qui « couchent », ces putes qui les trahissent, qui salissent leur nom. Nous espérons que les nouveaux pères vont nous entendre et nous lire !

Au nom de votre propre honneur, ne levez jamais la main sur vos filles, ne traitez plus jamais vos filles de putes. Faites-vous soigner ou vous finirez en prison, car nous ne vous lâcherons pas.

> **Pères, vous n'avez aucun droit sur la vie de vos filles. Vous n'avez aucun droit sur leur vie sexuelle. Aucun.**

Nous nous souvenons d'un père qui avait dit à sa fille après qu'elle ait traversé le pays pour rejoindre un soupirant : « Tu as été au taureau ! » Elle avait pourtant 24 ans. Le père avait bien dépucelé sa femme – la mère de sa fille – à 16 ans ! Mais c'était la nuit de noces, disait-il...

L'INCESTE

Et nous voici de nouveau en enfer, parce que cette règle élémentaire de l'interdit de l'inceste, certains l'ont réduite en lambeaux. Dans le secret de nos cabinets, combien de petites filles, de jeunes filles avons-nous entendu ? Nous, les psys, nous n'en revenons toujours pas ! On nous répond, comme pour les enfants battues : « Faux souvenirs, exaltations d'hystériques, imaginaires d'enfants troublés ».

Depuis le procès d'Outreau, tout a été dit ou presque. Que l'enfant peut mentir sans le savoir, qu'il peut être manipulé ? Oui, nous sommes prudentes. La plupart du temps, on ne vient pas nous voir pour dénoncer mais pour se réparer. C'est à renouer les fils brisés, à ravauder les trous que s'emploient nos patientes. Le violeur n'est pas oublié, oh que non, mais l'espoir d'en sortir est simplement prioritaire.

Des chiffres : trois pour cent de la population est victime d'inceste. En France, deux millions, plus ? « On est des millions, plus nombreux que les chômeurs, mais on est silencieux », déplore Isabelle Aubry[59], courageuse présidente de l'Association internationale des Victimes de l'Inceste (AIVI) auprès de Richard Cannavo, journaliste au *Nouvel Observateur.* Dans nos congrès de psys, on entend qu'une enfant sur dix subirait des violences sexuelles. Ceci nous paraît bien faible et ne correspond pas à nos statistiques de thérapeutes. Les mauvaises langues diront bien que nos statistiques sont biaisées car les non-violées viennent rarement chez nous… Nous persistons à dire que c'est trop. Que trop de petites filles se taisent, que trop de femmes se sont tues. Parce que ces pratiques se passent au sein de ce qui est censé protéger l'enfance, c'est-à-dire au cœur de la famille même.

Pour ces petites, c'est la stupéfaction, l'hébétement, l'incompréhension qui dominent. Elles savent presque toujours qu'elles doivent se taire. Soit parce que le père le leur ordonne, soit parce qu'elles ont compris que leur parole allait tout faire exploser, tout briser de la splendide quiétude qui règne au foyer.

Dès lors, elles deviendront muettes. Mortes. Survivantes, puisque c'est ainsi qu'elles se nomment. Nous avons énoncé l'interdit dans nos précédents chapitres, nous avons souligné le pourquoi de cet

59. Elle est l'auteur d'un livre bouleversant, *La première fois, j'avais six ans,* paru chez Oh Éditions en 2008.

interdit. Or, dans certaines familles, on ne prend pas en compte la différence entre les générations, on ne « reconnaît » pas le corps de l'Autre, on l'assimile au sien ou à un objet que l'on peut chatouiller, tripoter, palper. Certains violeurs ont une idée très archaïque de l'Autre. C'est pour cela qu'il faut apprendre très tôt aux petites filles que leur corps n'est pas un jouet pour le grand frère ni pour le grand-père. Tous ces hommes qui sont autant de dangers potentiels, dont le père, justement, doit en principe se méfier.

En l'occurrence, pour la séquence qui suit, le violeur c'est lui. Lui, le père ! Christine Angot, la courageuse, écrit : « Il m'a touché le sexe au Touquet, il a dit : "Tu sais pourquoi c'est mouillé ? Parce que tu aimes[60]." » Et quelques pages avant, la voici qui insiste sur les effets de ce traumatisme : « Comment je suis devenue folle... C'est ça. J'en suis sûre, c'est à cause de ça que je suis devenue folle. C'est la cause. » On veut bien la croire. Comme on croira Barbara et son *Aigle noir*[61] : « Quand soudain, semblant crever le ciel et venant de nulle part, surgit un aigle noir » ou Christiane Rochefort dans son beau roman[62]... Et tant d'autres anonymes honteuses entendues lors de nos consultations.

COMMENT SE FONT LES MONSTRES ?

Monstrueux, abjects, qui sont ces pères ? On a tendance à reconnaître dans les milieux psys que ce sont de pauvres créatures qui ont été elles-mêmes abusées et violées. Ce n'est pas toujours le cas. Pour rassurer ceux qui auraient peur de reproduire ces actes, nous pouvons témoigner que l'on peut en guérir. À condition d'y mettre le prix, et le prix est très lourd ! L'idée de soigner leur problème sexuel n'a visiblement pas effleuré l'esprit de certains.

60. Christine Angot, *L'inceste*, Stock, 1999, p. 167.
61. Cette chanson, disent les proches de Barbara, était pour avouer son viol avec le plus de tact et de pudeur possible. L'aigle noir crève le ciel bleu de l'enfant. Et cette supplique, « Oh oui ramène-moi au pays d'autrefois ! » signifie « ramène-moi en enfance ». La composition musicale avec cette montée chromatique incessante crée un climat angoissant.
62. Christiane Rochefort, *La porte du fond*, Paris, Le livre de Poche, 1990.

Un documentaire[63], présenté en France sur Arte, en avril 2010, nous livrait deux témoignages de ces pères-là. Pour le premier, son inconscience nous cloue au fauteuil : « Je n'ai pas eu l'impression de faire quelque chose de mal parce que l'enfant ne m'en a pas parlé et sa mère non plus. » (!)

Quelque chose de mal… C'est un enfant qui parle là ou un adulte ? Remarquons aussi le « sa mère non plus ». Immature, innocent, incapable de se saisir et d'intérioriser les interdits, comment être à la hauteur de la tâche d'éducateur ?

Le second, cultivé et apparemment bien socialisé, voulait servir d'initiateur. « J'ai toujours été à l'écoute de ma fille dans ces moments-là, si elle me disait stop, je ne la forçais pas… C'est vrai, j'ai toujours profité de l'admiration que ma fille éprouvait pour moi. » (!) Un papa qui se trompe de personne, qui initie comme au temps du droit de cuissage… Qui prétend reproduire des initiations utiles… Quelle irresponsabilité et quel abus ignoble de profiter de cette admiration innée des filles pour leur père !

Perversion, manipulation, autorité, voici les ingrédients de l'inceste pour l'agresseur, car il n'y a pas d'autre vocable pour le désigner. Secret, silence, culpabilité, voici ceux de la victime.

Ces monstres peuvent se dissimuler sous un habit social respectable. Sont-ils pédophiles ? Non, pas obligatoirement ! C'est leur fille qu'ils veulent soumettre. C'est sur elle qu'ils veulent avoir des droits. C'est elle qu'ils veulent marquer, comme du bétail, laisser leur trace. « Il n'y a qu'une chose qui compte, la marque. Et il m'a marquée[64]. »

Il n'est pas rare de trouver des violeurs chez des soi-disant bien-pensants. C'était le cas pour celui qui est devenu maintenant « le monstre de Amstetten ». Rappelons-nous cette sinistre affaire de 2008. Pendant 24 ans, 8642 jours, Josef Fritzl, que toute la ville supposait homme de bien, jardinier à ses heures, a violé sa fille,

63. Cyril de Turckheim et François Bordes, *Coupables d'inceste,* documentaire sur ARTE, 2010.
64. Christine Angot, *L'inceste, op. cit.*

dès l'âge de 11 ans, l'a enfermée dans une cave et lui a fait sept enfants. Une exception, oui, bien sûr.

Menteur, affabulateur, il arrive à duper sa femme, à qui il raconte que leur fille s'est sauvée pour faire la pute et qu'elle a même déposé son enfant devant leur porte. Nous sommes tous ahuris à la lecture des articles de presse. Voisin aimable et sans histoire, dit l'entourage. Au point qu'il adopte la petite fille de la pute, sans faire d'histoire non plus, et deux autres enfants encore! On se demande parfois ce que font les instances juridiques et sociales! Comment peut-on imaginer qu'une jeune femme puisse disparaître et ne réapparaître que pour abandonner les enfants de ses fautes sur les escaliers de la maison familiale? Aucun romancier ne se hasarderait à nous faire avaler cela! Il aura fallu que son fils aîné soit en danger de mort pour que la pauvre fille sorte de son trou et parle enfin. Non ce n'est pas un rêve… mais un cauchemar certainement!

AVEC LA COMPLICITÉ DES MÈRES…

« Elle savait, elle ne pouvait pas ne pas nous entendre, mon père me rejoignait tous les matins. Elle m'a giflée et m'a dit de me taire »… Toutes les mères s'offusquent et refusent de croire à une telle perversité. Pourtant, dans ce reportage télévisuel, on comprenait que la complicité de la mère était la plupart du temps indispensable pour que le crime se déroule. Au moins pour le taire!

La mère de deux fillettes violées a reconnu qu'elle savait, qu'elle avait bien recueilli les confidences de ses filles et qu'elle en avait même parlé avec le violeur – c'était le grand-père paternel – qu'il avait promis de ne plus recommencer et qu'elle lui avait fait confiance. « Belle promesse et belle naïveté, ont répondu les deux filles. Il n'a jamais cessé et il nous terrorisait. » Ces viols se passaient dans une famille aisée et cultivée. Pourquoi ces parents-là ont-ils préféré écouter le grand-père plutôt que leurs filles? Étaient-ils dans une sorte de respect enfantin pour leur propre père, ou persuadés que le silence valait mieux que le scandale? On sentait chez ces deux jeunes filles une réelle colère contre leur mère qui ne les avait pas protégées, et on devinait que les larmes de celle-ci devant la caméra ne les attendrissaient guère. « Trop tard, ce n'est plus le moment de se désoler, il fallait y penser avant, ma mère ! »

Double peine, a-t-on coutume de dire. L'enfant à qui l'on a vanté un monde familial bienveillant se retrouve agressé, sans comprendre si ce qu'on lui fait est bien ou mal. Sauf qu'il doit se taire et supporter la colère des proches qu'il dérange avec ses soi-disant fantasmes, s'il lui arrive d'oublier la loi du silence !

Pourquoi ce silence criant ? Il a comme toujours de multiples causes. La première est l'envie très inconsciente et très indécrottablement humaine de ne rien voir pour avoir la paix. Comment pouvons-nous entendre un tel argument pour une chose si grave ? La paix à tout prix, vraiment ? La plupart de ces mères sont des femmes souvent déprimées, mal dans leur peau, qui ne remplissent pas leur rôle d'épouse. Le père demande alors à sa fille ce qui lui semblerait logique d'obtenir de la mère : du sexe et de l'amour ! Comment imaginer alors trouver une mère vigilante dans ces familles chaotiques ? Nous avons aussi entendu que dans d'autres cas, la mère n'avait pas intérêt à « contrarier le mari ou le beau-père pour des raisons matérielles », le chef de famille détenant autorité et moyens financiers. Enfin, cette mère peut aussi être une mère maltraitante, jalouse, rivale, persuadée que sa fille a besoin d'être « serrée de près ». Hélas, nous n'inventons pas la formule, elle nous a été rapportée par une jeune femme qui avait été effectivement serrée de près par son père. Il lui infligeait des attouchements indécents et des punitions humiliantes quand elle était vilaine. Ces mères accusent parfois leurs filles de comportements provocants et vivent dans la peur d'être quittées. Rosemarie Fritzl, l'épouse du monstre et la grand-mère adoptive des enfants de la soi-disant fille perdue, a gobé sans peine les mensonges de son mari et n'a jamais compris ce qui se tramait dans sa cave. Où se cache la fameuse intuition maternelle… lorsqu'elle veut se voiler la face ?

AU NOM DE LA LOI

Quand les parents sont criminels, seule la loi est la sauvegarde des filles. Depuis cette année 2010, en France, l'inceste est inscrit au Code pénal. C'est un crime. Il était temps, mais il a fallu de longues batailles. Les avocats de la défense ne pourront plus évoquer le consentement des petites victimes, ni leurs manœuvres provocantes envers leur agresseur. La loi du silence sera-t-elle bannie et les plaintes seront-elles entendues ? Toujours en France, le ministère de la Santé promet de mettre en place des soins adaptés aux victimes en dehors des services psychiatriques. On espère l'ouverture de centres d'aide sociale aux victimes. Au Québec, l'article 155 du Code criminel reconnaît « que commet un inceste quiconque sachant qu'une autre personne est par les liens du sang son père ou sa mère, son enfant... a des rapports sexuels avec cette personne ». Il semble que la procédure soit aussi lourde et compliquée dans les deux pays, avec obligation de nombreuses déclarations et saisines, pour enfin aboutir à un procès. Il faut un drôle de courage pour aller témoigner, la plupart du temps devant des hommes, de ces agressions, et supporter les questions indiscrètes qui ne manquent pas d'advenir sur votre propre pratique sexuelle. La Suisse applique l'article 213 du Code pénal et prévoit aussi des peines d'emprisonnement pour tout acte incestueux. Quant à l'Autriche, bonne fille, elle limite à un ou deux ans de prison les violeurs ! Enfin, nous sommes désolées que jusqu'à ce jour le Conseil de l'Europe, pourtant saisi, préfère s'occuper d'autres problèmes que de l'enfance maltraitée.

Et si l'enfant prend ses désirs pour des réalités ? Les récents procès ont bien montré que l'on pouvait instrumentaliser l'enfant ou qu'il pouvait tout simplement mentir. Pour de nombreuses raisons, l'essentielle étant généralement la vengeance. On a vu parfois ces graves accusations portées par des mères pour récupérer l'enfant du divorce ! La mère accuse, fait dire à l'enfant que son père peut avoir des gestes équivoques. On prie alors pour que soient menées des enquêtes sociales de bonne qualité et que les juges soient conscients de ce qu'ils traitent. Sous ce prétexte de soupçon d'affabulation, la loi protégeant les enfants a bien trop tardé.

À propos de lois et de coutumes, nous voulons insister sur leur diversité pour éviter de faire les amalgames injustes ou tout au moins inadaptés. Nous nous élevons contre certaines pratiques qui nous semblent desservir la cause des filles, mais nous sommes aussi conscientes, comme le soulignent les sociologues, que même très choquantes, elles sont liées à d'autres manières de penser et d'agir inscrites dans la culture d'autres civilisations. Certaines méritent qu'on les dénonce avec ferveur, d'autres ne sont condamnables qu'avec nos yeux et nos repères. « Où est la Vérité », se demandait déjà Montaigne, où passe la juste frontière ? Jusqu'où doit aller notre tolérance ? La récente affaire du port du voile en France illustre bien cette querelle de sourds. Nous sommes contre tout ce qui dissimule, ce qui entrave, la burka, le tchador, les voiles… Ces filles sont victimes de leur milieu et ce n'est pas elles qu'il faut condamner mais la bêtise, l'incurie de certains qui font souvent prendre les vessies pour des lanternes. Nous ne dirons jamais assez combien le débat, la réflexion, l'échange, le savoir et la culture peuvent nous protéger du pire.

DEUXIÈME PARTIE

Les conséquences de la relation père-fille sur l'identité de la femme et la relation amoureuse

Faute de pouvoir voir clair, nous voulons à tout le moins voir clairement dans les obscurités.
SIGMUND FREUD

Jusqu'ici, nous avons traité deux sortes de questions : le problème de la relation père-enfant, quel que soit son sexe, qui est celui de la paternité, et celui de la relation père-fille et de ses spécificités. Nous en avons aussi décrit les dérives, y compris les plus cruelles.

Maintenant, nous allons aborder **le cœur de cette relation** dans ses conséquences les plus profondes, car on ne peut dire si la relation père-fille est « réussie » qu'après un examen approfondi de la vie, et surtout de la vie amoureuse de la fille et de sa conception du masculin et du féminin. Étude approfondie, car il ne faut pas se fier aux apparences.

CHAPITRE 6

Des filles et des pères

On peut toujours penser que c'est le hasard ou le destin qui sont responsables de certaines situations, ou ne rien penser du tout et se laisser aller à la pensée magique : « Je n'ai jamais eu de chance… C'est pas de ma faute si mes relations avec mon père ont été mauvaises et je n'y peux rien ! » Nous pensons, nous, que toutes les histoires ont une histoire, et que toutes peuvent trouver un bon chemin !

D'ores et déjà il nous faut exhumer les possibles clés de l'analyse de cette relation. Nous partirons à la recherche de la qualité du regard du père et examinerons les conséquences de l'attente du père imaginaire.

Hormis (et y compris) les cas douloureux évoqués précédemment dans ce livre, il est important de montrer ce que le père propose à sa fille comme bagage et comme atouts pour sa vie de femme.

Ce qui est en jeu pour la jeune fille c'est son devenir « femme » et la réussite de sa vie amoureuse, autant dire beaucoup ! Il va être question d'une transmission père-fille et de l'acceptation ou du rejet de cette transmission. En un mot, de ce que fera la jeune fille, une fois libérée de « l'emprise » paternelle. Pour illustrer notre propos, voici de nombreux exemples de filles et de pères… et des amoureux qui suivront !

MIMÉTISME OU CONTRE-PIED

Il peut se créer entre père et fille une troublante alchimie d'un amour mimétique, au point que l'on peut s'interroger sur ce qui relève de la véritable personnalité de la fille ou de celle du père. Au-delà de détails physiques, d'une ressemblance (un front sans fin, un regard, etc.) la fille trouve le moyen de **faire plaisir à papa** en lui ressemblant psychiquement, en étant par exemple calme comme lui, en parlant peu, s'il est taiseux. Ce peut être, dans ce cas, une façon de le « reconnaître » et de communiquer avec lui à travers ce silence partagé. Dès l'enfance, des comportements empruntés au père se mettent en place et l'entourage ne manque pas de les souligner : « Ah ! Celle-là, elle ressemble à son père... Il ne l'a pas volée... C'est son portrait tout craché ! » Au grand plaisir de la jeune fille ou à son grand déplaisir, s'ils sont en conflit. Même chose pour le père qui, en général, trouve épatant que sa fille soit « tout lui ! », en fait il ne faudrait imiter que les bons côtés, mais ce n'est pas toujours le cas !

La timide, la gentille peut être une fille de père faible, craignant le conflit. En effet, certains pères ne s'exprimant que rarement n'apprennent pas à leurs filles l'art de la communication et de la dialectique, ni le sens de la répartie, ni à canaliser leurs émotions lors d'un débat. Souvent, au contraire, la règle est de ne pas élever la voix de crainte de... mécontenter la mère ou ceux qui vous entourent. Alexia n'avait eu que l'exemple des crises de nerfs de cette dernière. À l'âge adulte, il en est résulté un réel blocage de la parole et l'impossibilité de prendre part à une situation conflictuelle, que ce soit dans l'intimité ou dans un groupe.

« J'ai peur, explique-t-elle, que si je me mets en colère contre mon partenaire, il me quitte, ou de mécontenter mes amis. Les crises d'hystérie de ma mère, que mon père cautionnait par son silence, me donnaient envie de fuir, si je me positionne contre mes interlocuteurs, j'ai peur qu'ils aient la même réaction. Je ne dis jamais rien pendant longtemps, puis quand ma frustration est trop forte, je les congédie froidement, sans crier... Peut-être qu'une bonne engueulade ou une limite posée clairement aurait été une meilleure solution. Ils partent sans savoir véritablement ce que j'attendais d'eux.»

Les relations où le conflit et la colère ne peuvent être exprimés restent superficielles et sans profondeur. Eh oui, il faut beaucoup s'engueuler pour une relation agréable! Comment s'amuser si la communication, même un peu vive, n'existe pas? Et que faut-il attendre d'une relation où l'on ne se prononce pas afin d'éviter la colère de l'autre? Du style «je ne réponds pas car ça va faire encore tout un drame». Que faut-il attendre d'une relation non authentique? Et puis l'autre n'est pas en sucre, il ne faut pas craindre qu'il s'évanouisse! C'est bien de la discussion que jaillit la lumière.

Il arrive donc que ces filles de père insignifiant nouent avec les hommes des relations qui les condamnent à l'impuissance, au silence, à l'abnégation ou à la frustration, et dans la relation amoureuse, la fille devra apprendre à mettre en scène ce conflit si nécessaire à la vie à deux que le père a lâchement évité.

Citons la version du conte *Le prince crapaud,* des frères Grimm. Une jolie princesse avait perdu sa balle en or au fond d'un étang. Un crapaud se propose de l'aider à la retrouver. En échange, il lui demande de lui donner à manger et de lui faire partager son lit. La princesse accepte, mais une fois en possession de sa balle oublie vite sa promesse. Or, le crapaud se présente au château et tandis que le père de la princesse demande une explication, la jeune fille relate l'histoire et rend compte de sa promesse. Son père l'enjoint de la respecter. Le crapaud partage donc leur repas. La princesse a l'appétit coupé par la présence de cet hôte disgracieux et visqueux.

Mais sa répulsion et sa surprise sont au comble lorsqu'elle le voit pénétrer sa chambre et la rejoindre dans son lit pour obtenir la réalisation de la suite de la promesse. Elle saisit alors l'animal et le jette violemment contre le mur. Celui-ci se transforme en le plus attrayant des princes charmants, dont elle tombe sur le champ amoureuse! Le prince avait été changé autrefois en crapaud pour avoir refusé l'entrée de son château à une méchante fée. Seule une princesse pouvait briser ce sortilège en lui laissant partager sa couche. Ce qui était une gageure, vu l'aspect gluant du candidat.

Ici, la jeune fille avait dit « oui » comme une enfant à la proposition du crapaud pour retrouver sa balle en or. Combien de femmes renoncent à toute indépendance au nom de l'aide matérielle et financière qu'un homme leur apporte, puis peinent à tenir leur promesse ? En accomplissant cet acte – jeter le crapaud contre le mur – la princesse grandit. Elle obéit à son sentiment de répulsion et désobéit à son père. Elle affirme sa volonté, prend la responsabilité de ses ressentis tout en respectant sa sensibilité féminine, renonce à la soumission. Ce conte nous montre qu'il est nécessaire d'exprimer sa colère pour s'affirmer, mais il nous montre aussi qu'une relation intime accomplie peut résulter d'une rage exprimée. Toute relation est confrontée à l'altérité, et si une femme ne s'impose pas au besoin par la colère, elle peut perdre accès au centre dur de sa féminité. Elle est déconnectée de ses besoins, qui restent insatisfaits parce qu'elle ne les a pas énoncés. Nous avons vu beaucoup de ces attentes déçues. Elles signent aussi un désir très inconscient d'être comprise sans rien demander. Le prince charmant ne dépose-t-il pas des trésors au pied de sa princesse en devançant, en devinant tous ses désirs ?

Oui, mais ce n'est pas ainsi dans la vie ! Comment un homme « réel » peut-il répondre aux besoins d'une femme si elle ne lui dit pas ce qu'elle attend de lui et de la relation ? Si elle ne lui signifie pas quels sont ses seuils d'intolérance, ce qu'elle ne peut supporter, au besoin par la colère, voire la dispute ? La colère peut être une émotion positive dès lors qu'elle aboutit à un ajustement des comportements des deux partenaires pour le bien de la relation. Il s'agit alors de passer à la phase négociation. En somme, du réactionnel au relationnel.

Une femme raconte comment elle a dû, à un moment, se positionner face à son amant qui ne s'engageait pas vis-à-vis d'elle : « J'étais lasse de cette relation qui me condamnait à l'impuissance et à l'attente sans certitude, suspendue à la décision d'un homme, à sa volonté ou à son incapacité à prendre une décision qui allait dans mon sens, en l'occurrence vivre avec moi ! J'ai dû lui poser un ultimatum ferme. »

Une telle question doit être abordée : le crapaud jeté contre le mur pourrait-il se transformer en prince charmant ? Impossible de le savoir si vous ne l'expérimentez pas. C'est un risque à courir, mesdames ! Celui de perdre un crapaud. Pas si grave !

Le mimétisme en question peut se traduire aussi chez les filles dans leurs choix amoureux. Certaines choisiront le même type d'homme que leur père comme partenaire. Un fils plutôt qu'un époux, si le père était un homme-enfant ou un homme qui ne sait pas ce qu'il veut, si le père était incertain... Elles se conduiront alors comme leur mère s'est conduite !

Elle peut aussi faire comme papa, épouser le même type de partenaire qu'a épousé papa ! Un homme « comme maman », bien sûr, un homme chez qui l'on retrouve des traits de caractère et des comportements comparables. Tout cela par fidélité envers son père, mais aussi pour revivre l'histoire. Pour tenter de faire mieux que lui ? Il s'agit parfois de terrasser le dragon ou la Gorgone. Pas gagné !

Une fille prend soudain conscience de cela et nous avoue : « Mon père et moi, nous avons épousé chacun un partenaire identique, manipulateur... Ce n'est pas un hasard, non ? »

LA PORTEUSE DU PHALLUS DU PÈRE, OU LE GARÇON MANQUÉ

Certaines femmes, par amour pour le père ou par dédain pour leur mère et l'univers maternel, choisissent le monde des hommes ! Elles méprisent, rejettent la mère, elles ne respectent que le monde paternel, le monde patriarcal, le monde masculin. Souvent, elles refusent les attributs du féminin et ce qui fait la féminité. Ce sont ces inconditionnelles du père qui souffrent d'être une femme, se rêvent en homme, en adoptent les caractères et les comportements. Inconditionnelles de père au point d'en perdre la raison ! Des garçons manqués ? Bien plus que cela. Une sourde rancœur les tient d'être seulement une fille, parce qu'elles en perçoivent les désavantages, parce que leur milieu les leur fait vivre !

Vous souvenez-vous d'Électre, dans la mythologie grecque, celle du complexe du même nom, celle que nous opposions à Œdipe dans le chapitre précédent ? Son père, Agamemnon, est assassiné par son épouse Clytemnestre et son amant Egisthe. Électre, qui n'ose pas, parce qu'elle n'est qu'une faible fille, faire le sale boulot, exige de son frère qu'il tue sa mère pour venger son géniteur. Rien n'arrête cette obsédée dans cette haine contre sa mère, « Fut-il jamais plus fille de son père[65] ? », s'écrie alors le chœur antique.

En fait, ces filles, comme Électre, semblent parfois plus animées par la haine de leur mère que par un réel amour du père. Elles se « débarrassent » de cette mère qui les a délaissées au profit du père ou... au profit d'un amant, comme l'a fait Clytemnestre, ou bien de celle qui leur a donné à voir un modèle de femme peu gratifiant. Une mère soumise, passive, voire dépressive, par exemple...

Une fille témoigne : « Je suis moi aussi une « fille au père ». Je m'aperçois que j'ai transmis à ma fille l'amour des livres et des mots d'esprit, des centres d'intérêt tout paternels, et non ce que m'a transmis maman. J'ai pris cette option à mon insu. »

Certaines filles entreprennent parfois de « réparer » le père. Le père d'Édith avait toujours sur lui de petits carnets où il inscrivait des maximes de son cru. Il rêvait d'être écrivain. Sa fille réalisa ce rêve à sa place, sans même s'en rendre compte, jusqu'au jour où, après la mort de cet homme, elle retrouva les petits carnets. Une jolie fidélité... inconsciemment suivie.

Parfois, des types de pères différents créent des types de filles semblables ! Eh oui, lecteurs et lectrices, ce sont des résultantes apparemment irrationnelles... Un père faible, comme un père fort peut « créer » une jeune fille effacée. Un père faible comme un père fort peut donner une amazone ! Un père absent comme un père trop présent peut donner à la jeune fille une bonne ou une mauvaise image de l'homme, selon que la jeune fille décidera d'imiter

65. Sophocle, *Électre*, dans *Tragédies*, Paris, Gallimard, 1973, p. 291.

son père ou de le rejeter. Vous suivez toujours ? Ce n'est pas une histoire de mathématiques, mais nous allons tenter quelques éclaircissements.

Si le père n'a pas été suffisamment présent dans la vie de la fille pour l'aider à acquérir le sens de ses propres valeurs féminines, s'il les a raillées, ces fameuses valeurs, s'il n'a pas posé sur elles un regard curieux et particulier, il ne lui permettra pas de trouver ce sentiment de confiance en elle si précieux pour son avenir : celui de pouvoir être elle-même en toutes circonstances, sans ces doutes incessants. À défaut, jamais elle n'osera se dévoiler, ni montrer son véritable plumage. Elle rejoindra le clan des femmes qui se sentent en permanence dans l'insécurité, qu'aucun homme plus tard ne parviendra à combler. Pensons à Jackie Kennedy, qui épousa en secondes noces le richissime armateur Onassis mais qui ne parvint jamais à venir à bout de sa peur du manque d'amour, et qui somatisait sa souffrance en dépenses somptuaires. « Si on m'aime, on doit me gâter démesurément », telle est l'idée que cultivent ces femmes oubliées par leur père. Avec ce même père insécurisant, d'autres femmes endosseront une armure d'homme. Elles ne s'autorisent pas à être « femmes ». Elles abandonneront leur clan puisque le père le méprise.

ÉCARTÉE DE SON PÈRE

Pour une raison ou une autre, le père peut aussi être écarté de sa fille par la volonté de la mère. Les haines qui suivent les séparations nous fournissent de la matière. « Ton père est un imbécile » est une qualification fréquente quand père et mère se séparent (l'inverse est aussi vrai). Le jeu va consister à écarter sa fille de son père pour tout un tas de bonnes et de mauvaises raisons.

Un destin : Camille Claudel, ou la mère rivale

Nul n'est besoin parfois qu'il y ait séparation, la mère peut empêcher le père de s'occuper de sa fille. L'histoire de l'art nous fournit le cas de Camille Claudel, sculpteur et disciple de Rodin. Elle avait un père aimant et conscient de son talent. Pressentant le génie de Camille, il fit déménager la famille de province, de la maison de Villeneuve, vers Paris, pour qu'elle puisse y apprendre la sculpture dans les meilleures conditions. Dès lors, la mère de Camille, ménagère austère et puritaine sans compréhension pour l'artiste, jalousa sa propre fille. Avec le décès de son père, Camille perdra son unique soutien. Sa santé mentale s'étant altérée, elle finira sa vie internée, contre l'avis des médecins qui préconisaient son retour au domaine familial de Villeneuve, ce que lui refusera toujours sa mère, la condamnant à la mort psychique.

Parfois, la haine du mari est ancienne et a précédé la séparation des époux… C'est ainsi que dans le roman *Les mots pour le dire,* de Marie Cardinal, nous apprenons comment cette mère tombée enceinte au moment très inopportun du divorce, lui « a pris son père ». Ce père que la mère ne va cesser de dénigrer, ce malade qui ne fait pas partie de leur milieu : « Tu n'as qu'à voir comment il mange[66]. » Et la jeune Marie de constater : « Il ne pouvait rien faire pour moi. Il avait les dimensions que ma mère lui avait données (…) Mon père est un inconnu total qui n'a jamais fait partie de ma vie[67]. » Il y a des rapts d'enfants, il existe aussi des rapts de… pères… qui sont l'œuvre de mères possessives et nocives.

Une fille témoigne, bien des années plus tard : « Maman m'a longtemps fait croire que mon père m'avait abandonnée. Je me comparais à une de mes petites copines de classe qui ne connaissait pas son père. Sa mère « fille-mère », comme on disait à l'époque, et ma grand-mère, qui s'occupait de moi, étaient amies. Nous faisions des choses ensemble pendant les vacances. Je m'identifiais à cette enfant sans père. Nous rejouions les deux orphelines. Une fois, elle m'a dit, dans la cour de l'école, entre deux tours de marelle : « Tu as de la chance toi, tu as un père au moins ! « J'ai répondu que je préférerais ne pas en avoir qu'en avoir un comme le mien. Or, il n'était pas si mal, mon père ! »

---

66. Marie Cardinal, *Les mots pour le dire,* Paris, Le livre de poche, 2004, p. 65.
67. *Ibid.*, p. 64.

Ces mères qui jouent un rôle masculin et évincent par la même occasion le réel masculin de leur vie montrent un modèle de mère martyre préjudiciable à la construction psychologique de leur fille. Surtout pour sa conception de la féminité et de la maternité. Ces filles risquent de refuser de se lier à un homme, de refuser aussi d'enfanter. C'est ce qui arrive parfois à celles qui ont continuellement entendu leur mère parler de leur mari de façon méprisante, fustigeant sa faiblesse et sa négligence. Il est donc souhaitable, comme le recommandent nos psys, qu'un bon père fasse obstacle à cette honteuse mainmise des mères sur leurs filles.

LA FÉMINITÉ EN QUESTION

Certains pères traitent leurs filles comme des garçons. Peut-être ne sont-ils pas sortis de leur déception première et continuent-ils à penser qu'il eut été préférable que cet enfant soit un garçon ! Ils ne mettent en valeur que des comportements dits virils. Leur fille ne peut alors accepter vraiment sa féminité. Ces pères sont peut-être désireux de vivre par procuration leurs potentialités non concrétisées, comme nous l'avons vu précédemment, avec leurs filles prodiges et prodigieusement talentueuses !

Une fille se souvient : « Mon père était fasciné par mon intelligence. Il ne voulait pas voir la femme en moi. J'ai mis longtemps à la voir aussi. J'ai voulu séduire les hommes plus avec mon esprit qu'avec le reste. En outre, ma mère accentuait cette rivalité : elle me mettait en rivalité avec mon père sur le plan intellectuel. » Quand l'exigence du père et son intransigeance assignent tous les rôles et tous les devoirs à sa fille, le défi est parfois grand.

Une autre jeune femme raconte, émotion encore intacte : « Un jour, après mon divorce, mon père m'a dit que mon fils était mal élevé. Je me suis mise en colère, je lui ai dit que je faisais ce que je pouvais ! Il m'a répondu : "Tu dois te comporter parfaitement ! J'attends de toi une conduite digne. "Alors, je lui ai martelé : "Non papa ! Je fais ce que je peux ! "Je crois que tout était dit, il me demandait d'être héroïque jusqu'à l'épuisement.» Avec les craintes et les souvenirs de petite fille, il suffit la plupart du temps que le père prenne la parole pour que les mots blessent. Une de nos amies nous rapportait récemment que son père avait eu l'audace de faire une remarque sur «le bazar dans lequel elle vivait» et combien cette remarque l'avait peinée, bien au-delà du raisonnable! «Comme si j'étais une souillon, incapable de gérer son ménage, et lui, le maître de l'ordre!»

Le père d'Élizabeth lui répétait à l'envie: «Il ne faut compter que sur toi» ou «S'il doit y avoir un dernier survivant sur cette Terre, ce doit être toi.» Avec ce genre de conseil-injonction en provenance du premier homme de sa vie, Élizabeth risque bien de rester toute seule sur Terre! Écoutons-la:

«Moi j'ai fait des études en fonction des goûts de mon père et non des miens, ni de ma nature. Il fallait faire son droit pour entrer dans la fonction publique. J'ai eu des messages contradictoires de sa part. Je devais à la fois ne compter que sur moi, tant «j'étais riche de moi-même», comme il disait, et en même temps, les études de droit que je faisais étaient bien suffisantes pour une fille, alors que j'aurais pu faire une hypokhâgne[68] sans problème. J'ai été élevée comme un garçon à qui on refusait des places de garçon!» Et le féminin dans tout ça? «Ma mère n'était pas pour moi un modèle», ajoute-t-elle.

Autrefois, dans l'idéal patriarcal, les filles devaient plaire aux hommes. Elles étaient destinées à devenir des épouses et étaient éduquées dans ce sens: rendre l'homme heureux, le servir et être son repos du guerrier. C'est ainsi qu'aujourd'hui, en adoptant des principes différents, le père influencera le destin féminin par sa conception de la féminité. *A contrario,* une éducation vieillotte maintiendra sa fille dans la dépendance économique et psychologique.

68. Classes préparatoires à l'École normale supérieure, en France.

LES INJONCTIONS PARADOXALES

Dans *Une éducation*, film et livre que nous avons déjà cités, le père oblige sa fille à travailler sans relâche pour qu'elle puisse intégrer la prestigieuse université d'Oxford et y faire des études de littérature. « Je ne veux entendre que les gouttes de ta sueur coulant sur tes manuels ! » C'est une première injonction, qu'il assortit d'une plainte : « Tout coûte si cher ! » Entendons : « Tu me coûtes si cher, je me sacrifie pour toi et tes études. » Nous sommes à moitié étonnées lorsqu'un homme du double de l'âge de sa fille débarque et promet de la prendre en mariage. Fini le beau rêve de réussite espéré pour sa fille, qui s'efface rapidement devant les économies à venir : « Si tu te maries, tu n'as plus besoin de faire ces études. » La fille, interloquée, répond : « Mais alors toutes ces versions latines, toutes ces dissertations, toute cette excellence… J'aurais mieux fait d'écumer les *dancings* ! » On voit ici la dualité propre à la jeune fille prise entre deux feux : une vie d'épouse et de réjouissances aux côtés d'un homme, et une vie de femme autonome qui travaille, et qui voit cette ambiguïté soutenue par son père. Heureusement, le dénouement sera heureux, la jeune fille entrera à l'université d'Oxford. « Toute ma vie j'ai eu peur, je voulais t'épargner », dira le père pour expliquer son comportement incohérent. C'est un roman ! Souhaitons que les papas des vraies histoires se ressaisissent avant l'irréparable qui plonge leur fille dans un grand dilemme : « Où est ma place ? À la maison, à bichonner ma famille, ou à l'université ? »

Quand une femme a eu une image de père faible, elle peut en réaction souhaiter rencontrer un homme fort pour la protéger. Mais les préjugés ou les jugements ont la vie dure. Si sa croyance est que l'homme est faible quoi qu'il en soit, comme l'a été papa, ses tentatives risquent d'échouer. Parce qu'elle ne saura trouver véritablement confiance en l'autre, elle ne demandera pas son aide ou ne saura pas la solliciter. Elle se retrouve amazone malgré elle.

Une femme raconte : « J'ai vu mon père pleurer par terre, foudroyé comme un arbre. J'avais quatre ans. Cette image est restée gravée dans ma mémoire, celle d'un père faible, terrassé par la vie, qui a connu en outre la faillite financière à plusieurs reprises. Je crois que toute ma vie j'ai été à la recherche d'un homme fort, d'un chêne indéracinable. Mais chaque fois que j'ai essayé de me mettre à l'abri d'un homme ma tentative a échoué, comme si quelque chose me poussait à réussir seule. Souvent, j'ai rencontré des hommes-enfants ou refusant de s'engager. Lorsque j'ai fréquenté des hommes puissants, je n'ai pas obtenu d'eux davantage de soutien. Aucun ne s'est engagé envers moi. Je crois que j'émettais inconsciemment des signaux qui leur indiquaient que j'étais programmée pour me débrouiller seule. »

Programmée pour se débrouiller seule ? Dame, pourquoi se plaindre, nous qui prêchons toujours liberté et indépendance ? Sauf que la solitude n'est pas la panacée en soi, et que, homme ou femme, on aspire tous à la douceur d'une bonne rencontre. On peut rêver devenir une de ces amazones, ces héroïnes de légende. Sont-elles heureuses de leur sort et contentes de leur papa ? Y a-t-il un type de papa qui produit obligatoirement ces guerrières farouches prêtes à se dispenser d'un mâle ?

PROFIL DE L'AMAZONE ET CONSÉQUENCES...

Dans la mythologie grecque, les Amazones sont des femmes guerrières résidant sur les rives de la mer Noire. Selon la légende, les Amazones habitent les rives du fleuve Thermodon, en Cappadoce, dans l'actuelle Turquie. Elles tuent leurs enfants mâles ou les rendent aveugles ou boiteux, pour ensuite les utiliser comme serviteurs. Pour faciliter le tir à l'arc, elles coupent leur sein droit. Pour assurer la perpétuation de leur civilisation, elles s'unissent une fois par an avec les hommes des peuplades voisines, dont elles choisissent les plus beaux.

Par extrapolation, on qualifie aujourd'hui d'amazone une femme qui se passe des hommes. Voici pour la définition. Elle peut avoir eu un de ces pères dont nous avons ébauché le profil. Un père exigeant et impitoyable, qui l'a élevée en lui dépeignant un monde sans pitié où il faut se battre seule, ou elle peut être la fille méprisante d'un père défaillant socialement, à qui elle ne veut surtout pas ressembler. Comme quoi des causes différentes peuvent avoir les mêmes effets!

Une amazone n'a besoin de personne, on le sait. Ça n'a pas le temps. Ça a du boulot. Ça doit gagner sa croûte et bien. Pas le temps de chercher l'amour, de traîner aux terrasses des cafés, l'air alangui et le cil battant. Papa a dit que c'étaient là des passe-temps d'enfants. Un divertissement pour oisifs. Elle a un organiseur électronique parfaitement rempli. Dans la vie d'une amazone, il n'y a pas beaucoup de place pour des relations longues ou profondes. Papa a dit: «Ne compte que sur toi.» L'amazone se pense seule pour assumer sa survie, car c'est bien de survie qu'il s'agit. La plupart du temps, tout ce qu'elle a pu vivre avec les hommes le lui a confirmé, car elle a fait en sorte de rencontrer des hommes qui ne pouvaient infirmer sa croyance. Elle ne croit pas à l'image d'Épinal de l'épaule sur laquelle elle pourrait s'appuyer. Pour elle, c'est du flan aromatisé à la guimauve! Pas plus qu'elle ne croit à la large poitrine rassurante. Celle des bodybuildés qu'elle a pressée contre elle et qui, bien que ferme, ne lui a pas apporté de preuve contraire. Elle peut aussi donner l'impression d'être une petite fille égoïste qui ne saurait pas s'occuper d'un homme, donner des soins à l'autre, prendre soin de l'autre. Elle a tellement l'habitude de se battre seule, de lutter pour satisfaire ses propres besoins, de dépenser son énergie à sa propre course qu'elle n'a pas ou plus l'âme soigneuse. Prise dans un mouvement permanent, elle ne sait pas s'adonner au rien. Ce rien des débuts de la relation, où deux êtres ne font rien… ensemble, ne font rien à deux… la main dans la main. Elle n'a pas toujours de compassion pour celui qui ne court pas aussi vite qu'elle, celui qui traîne la patte, ou qui contemple le paysage, tout simplement.

On lui a asséné que seul le travail pouvait la mener là où elle doit arriver: être une femme libre qui assure sa propre sécurité, sa propre protection. Une femme complète qui n'a besoin de personne.

Seulement voilà, l'amazone risque bien un jour de se retourner sur sa vie et de chanter, comme la grande Édith: «Sans amour on n'est rien du tout!»

Le roman et le film *Le diable s'habille en Prada*[69] donnaient une belle illustration d'une de ces femmes impossibles qui terminent leur vie seules... en larmes.

EN PAYS «AMAZONE», OU COMMENT EN SORTIR?

L'amazone a tellement œuvré à son indépendance pour ne pas dépendre des hommes qu'elle a peur de se perdre, de se fondre dans l'autre en épousant sa façon de vivre, son quotidien. Quel homme mérite qu'elle lui fasse partager ses réussites, son excellence, ce qu'elle est devenue à force de combat et de courage? Peut-être un homme qui la distrairait, avec qui elle ne s'ennuierait pas. Un homme qui s'occuperait d'elle, qui lui accorderait une oreille attentive, qui lui apporterait ce qu'elle n'a pas? Car pour le reste elle a tout. Un homme qui lui apporterait l'amour? Certaines relations s'achèvent parce que l'un des partenaires se sent inutile. C'est pourquoi les amazones, qui ont hérité du phallus du père ou s'en sont chargées à sa place, peinent à trouver un partenaire. Un homme, même prince consort, veut exister auprès de sa belle. À défaut, on assiste à un combat des chefs. Faudrait-il alors un homme doux à notre amazone, le contraire d'un homme de pouvoir? Peut-être, mais ne sera-t-elle pas tentée à un moment de le fouler au pied, cet homme doux sans phallus, sans c...? Et encore une fois de livrer tous les combats toute seule, de guerre lasse?

L'amazone est une femme coupée en deux car elle ne peut nier son besoin de partage et de protection, pas plus qu'elle ne peut éternellement se couper de ses émotions. En résumé, pour l'amazone, il faudrait l'impossible. Une merveille quoi, la perfection faite homme!

---

69. Lauren Weisberger, *Le diable s'habille en Prada,* adapté au cinéma en 2005 par David Frankel, avec la splendide Meryl Streep dans le rôle de Miranda Priestly, la tyrannique rédactrice en chef du journal *Runway*.

Aussi, parfois, c'est un joli *toy* qui prendra place à ses côtés et dans son lit, nous le verrons plus loin... Difficile de sortir de cette forêt amazonienne quasi inextricable... Quel homme sera assez fort pour ne pas avoir peur de cette tarzanne qui peut prendre plusieurs apparences? L'amazone a de nombreuses déclinaisons, petites sœurs et grandes cousines.

VARIANTES DE L'AMAZONE : LA TUEUSE, LA FATALE, LA MANGEUSE D'HOMMES, LA DON JUANE

La don Juane est une femme absolument érotique et destructrice. Celle qui, d'un seul regard, décide du sort de sa proie. Elle est la séductrice absolue. Elle sait ce qu'il faut dire, ce qu'il faut faire pour plaire et faire plaisir. Comme certains hommes, elle veut se prouver qu'elle est désirée en permanence. En fait, elle est surtout l'héroïne de nombreux romans, car dans la vraie vie, elle ose assez peu se montrer.

Le célèbre film *Chaînes conjugales,* de Joseph L. Mankiewicz (1949), que l'excellente romancière Alice Fernay vient de reprendre comme sujet central d'un magnifique roman, en donne un exemple, avec le personnage d'Addie Ross. Addie fascine les maris des autres femmes, terrorise les pauvres épouses de ménages. Dans cette fiction, elle fait vivre une journée épouvantable à ses trois amies en leur adressant une lettre où elle les informe qu'elle est partie avec le mari de l'une d'entre elles, sans révéler lequel. Chacune des épouses attendra anxieusement le soir et le retour au foyer pour découvrir son éventuelle infortune... Une occasion pour chacune de faire le point sur l'état de son couple et la qualité de leur attachement.

On parle de croqueuse d'hommes, de mangeuse d'hommes, comme pour les grands requins. Une prédatrice qui consomme les hommes, s'en sert, en tire un avantage ou un plaisir d'un moment puis les abandonne, sans état d'âme. Celle-ci est beaucoup moins sympathique que notre amazone car c'est une manipulatrice dépourvue d'affect qui se sert de son sexe et traite les hommes comme des poupées ou des objets sexuels, alors que la première est éprise de liberté, une liberté dans laquelle elle s'enferme, on l'a vu. La tueuse, elle, règle ses comptes… souvent avec papa qui l'a méprisée ? C'est, en jupe et talons aiguille, le Don Juan de Molière qui n'était pas aimé par sa mère.

Voilà, rapidement ébauchés, quelques portraits qui nous montrent comment une fille s'empare de l'image du père. Pour la reproduire ou pour la contrarier, selon son vécu et ce qu'elle accepte de garder ou de refuser des injonctions paternelles et du cadre familial puisque, dans beaucoup de ces exemples, la place de la mère n'est pas neutre.

CHAPITRE 7

Les filles de pères absents

Souvenons-nous des paroles de la chanson du film *Le train sifflera trois fois* (1953), de Fred Zinnemann, interprétée par John William: « Si toi aussi tu m'abandonnes, alors il ne me restera plus rien, plus rien au monde, ni personne... » Pouvons-nous en faire la démonstration? Avant de partir en quête de cet oiseau rare, nous précisons que par absence nous n'entendons pas que... l'absence! Nous entendons cette impossibilité pour certains pères de remplir leurs multiples rôles.

L'ORPHELINE ET L'ICÔNE

Le père de l'orpheline est absent physiquement, avons-nous proclamé au chapitre précédent, nous écrivons parfois des lieux communs! Qu'elle se sente abandonnée est autre. L'abandon subjectif est plus un vécu qu'une réalité physique, il peut être le fait de l'absence psychique du père que l'on a déjà évoquée. Mentionnons à nouveau aussi l'éviction du père par la mère (père caché, père écarté), etc.

Nous ne décrirons que quelques aspects. Carmen, déjà aperçue lors des précédents chapitres, représente le cas type de l'absence pure et simple d'un père mort trop tôt et devenu une icône. Une image dorée sur la cheminée. Un mythe entretenu par les mères qui deviennent alors souvent dépressives et perdues dans leur nostalgie, arrêtant là leurs espoirs et leur vie. Vivre dans le passé équivaut à végéter autour d'un tombeau fleuri vers lequel, irrémédiablement, elles entraînent leur fille!

Nous en avons connu de ces filles qui s'étiolaient ou mangeaient pour compenser cette perte irréparable… pour leur mère ! Alors que les enfants, heureusement pourvus de grandes facultés de réparation, trouveraient bien vite un substitut de père si la mère ne l'interdisait pas par son attitude inconsolable.

La perte est plus grave lorsque la mort de l'époux désertifie la femme qui, dès lors, est occupée à assurer sa survie et ne donne plus autant de temps et d'attention à sa fille. D'un même funeste coup du sort, la fille perd son père et sa mère.

Nous avons souvenir de cette histoire terrible qui nous a été racontée par une femme maintenant âgée. À l'âge de cinq ans, elle avait assisté à l'amputation de son père dans le salon de la maison familiale, cachée sous un meuble. Elle avait bien vu le médecin couper la jambe de son père. Le père était décédé des suites de cette opération. Curieusement, ce thème « d'amputation » revenait souvent dans la bouche de l'adulte. Lorsqu'elle décidait de rompre avec un de ses proches, elle disait : « Je me coupe un bras. »

Ce père avait disparu en emportant avec lui ses besoins, ses rêves et ses désirs infantiles. Elle avait vieilli d'un seul coup et vécu ce traumatisme sans pouvoir en oublier l'horreur et associé sa mort à une boucherie, une amputation.

L'ABANDON DE LA MÈRE

Il arrive que ce soit la mère que le père abandonne, sans que sa fille fasse la différence. « Il nous a abandonnés quand j'étais petite », entendons-nous souvent. C'est le cas de Pascale, son père ingénieur était brillant, lointain, et « abandonnant ». Il était parti vivre en Nouvelle-Calédonie. Dès le mari parti, la mère avait renoncé à toute féminité. Le contraste était saisissant entre la jeune et belle fille en chignon de la photo du mariage et cette femme austère au teint terne et aux cheveux gris et courts élevant seule ses trois enfants, cette mère courage qui porte le deuil de son amour envolé au bout du monde. Comment sa fille peut-elle ne pas s'interroger ? Sa mère a-t-elle su garder le père ? Pour la jeune fille, la plupart du temps, la réponse est non. « Tu n'as pas su le garder, s'il t'avait aimée, il serait resté ! », et elle poursuit en constatant faussement : « Mais s'il m'avait aimée, moi, sa fille… il serait resté. » C'est cette petite déduction qui cause le plus grand mal. « Qu'en pensez-vous ? », nous demandait l'amie. « C'est logique, non, quand on aime quelqu'un on ne le quitte pas ? » Que voulez-vous que la psy réponde à cela ? Que ce n'est pas si simple, que le père parti en Nouvelle-Calédonie ou ailleurs aime d'une façon qui ne se nourrit pas de présence ?

Le père de Pascale n'a jamais vécu avec ses enfants et son épouse. Il revient quatre fois l'an avec les plus beaux cadeaux possible – pierres précieuses, bijoux ou gadgets électroniques inédits –, comme le Balthazar des rois mages ou quelque corsaire riche de butin. Sa fonction est d'émerveiller ses princesses ! Est-il un père absent ? Pour le quotidien, certainement. Pour le reste : courriel, lettres, textos… de nos jours, on communique aussi ainsi.

L'ÉTERNEL REGRET, OU LA NOSTALGIE SANS FIN D'UN DESTIN QUI AURAIT DÛ ÊTRE AUTRE

« Si mon père avait été là… » ; « Si j'avais eu mon père » ; « Si j'avais eu un père, j'aurais eu une autre vie, j'aurais fait des études » ; « J'aurais préféré avoir un père que pas du tout. » Certes… Certes… Combien de fois ont-elles prononcé ces paroles, ces filles à la recherche d'un paradis perdu ?

Une femme de 50 ans raconte : « J'étais avec une amie. Nous étions jeunes. Nous avions 22 ans. Soudain, elle s'est mise à courir. Je me demandais ce qui se passait. Elle s'est jetée dans les bras d'un homme : c'était son père. Instantanément des larmes me sont montées aux yeux. J'ai compris ce que c'était de se jeter dans les bras d'un homme qui vous aime sans connotation sexuelle, en toute confiance. Il n'y avait qu'un père pour cela, et moi, je ne connaîtrais jamais cela car je n'avais pas de père. »

La mère peut aussi faire comme si le père était mort de son vivant, on l'a vu. La fille est alors orpheline de père vivant. À l'inverse de lui rendre un culte qui en fait un intouchable, exclure le père est tout aussi désastreux. La mère peut s'adonner à cet exercice très dangereux pour la fille lorsqu'elle a été quittée par le père. Elle instrumentalise son enfant. C'est le cas de Patrick, qui s'est vu un jour asséner par sa fille: « Tu as gâché ma vie. » Comment un absent peut-il gâcher une vie ? Comment Patrick avait-il pu être aussi nuisible alors qu'il ne pouvait approcher sa fille, qu'il était banni, que la mère lui refusait le droit de visite ? Il avait fini par renoncer. Il avait quitté sa compagne alors que leur fille avait deux ans, certes pour une autre femme, mais il avait toujours souhaité continuer à jouer son rôle de père. La mère de l'enfant n'avait pas supporté ce départ, elle le lui a fait payer cher et a privé sa fille d'un père ! Cas classique, hélas ! Mesdames, nous vous mettons en garde contre les dégâts pour l'enfant d'une telle attitude.

LES EFFETS DE L'ABSENCE PSYCHIQUE

Une fille peut se sentir abandonnée par le silence du père et sa mélancolie. C'est la fille d'un père qui ne dit mot, au regard vide, abîmé dans sa tristesse… Les filles veulent un père bavard ! Sans doute retrouve-t-on chez la femme ce besoin d'avoir un partenaire communiquant. La parole du père est le signe que la petite fille existe, qu'elle vaut le coup. C'est le signe de reconnaissance de sa propre valeur. En cela, on peut dire que les silences du père sont meurtriers. La fille pourra les interpréter en sa défaveur et se dire : « Une fille ce n'est rien, si j'avais été un garçon, peut-être que mon père me parlerait ? »

Comment sont-elles, ces filles de pères qui ne disent mot ? Sont-elles empêchées, naïves ou au contraire se construisent-elles en réaction et deviennent-elles des lionnes, parfois des enragées ? Tout dépend de la mère… nous direz-vous. Pas seulement. Chacune est dotée d'une structure psychique qui lui est propre. Pourtant, les constantes sont là.

LES FILLES DE « L'ABSENCE »

Nous allons vous offrir quelques variantes de ces filles orphelines (au sens large) de père ou plutôt une déclinaison… Les filles sans père sont très souvent en proie à la colère, une colère enracinée dans le sentiment d'avoir été abandonnées, trahies et rejetées. Cette colère se traduit par des sentiments de jalousie et des désirs de vengeance qui peuvent tuer dans l'œuf ou faire voler en éclats toute relation avec un homme. La rage accumulée contre le père défaillant est présente dans la relation avec le partenaire mais aussi dans la relation avec les enfants.

Les conséquences de la blessure d'abandon qui caractérisent les filles sans père sont à la fois la dépendance affective et une trop grande exigence. La quête est sans fin. Cela ne va jamais. À tout instant, l'homme est haï, diabolisé pour ce qu'il n'apporte pas ou n'arrive pas à compenser. Il ne peut faillir comme a failli le père réel. Il doit se comporter en père idéal, ce père que l'imaginaire de la fille a construit. S'il est infidèle, par exemple, la blessure est terrible pour la femme. Elle la renvoie à la trahison suprême, celle de l'abandon qu'elle a subi qui la jettera dans une même colère folle.

Les femmes sont alors volontiers triviales dans leur langage vis-à-vis de l'homme, qui devient un « salaud » et n'a plus de nom dans leur bouche, sauf des noms d'oiseau. À la hauteur de leur déception… Bref, elles se transforment en furies. Elles se transforment tout court. Si nous sondons à nouveau la source inépuisable de la tragédie grecque, Sénèque nous livre une Médée, épouse répudiée déchaînée, qui offre à la nouvelle élue de son mari Jason une robe et un collier enduits de poisons qui la font brûler vive. Pour compléter sa vengeance, elle égorge ses propres enfants sous les yeux de leur père avant de s'enfuir dans les airs en satanée sorcière. Si toutes ne tuent pas leurs enfants, combien de femmes sont rendues folles par la trahison, l'abandon de l'époux-père ? Beaucoup… tout au moins le temps qu'elles se ressaisissent.

Ces « filles abandonnées » peuvent être pingres, intolérantes et enragées avec leurs amants, mais douces, généreuses et patientes avec les autres. Ces personnalités peuvent convenir à des hommes qui ont une petite composante masochiste ou qui ont envie que l'amour soit très, très... compliqué ! Mais oui, ça existe ! Plus la relation amoureuse est compliquée moins on s'ennuie... Promis, demandez autour de vous !

Mais la plupart du temps, ces femmes s'exposent à détruire leurs relations par de continuelles explosions de colère hystérique, par des menaces ou des tentatives de suicide.

Elles devront apprendre à canaliser leur agressivité, à tenir le juste milieu, car nous l'avons vu, il n'est pas question de renoncer à toute colère, mais il est nécessaire d'apprendre à dissocier ce qui provient d'une colère ancienne contre le père non résolue de ce qui appartient à la situation actuelle. Un tri indispensable et difficile !

Inutile de préciser que cette situation est très destructrice pour la femme elle-même. Cette rage est la manifestation d'une impuissance à assumer sa propre existence et à trouver un équilibre, qui ne peut que nourrir sa honte et sa culpabilité. Combien de ces filles se traînent ensuite aux pieds de leur partenaire, implorant un pardon, après une scène mémorable qu'elles n'ont pu éviter, comme si un démon les habitait à ce moment-là ? Cette autodestruction va de pair avec un besoin de punition enraciné dans la haine de soi. Ces comportements autodestructeurs se retrouvent dans les relations amoureuses, mais ils peuvent investir les autres domaines de la vie : le domaine professionnel ou amical, et par leur caractère répétitif, conduire à des maladies physiques et mentales. Cette mauvaise image de soi, cet état permanent d'émotions non maîtrisées est le socle de nombreux états névrotiques : crises d'angoisse, dépendance à l'alcool, à la drogue, à la recherche de l'oubli trompeur, ou entraîne des dépressions sévères, voire des tentatives de suicide dommageables.

Les filles en défaut de père symbolique, c'est-à-dire d'une structure interne qui représente le père (Freud parle de surmoi), sont des filles sans limites qui flirtent avec l'abîme.

L'ERRANCE : DE PÈRE EN PÈRE, OU LA PREMIÈRE PERTE QUI EN ANNONCE BEAUCOUP D'AUTRES...

Elles perdent ainsi les hommes de leur vie les uns après les autres. Et pour cause. C'est la reproduction à la chaîne d'amours fusionnelles. La fille est angoissée si son partenaire tarde à l'appeler ou si l'homme semble lui échapper et marquer un retrait. L'absence de l'autre est vécue comme intolérable et de fait, elle l'est, puisqu'elle renvoie à l'absence de la sécurité indispensable de l'image protectrice. Le mari fait du foot le samedi après-midi, la femme revit l'abandon. Elle menace dans son désarroi de prendre un amant. Elle use de tous les arguments possibles. Elle signifie par là : « Il faut qu'un homme s'occupe de moi, que j'existe à travers lui tout le temps. » Nous pensons à cette chanson : « J'ai tout mangé les chocolats, j'ai tout... je fais rien que des bêtises quand t'es pas là[70] ! » Les petites filles sans père font beaucoup de bêtises. Quand leur homme les délaisse, elles vont chercher du réconfort auprès d'un autre, ce qui s'avérera aussi compliqué !

L'abandon peut être uniquement l'absence de la parole du père. La fille n'a pas été ni reconnue ni nommée en tant que telle. Elle peut chercher à en faire revivre la trace à travers les hommes de sa vie et se mettre en situation d'être abandonnée, ou bien partir avant de l'être. Pour devancer ce qu'elle pense inéluctable : être quittée !

Quoi de mieux que de chasser son partenaire pour jouer l'abandonnée ? Rappelons qu'il en faut peu pour qu'une enfant se sente abandonnée : un regard, une réponse qui ne vient pas assez vite... Ce sont ces femmes-enfants qui semblent impossibles à satisfaire et qui déroutent les hommes.

« Ta mère, disait un père à sa fille, elle n'en a jamais assez. On dirait une enfant à qui l'on donne un bonbon et qui aussitôt qu'elle l'a avalé, en demande un autre ! » Femme insatiable ou enfant abandonnée ? Dans ce cas, cette mère avait perdu son propre père très tôt et se comportait en fille vis-à-vis de son mari.

70. Sabine Paturel, *Les bêtises,* auteurs et compositeurs Sylvain Lebel et Dominique Pankratoff, 1985.

QUAND LE MARI PAIE POUR LE PÈRE

Ces filles ne cessent d'attaquer ni de réclamer réparation au mari pour le mal qu'un autre leur a fait. Si le mari ne répond pas de manière suffisante à la demande d'amour, à ce besoin d'être aimée sans fond, la rage dont on a parlé éclate. C'est une rage contre le père et contre la mère aussi, parfois, pour avoir laissé faire le père (cas de violence physique ou d'inceste).

Quand bien même cet homme lui donnerait tout, comme un très bon père, ne finit-elle pas par haïr celui qui, à force de la couver, l'aliène et lui donne envie de s'échapper, comme l'adolescente qui veut s'affranchir d'un père trop présent ? *No solution !*

> **Les filles sans père ne sont pas gentilles avec les hommes gentils.**

Il arrive qu'elles fassent des dégâts dans les rangs des hommes. C'est leur propre souffrance qui est à l'œuvre. Elles détruisent ce qu'elles ont construit la veille. Sonia en est bien consciente : « Je n'arrive pas à voir les qualités de l'homme qui est avec moi, toujours en quête d'autre chose, lui faisant toujours procès, comme le faisait ma mère à mon père, ne le prenant pas en compte, ni au sérieux. »

Ainsi sabote-t-elle toutes ses relations, car aucun amant ne contente cette soif de père, sauf lorsqu'elle rencontre un homme qui a une forte fibre paternelle… et alors retour au paragraphe précédent !

> **Les filles sans père recherchent le rejet et en éprouvent une certaine jouissance.**

Il y a de la jouissance à revivre cette situation œdipienne, au sens où elle permet, certes bizarrement, mais elle le permet, de faire revivre le père et la relation malheureuse avec lui.

LES RAISONS DE LA COLÈRE

L'absence de père a laissé la fille seule avec sa mère. Pas de père pour interrompre leur fusion et permettre à la fille de sortir de ce tête-à-tête pour regarder vers l'extérieur, vers le social. Elle demeure dans un modèle d'attachement maternel et fusionnel qu'elle reproduit avec les hommes de sa vie : elle donne tout et veut tout en retour. Ses amours sont vouées le plus souvent à l'échec, car le partenaire est vécu comme une figure maternelle et non comme un individu parmi d'autres. Il est vécu comme un idéal. Or, l'idéal ne peut qu'achopper sur la réalité de la vie de couple, de la vie tout court.

LA HAINE DE L'HOMME OU LA MISANDRIE

Comme la colère peut abîmer la relation amoureuse, la haine de l'homme, sentiment plus permanent et destructeur, peut empêcher toute vie amoureuse. Elle prend souvent naissance sur le terrain de l'abandon.

Ces filles déçues voient l'homme comme un ogre, un voyou, un bandit, un pillard, un prédateur, un dévastateur. Or, ce sont elles qui veulent d'emblée tout lui donner, comme une fille à un père pour se faire aimer. Les naïves ! Elles prennent alors le risque d'être dévorées, comme le petit chaperon rouge. Dans les contes de fées pour enfants, le père est souvent l'ogre. Celui du *Petit Poucet*[71] est décrit comme un « bon mari » et père de sept petites filles qu'il élève comme des princesses. Pour la psychanalyse, la figure de l'ogre constitue l'image inversée et cauchemardesque du père, ce dernier ayant chez le conteur un rôle presque toujours négatif. La sauvagerie de l'ogre serait une transposition symbolique de la violence affective contenue dans les rapports familiaux.

Bien avant Charles Perrault, il y a le mythe de Chronos avalant ses enfants, qui ressortent miraculeusement indemnes de son ventre

71. Conte retranscrit par Charles Perrault en France et paru dans *Les contes de ma mère l'Oye*, en 1697.

et y sont remplacés par une lourde pierre. Si un homme repère cette faille narcissique chez ces filles prêtes à tout pour se faire aimer, il peut effectivement en abuser. On pense à la terrible histoire de cette danseuse stripteaseuse, Lolo Ferrari, qui, pour atteindre un tour de poitrine de 180 centimètres, subit 25 opérations. Son mari et mentor, de 15 ans son aîné, abusa de sa vulnérabilité et en fit un animal de foire qui devait se produire malgré l'épuisement physique et psychique. Mais tous n'abusent pas de cette faiblesse. Certains, au contraire, devant tant de dévouement, fuient, craignant de se faire dévorer eux-mêmes et de mettre leur liberté en péril. À juste titre !

Pour éviter de penser que tous les hommes sont des prédateurs, la meilleure solution est d'apprendre à éviter ceux qui le sont. Il est indispensable que les parents d'une jeune fille la mettent en garde contre ce type de comportement de prédation et lui expliquent qu'elle peut en être la cible. À défaut de parents avisés, il existe des livres édifiants comme *Gardez-vous d'aimer un pervers*[72], de l'une d'entre nous, ou l'ouvrage de Clarissa Pinkola Estés, *Femmes qui courent avec les loups*[73]. L'auteur décrit ce que la fille, jeune ou moins jeune, doit apprendre pour grandir et se débarrasser de sa naïveté, en exégèse du conte *Barbe bleue.* Dans *Le petit chaperon rouge,* Charles Perrault dit que les jeunes filles belles, bien faites et gentilles commettent l'erreur d'écouter toutes sortes de gens, et que dès lors il n'est guère étonnant que les loups les attrapent et les mangent. Ces loups, qui se présentent de différentes façons, et dont les plus dangereux sont les plus gentils. Les méchants loups n'existent pas puisqu'il n'y en a pas de gentils ! Vous saisissez ? Les loups sont des loups, point à la ligne ! Et ceux à deux pattes sont de loin les plus redoutables. *Homo homini lupus*[74]. Voilà comment on peut en venir à voir des prédateurs partout si on a manqué de père !

72. Véronique Moraldi, *Gardez-vous d'aimer un pervers,* Montréal, les Éditions de l'Homme, 2004.
73. Clarissa Pinkola Estés, *Femmes qui courent avec les loups,* Paris, Grasset et Fasquelle, 1996, Le Livre de poche, 2002, 763 p.
74. « L'homme est un loup pour l'homme », *Plaute in Asinaria* (*La comédie des ânes,* 21 ap. J.-C.).

LE CAS DE PATRICIA, OU LA PEUR DE L'ENGAGEMENT

Patricia a demandé à son compagnon de s'engager à bâtir un avenir de couple, puis elle a détruit ce qu'elle avait construit, ou presque ! Elle a abandonné le terrain, comme son père l'a abandonnée, pour ne pas être abandonnée ou pour se venger… qui sait ?

Patricia a été oubliée par son géniteur. Elle a été élevée par un père adoptif, le mari de sa mère. La mère de Patricia a été très accaparée par cet homme et n'a guère pu s'occuper de sa fille. La petite a vécu un double abandon. En outre, le mari de sa mère a toujours trompé sa femme. Patricia a donc une très mauvaise image des hommes.

Des hommes elle en a eu beaucoup dans sa vie et les a toujours quittés. Cette fois, elle a voulu, avec ce partenaire, mariage, achat immobilier… mais son instabilité l'a rattrapée et sa vieille peur aussi. Dix jours avant de signer la vente chez le notaire pour l'achat de leur appartement commun, elle disparaît. Avant son départ, elle reproche à son mari d'avoir plus de liberté qu'elle au quotidien… Elle avait renoncé à la sienne ! Les quelques absences de son mari, ce qu'elle appelle « sa » liberté, réactivent sa blessure d'abandon, tout comme la présence de l'enfant de son époux, qu'elle ne supporte guère : elle n'est plus l'unique enfant. Le mari est surpris par cette haine que laissent transparaître la véhémence du ton et les propos. C'est une douche glacée. Il est choqué et dubitatif. Le fond lui semble bien maigre pour une telle attaque. Car enfin, tout cet engagement, c'est elle qui l'a voulu et l'y a conduit. Lui serait bien resté concubin, locataire et… amoureux.

Infidèle envers ses partenaires, Patricia l'a toujours été, en même temps que très jalouse. Elle reproche à son mari d'avoir beaucoup de succès auprès des femmes. Elle projette sur lui sa propre insécurité intérieure. Cette infidélité est comme une identification (une fidélité !) à « ses » pères, « l'abandonnant » et l'adoptif. Elle réclame de la liberté comme l'homme, une liberté (à part la liberté sexuelle) dont son mari ne la prive pas, mais qu'elle se refuse à elle-même. « Je ne l'empêche pas de sortir avec ses copines », se plaint le mari. Oui mais Patricia n'a-t-elle pas peur de ses propres pulsions si elle sortait sans son mari ? Et puis, elle ne sait pas être seule. En tout cas, là c'est un coup d'éclat ou un appel au secours... Après son départ, son mari se sent abusé. Lui qui s'est laissé convaincre pour accepter le mariage était réticent face à l'achat d'un appartement pour des raisons de philosophie personnelle. Il a consenti à cet engagement supplémentaire, non sans effort, s'est occupé de tout et voilà qu'elle lui fausse compagnie, comme si elle se dérobait devant l'obstacle qu'elle a elle-même érigé. Il se souvient que la veille du mariage sa future mariée s'est enivrée, comme pour s'anesthésier devant la bêtise qu'elle s'apprêtait à faire. Cette femme est prise dans sa contradiction, comme si elle voulait mettre un terme à son errance d'homme en homme, faire une fin et n'y parvenait pas. Elle ne sait pas si elle a trouvé l'homme idéal cette fois et est perdue. La réponse est : bien sûr que non !

Cette colère des femmes sans père contre l'homme à qui elles demandent du soin est une quête éternelle pour trouver un homme qui donnera plus ou s'occupera mieux. Le fantasme achoppe sur l'homme réel, qui ne peut tout apporter.

> **Les filles qui vivent dans l'idéal du père reprennent toujours leur bâton de pèlerin, dans une quête sans fin du partenaire idéal. Elles vivent dans une rêverie romantique.**

EFFET COLLATÉRAL : LA RIVALITÉ AVEC L'ENFANT DE SON HOMME

Ces femmes en quête d'un amour absolu ne supportent aucunes rivales, ou plutôt vont instituer comme rivales toutes celles qui tournent autour de leur homme. Nous remarquons fréquemment des haines féroces qui se développent entre « femmes » d'un même homme. Nous n'entendons pas par là deux prétendantes, mais la fille de l'être aimé et l'amoureuse !

Mathilde se souvient : « Lorsque j'ai rencontré cet homme plus âgé que moi, il avait déjà deux filles, je pensais : « Il est amoureux de ses filles et je n'aurai jamais qu'une deuxième place. » Ces filles, à qui j'ai pris le père sans le vouloir, étaient pour moi autant d'épines»... Pendant quelques années, il ne revit pas ses enfants, tout entier livré à notre amour. Il commença à les revoir quand nous avons formé un véritable couple, qu'il conçut comme une deuxième famille pour ses filles. Moi, j'avais besoin de vivre ma vie sans ce passé. J'ai été égoïste, je les ai éloignées en forçant mon mari à nous installer loin d'elles. Ainsi, elles ne venaient que pendant les vacances. Notre couple n'a pas duré, mon mari et moi sommes allés grossir le rang des divorcés. Il avait renoué avec son goût pour les échappées belles et les aventures palpitantes. Les filles essayèrent alors de retrouver la place que je leur avais refusée, en vain. Les nouvelles conquêtes n'en voulaient pas plus que moi ! »

Ces petites ont vécu des abandons à répétition. Aujourd'hui adultes, leurs relations avec leur père sont empoisonnées par la rancœur. Voilà qui est bien analysé. On imagine bien que ces rebuffades successives et le peu d'intérêt de leur père pour elles n'ont pas dû les aider à grandir. Est-ce toujours ainsi ? La nouvelle femme du père vole-t-elle toujours le père à sa fille ?

Cela dépend de son âge, de sa maturité, du contexte. Les filles aussi fauchent le mari ou empêchent leur père de refaire sa vie. Surtout si papa est amoureux de fifille. Indéboulonnable... On a vu dans la première partie de multiples belles-mères quitter la scène, céder devant tant de jalousie, tristes de n'être pas choisies, de ne pas faire le poids. Les années et la maturité n'effacent rien. Certaines filles ont la rancune tenace, à la mesure de leur blessure ou de leur sentiment de rivalité. Nous nous souvenons de l'histoire de cette fille qui réclame encore à son père des années de loyer pour l'appartement qui appartenait à sa mère, et que le père avait continué à occuper, après le décès de son épouse, avec sa nouvelle femme ! Pourtant, le père n'était pas un mauvais père. Il avait financé les longues études de sa fille à Paris et ne l'oubliait pas. C'était avec belle-mère que se brouillaient les cartes. Cette dernière avait eu quelques paroles malheureuses à son égard. En bref, elle avait dit de sa belle-fille qu'elle manquait d'intelligence. Entendu ! La vengeance est un plat qui ne rassit pas avec le temps, il n'est que meilleur ! La vengeance ça se mijote ! Terribles les femmes entre elles ! Brrr !

LA MISS RIEN OU LA MISS NULLE PART

Ces filles sans père ont des problèmes **d'image de soi.** Soit elles s'aiment trop, soit elles ne s'aiment pas assez, ce qui revient au même. Elles sont vouées à rester des petites filles dans leurs relations interpersonnelles. La psychologue et psychanalyste Louise Grenier[75] explique : « Les autres ne sont que des substituts inconscients de leur moi idéalisé ou haï ou des dispensateurs d'amour et de reconnaissance. » Dès lors, il ne peut y avoir de véritable relation, de véritable échange. Autodestruction, souffrance, solitude, repli sur soi et passion narcissique sont le lot de ces filles.

Si l'on n'a pas compté pour son père, si on a eu une mauvaise relation avec lui ou une relation non structurante, quelle femme peut-on être pour un homme ? Une femme sans place ? Bien souvent ces femmes semblent sans pouvoir sur leur vie. Elles font penser à d'éternelles sacrifiées. Elles ne s'imposent pas, elles ne prennent pas rang de première en raison de cette absence de confiance en soi et d'estime de soi. Ce sont des « miss rien », des « miss nulle part ». Même si elles voulaient toute la place, tant qu'elles n'ont pas existé dans le regard du père, elles se retrouvent à ne pas prendre la leur.

Émilie n'a jamais digéré la honte d'avoir perdu son père et le milieu social de haut niveau qu'il représentait. Elle est restée dans un perpétuel état de victime. Elle dit souvent que si son père n'était pas mort, elle aurait eu une autre vie, elle aurait été « quelqu'un »…

75. Louise Grenier, *Filles sans père, l'attente du père dans l'imaginaire féminin*, Montréal, les Éditions Quebecor, 2009.

comme lui. « Ça a brisé ma vie », dit-elle. Elle avait six ans... L'homme attendu n'a pu qu'échouer à la contenter, à lui redonner l'estime de soi, une identité, car il n'en a jamais fait « assez ». Impossible de redorer le blason d'Émilie, fille déchue.

LA PUTAIN OU LA DEMI-MONDAINE, LA COQUETTE

Notre hypothèse est gaillarde ! Nous la posons quand même : certaines femmes qui monnayent leur corps chercheraient-elles toujours le regard du père ? Le psychanalyste Didier Lauru, lui, va encore plus loin. Il écrit : « Le fantasme de prostitution porte toujours en lui l'idée de rencontrer des équivalents du père, mais surtout le père lui-même et d'avoir un commerce sexuel avec lui[76]. »

Dans le récit autobiographique de Nelly Arcan, *Putain*, l'auteur, jeune femme de 26 ans, parle de son expérience d'escorte. En faisant la putain, elle est en quête de ce père qui n'a plus de désir pour sa femme et fréquente lui-même des prostituées. Elle explique qu'il ne doit pas être le seul à baiser. À la fois, elle répare narcissiquement cette mère non désirée et cherche à retrouver ce désir du père dans les hommes qui pénètrent sa chambre et son corps. Elle dit : « Je baise avec lui à travers tous ces pères qui bandent dans ma direction[77]. »

Avec tous ces hommes, la fille se perd, elle veut se prouver qu'elle est objet de désir de quelque manière que ce soit. Comme si son corps, devenu étranger, ne lui appartenait plus, mais était devenu un instrument, celui de la quête du désir du père, du désir « de » père, redonnant une place à la mère vieillie et reléguée. Elle révèle son anorexie à l'adolescence, à cause de son père et de « ses histoires ». À cause de celui qu'elle dit n'avoir pu remettre à sa place et dont elle attendait qu'il lui en fasse une. Elle est toujours anorexique. Elle est passée du « corps à faire maigrir au corps à recouvrir de lingerie[78] ».

---

76. Didier Lauru, *Père-fille, une histoire de regard*, Paris, Albin Michel, 2004, p. 153.
77. Nelly Arcan, *Putain*, Paris, Seuil, 2001, p. 33.
78. *Ibid.*, p. 169.

Voilà qui pourrait expliquer le comportement de certaines femmes dites « légères ». Johanna raconte l'angoisse qui la saisit parfois au moment de sortir dans des lieux et des réunions publiques : « Chaque fois que je sors, je risque d'être la proie du désir de l'autre et d'y céder. Je suis la proie de mes propres pulsions. Je suis incapable de ne pas céder au désir des hommes dès lors qu'il est fort. C'est comme si le désir de l'homme faisait naître le mien, sauf si l'homme a quelque chose qui me rebute. C'est comme si je me faisais choisir. J'ai beaucoup de mal à résister aux avances d'un homme, surtout si cet homme exerce une autorité en raison de son métier ou de sa position vis-à-vis de moi, de son âge, de son prestige... » Comme le père...

LE JOUET ÉROTIQUE, OU L'ÉTERNELLE QUÊTE DES BRAS DU PÈRE EN CONTREPARTIE DU SEXE

Quand la sexualité est un moyen d'avoir de l'amour, pas une fin en soi, mais une faim d'amour, des femmes qui cherchent le père peuvent être entièrement dévouées à leur amant et céder à ses exigences. Elles se prêtent à ses fantasmes et à ses jeux sexuels dans l'espoir d'être aimées. Mais les dés sont pipés lorsque l'homme, indisponible sentimentalement comme l'était le père, est à la recherche d'une aventure sexuelle. Les attentes ne sont pas les mêmes. L'histoire entre l'homme et la femme peut durer, l'attachement charnel n'est pas à sous-estimer dans ce type de relations, mais il y a malentendu. Les deux amants ne cherchent pas la même chose.

Le film *Liaison fatale*, d'Adrian Lyne (1987), retrace bien ce malentendu. La superbe Alex, interprétée par Glenn Close, joue le jeu de l'érotisme avec un séduisant homme marié en lui lançant ce message implicite d'entrée : « J'ai envie de faire l'amour avec vous. » Mais la petite fille qui a perdu son père d'une crise cardiaque à l'âge de sept ans est affamée d'amour et elle ne respectera pas les règles du jeu sexuel. La femme compense cette perte enfantine par sa folle passion pour les hommes. Elle deviendra folle pour de bon, tentera de se suicider, puis s'en prendra à la famille de son amant jusqu'à essayer de tuer l'épouse, dans un *crescendo* sanguinolent.

À preuve qu'il y a toujours danger à prendre la main de quelqu'un ou à mélanger ses fluides... avec ceux de quelqu'une ou de quelqu'un...

LA FILLE DE SA MÈRE

Si le père ne fait pas son travail, s'il n'éloigne pas sa fille de sa mère, un drôle de couple se forme. Privée de projection masculine et de contact avec l'extérieur, la fille peut se créer son monde à elle. Le magnifique et sauvage film de Michael Haneke, *La pianiste* (2000), l'illustre à merveille. On est ici dans un monde clos où deux femmes, mère et fille, s'entretuent. D'homme, il n'y a point. Sauf les clients de la pianiste qui, comme des clients de passage au bordel, vont consommer du plaisir, de la musique ou du sexe. Dans le lit de la fille, la place est prise, il y a déjà la mère. Comment l'avenir ne serait-il pas dans le sang et la déchirure?

Quand la fusion mère-fille est à ce point intense que la mère ne peut supporter le tiers, c'est-à-dire le mari de la fille, le conflit qui en résulte les conduit toutes deux à la rupture inévitable. Sans aller dans cet extrême, il arrive que la mère tombe gravement malade, comme un appel au secours. C'est ce qui est advenu entre la marquise de Sévigné (1626-1696) et sa fille la comtesse de Grignan, tout au long d'une relation tumultueuse et passionnée où les deux femmes ont multiplié de part et d'autre les somatisations les plus aiguës. Ce n'est que lorsque la mère a compris que la vie de sa fille était en danger qu'elle a consenti à céder la place au mari et a cessé de la tourmenter de ses exigences. La mère exclusive a cédé devant la mère protectrice, ce qui n'est pas le cas de la mère folle et perverse du film *La pianiste.* La pianiste sombrera peu à peu dans la folie, connaissant comme son maître, Beethoven, le crépuscule de l'esprit.

LE MYTHE DE CÉRÈS, PROSERPINE, PLUTON ET *TUTTI QUANTI*

Cérès, déesse des moissons et de l'agriculture, veillait sur tout ce qui fleurissait et poussait dans la nature. Aimante et généreuse, son amour pour la Terre était aussi grand que son amour pour sa fille. Autant dire sans limites ! De son union avec son frère Jupiter (sur l'Olympe, on n'était pas regardant côté inceste !), Cérès avait une fille, Proserpine, qui devait être à l'origine de bien des malheurs sur la Terre. Un jour, Pluton, le dieu des Enfers, charmé par la jeune fille cueillant un narcisse, l'enleva de force sur son chariot de feu pour en faire son épouse. Cérès, désespérée et furieuse, ne surveilla plus les moissons. Le blé ne germa plus, la Terre devint stérile, la famine s'étendit. Ce fut bientôt la désolation sur toute la Terre. Jupiter finit par intervenir pour rétablir l'ordre (il a mis le temps !). Il obtint de Pluton que Proserpine rejoignît sa mère sur Terre. Mais Pluton trouva une astuce, il fit manger à sa femme des grains de grenade. Ce fruit magique gardait les cœurs fidèles de ceux qui en consommaient. C'est ainsi que les trois quarts de l'année, Proserpine demeurait auprès de sa mère sur Terre : leur joie était si grande que la nature refleurissait et tout poussait à nouveau dans les champs. Les trois derniers mois, Proserpine devait rejoindre Pluton aux Enfers : Cérès pleurait et la Terre était en deuil. C'était l'hiver !

Ce mythe pose à l'évidence que c'est avec la mère que la fille doit passer le plus clair de son temps, soit les trois quarts de l'année. Il est symptomatique que lorsque la belle est avec son époux la Terre soit en deuil. Seul le chagrin et la joie de la mère sont légitimes, comme si le seul amour parfait et noble était l'amour maternel.

La sexualité procurée par le mari symbolise l'enfer, la perdition. Pourtant seule, celle-ci peut faire sortir la fille des bras de sa mère. Seule la sexualité nous fait grandir et nous sépare de maman. Voilà un mythe ambivalent. Le père finit par accorder les parties, la mère et l'époux, mais en « rendant » une grande partie de l'année la fille à sa mère. Il ne remplit pas son rôle de séparateur et de passeur ! Les saisons furent à ce prix !

Une fille se souvient, un sourire aux lèvres : « Mon père, bienheureusement, m'a coupé de ma mère et rejetée aussi par la même occasion quand il m'a dit un jour : "Tu vas faire mourir ta mère !" Tout cela parce que je l'appelais chaque matin et lui faisais part de mes déboires en tout genre. Cela voulait dire : "Lâche-la !" Il a joué son rôle de séparateur et, par la même occasion, il m'a jetée dans les bras d'un homme, puisque je n'avais plus droit à maman ! J'ai très rapidement rencontré celui qui allait devenir mon mari. »

> **Derrière les filles sans père, il y a des filles avec trop de mère. La mère est restée toute-puissante.**

ANOREXIE ET BOULIMIE

Les spécialistes ont l'habitude de définir l'anorexie comme un grave symptôme, sorte de tentative de se séparer du corps à corps avec la mère quand le père n'est pas suffisamment présent. Il est vrai que les comportements alimentaires capricieux de la toute petite fille commencent avec une mère inquiète et « vorace » qui veut manger sa petite tant elle l'aime ! Il est vrai aussi que ces jeux de chantage cessent parfois quand le père s'en mêle ! Ensuite, c'est une affaire complexe que l'installation de la maladie de l'anorexie et/ou de la boulimie à l'adolescence. Les deux parents sont appelés à comparaître : le père méprisé ou dangereusement investi sexuellement, la mère anxiogène qui étouffe, qui produit du trop et n'est pas un support d'identification. Ajoutons au tableau la maturité sexuelle qui ne vient pas, pour diverses raisons, la peur des hommes, le dégoût du corps, du sexe ou, au contraire, l'idéalisation du corps en trophée intouchable…

Agnès, dont le père fut écarté par la mère pendant des années, conscientise : « Quand j'y pense, longtemps je n'ai pas mangé. Mes frères disaient que je ressemblais à un manche à balai avec deux œufs au plat. C'est vrai que je me suis mise à manger à l'adolescence, à compter du moment où j'ai revu régulièrement mon père. Était-ce ma manière silencieuse de crier contre cette famille complètement folle et contre cette mère et cette grand-mère toutes-puissantes qui avaient chassé mon père, alors que par ailleurs j'étais une petite fille si sage, si docile ? »

L'HOMOSEXUELLE

La place du père peut être déterminante dans nombre de situations particulières qui conduisent à aimer une femme. Revoyons la théorie de la construction sexuelle... Elle nécessite à un certain moment de rompre cette relation incestueuse si heureuse que le bébé a entretenue avec bonheur avec sa mère. En simplifiant un peu, nous pouvons dire que l'homme doit apparaître ensuite comme une possibilité aussi heureuse pour que la petite fille renonce à maman. De nombreuses connexions sont nécessaires pour que ce passage advienne : une mère qui ne déteste pas les hommes, qui ne les dénigre pas, un père qui est enviable et qui permet de supposer que l'on peut trouver un homme mieux ou tout aussi bien ! Sinon, par peur des hommes, par dégoût de la sexualité masculine, par souci de retrouver une relation douce comme avec une mère ou même une relation de « soi à soi », on peut préférer son double. Attention toutefois, ceci n'est pas une pathologie. Seulement un choix qui demande ensuite à être assumé.

CHAPITRE 8

Les filles de pères trop… présents

L'ÉTERNELLE ADOLESCENTE

Celle-ci a eu un père présent, envahissant, un père qui a parlé et qui a claironné : « Sois belle et tais-toi. » On la nomme la « puella », la « lolita ». Elle a surtout retenu le deuxième commandement « Tais-toi… Quand l'homme parle, sois docile, obéis ou tu risques d'être rejetée ! »

Cette jeune fille n'a qu'une envie : plaire au père, répondre à ses désirs. Elle n'aura de cesse de reproduire ces mêmes attitudes avec son homme, soumise par tradition si ce n'est par volonté. Prête à contenter cet homme dont elle attend tout, et surtout à conserver cet amour conditionnel qui peut s'en aller si elle n'est pas mignonne. Elle s'attache à des hommes qui la gouvernent, comme papa l'a fait.

Viviane se souvient combien elle était une gentille petite fille qui se réveillait le matin souriante pour être aimée, pour faire plaisir à papa. Un jour, un homme lui a dit : « Vous êtes si lisse… vous êtes une faille à tous les désirs. » Cette manière d'acquiescer, de ne pas dire non, de sourire toujours fait que parfois les hommes se méprennent et croient qu'ils peuvent lui faire des avances sexuelles. « Pour moi, c'est faire plaisir, être plaisante, tout simplement », dit-elle. Il n'y a pas que du malheur dans cette situation de dépendance. Ces femmes-là sont souvent protégées, choyées et gâtées en échange de cette merveilleuse soumission. Elles font hurler les féministes enragées : « Comment supportez-vous d'être à ce point l'objet de votre compagnon ? » La réponse ne se fait pas attendre :

« Nous ne savons pas vivre sans cette soumission. » Pour le moment, ajouterons-nous, car le temps et les expériences peuvent amener des prises de conscience et des retournements de situation.

LES RISQUES DU MÉTIER

Alors un jour vient la révolte ou la dépression chez cette femme qui ne fait rien de ses dix doigts, si ce n'est se peindre les ongles, gâchant son intelligence, sacrifiant tout à la protection bien souvent illusoire d'un homme. Que reste-t-il à la jolie poupée quand l'homme (généralement de l'âge du père !) décline, disparaît ? Il reste ce qu'elle a fait de sa vie, et voilà ce qui peut déclencher beaucoup d'amertume. « Il m'a pris ma jeunesse, il a gâché ma vie et maintenant il est trop tard pour moi », disait dernièrement une ancienne lolita en se penchant sur son passé. L'exception qui ne confirme pas la règle.

Pendant que nous écrivons ceci nous revient en mémoire le cas de Diana qui, lui, vient démolir notre hypothèse de départ : « l'éternelle adolescente » a eu un père trop étouffant, trop présent... Mais nous ne nous laisserons pas démolir nous-mêmes car dans nos analyses, nous ne sommes pas à une contradiction près, au contraire ! Les mêmes causes ne produisent pas toujours les mêmes effets, nous l'avons dit plus haut. Nous assumerons donc nos contradictions car dans le cas de notre Diana, ce n'est pas de père trop présent qu'il est question mais de bien autre chose ! Certaines éternelles adolescentes sont des filles sans père et auraient pu figurer dans le chapitre précédent.

Au premier abord, on jugeait Diana plutôt insupportable, tant elle se comportait en toutes circonstances comme une enfant gâtée. On aurait dit d'elle : « Voilà une femme que seul un homme amoureux peut supporter ! » Elle semblait n'avoir que sa beauté pour l'autoriser à faire la moue et à prendre des poses. En réalité, elle cherchait sans cesse le regard des hommes parce qu'elle n'avait pas eu de père. Elle cherchait le regard du père. Elle cherchait à être aimée. C'était comme si ses yeux criaient: «Regardez-moi! Regardez-moi! Aimez-moi! Aimez-moi!»

Diana avait rencontré Paul et cela avait été un véritable raz-de-marée, un coup de foudre comme on en voit dans les films. Paul était marié, il avait deux enfants. Diana, elle, était sur le point de céder aux instances d'un homme très fortuné. Paul et Diana s'étaient dit: «Si nous nous retrouvons tel jour à l'aéroport à telle heure, c'est que nous aurons tout quitté l'un pour l'autre.» Et ils le firent. Aucun ne fit faux bond. Ils étaient divinement beaux l'un comme l'autre. C'était une véritable histoire d'amour. Mais les histoires d'amour n'empêchent pas les erreurs de parcours, nous l'avons tous expérimenté. Diana, comme Jackie dans notre premier chapitre, souhaitait un enfant. Paul ne voulait pas que son trophée soit abîmé par la maternité, d'autant qu'il avait déjà assouvi deux fois son désir de paternité. Diana céda devant ce «père» - Paul avait 13 ans de plus qu'elle - qui voulait bien être son père mais pas celui de son enfant. Diana et Paul furent heureux et menèrent longtemps grand train, puis Paul fit de mauvaises affaires, ce qui le rendit dépressif et, l'âge venant, il n'eut plus le ressort de rebondir. Diana, aujourd'hui, s'ennuie avec cet homme qui s'enfonce de jour en jour dans un silence assourdissant. La dépression est souvent contagieuse. Diana est toujours belle, elle a des dons pour les arts en général, mais la seule chose qui lui manque est d'avoir réalisé quelque chose elle-même! Quelque chose qui donnerait du sens à sa vie mais qu'elle n'a jamais suffisamment envisagé de mener au bout. Pour donner du poids à nos hypothèses, et en poursuivant l'enquête, nous apprenons que Diana ignore qui est son père. Sa mère a toujours entretenu un mystère sur ses origines et lui a même fait porter le nom de son amant du moment. Elle craignait les indiscrétions de la concierge ou les commérages des voisines sur «le nom de l'enfant qui, savez-vous chère amie, n'est pas celui… de l'homme avec qui elle»… Aïe, la rumeur. Quand on sait l'importance du nom du père dans la filiation, quelle identité peut-on avoir si on change de nom au gré des amants multiples de sa mère? Comment trouver le courage de persévérer quand toute son énergie est mobilisée pour combler ce trou ? Enfermée dans cette quête du père et avec une identité mal définie, comment Diana pourrait-elle vivre heureuse et apaisée ? Elle a gardé une voix de petite fille et une gouaille charmante d'éternelle adolescente. Derrière cette femme-enfant, il y a une vive intelligence, une grande lucidité qu'elle aurait pu exploiter. Mais même un être aimé et aimant ne peut tout apporter à une femme abîmée, il ne peut tout réparer chez l'enfant blessée. C'est elle qui doit mener sa quête… toute seule. Elle qui devrait avoir, comme Dominique, le courage de supplier sa mère, actuellement très âgée, de lui restituer son histoire.

POUPÉE DE CIRE, POUPÉE DE SON

Certaines femmes souhaitent se conformer aux fantasmes d'un homme, en faisant fi de leurs propres besoins. Or, un besoin est utile sinon impérieux. Sa réalisation ne peut être éternellement différée.

On a tous besoin d'être reconnus. Si une personne est niée, considérée comme une utilité ou uniquement comme un objet de plaisir, une partie d'elle est insatisfaite. Elle peut être tentée de se venger en « changeant d'homme », dans l'illusion de trouver enfin à combler ce manque. Si, pour son nouveau partenaire, elle représente encore et uniquement un objet de désir et de plaisir, elle se replonge dans cette fameuse répétition qui fait le fonds de commerce des psys : toujours revivre les mêmes situations douloureuses dans une quête incessante de soi-même, ou bien la quête de soi dans le regard de l'autre. Surtout que rien n'est jamais gagné dans ce type de relation, les hommes peuvent sacrifier ces puellas qui ne les intéressent que tant qu'elles le restent. Quand le plaisir leur fait faux bond, que la nouveauté devient du quotidien pesant, ils ne trouvent plus d'attrait à ce maternage qui les inquiète et les énerve après les avoir tellement séduits. Alors, nos amis hommes, toujours aussi pratiques, tenteront de trouver une femme adulte, voire le contraire d'une lolita, une femme-mère. Une femme qui s'assume et n'est pas casse-pieds ! Une fille nous dit : « Quand j'évoquais avec mon amant ce besoin de protection, il me répondait : "Qu'est-ce que tu veux que je te dise ? "ou bien il s'enfermait dans le mutisme. » Il avait effectivement tout dit. Il en avait assez !

LA FILLE UNIQUE OU LA FIFILLE À PAPA

Lorsque la fille est unique, l'amour absolu entre elle et son père peut ne pas connaître de limites si la mère - c'est de la mère dont il s'agit cette fois - n'arrive pas à prendre sa place d'amante et à jouer son rôle de séparatrice.

Il y a des pères fous de leur fille... Dans la vraie vie comme dans la littérature. Souvenez-vous de cet ami que nous avons cité en introduction : « Il va falloir que vous m'expliquiez ce qui se passe dans la relation père-fille parce que c'est si puissant entre elle et moi... »

Une femme raconte cette anecdote significative : « Comme je lui parlais de ma très jolie fille et lui confiais combien il était difficile de veiller sur une adolescente qui était le centre de tous les regards, etc., un de mes amis m'a dit : "Tu sais, moi c'est pareil, je regarde ma fille et je me dis : « Comme elle est jolie ! » "Sauf que sa fille était une adulte, et on peut imaginer qu'elle avait les moyens d'assurer sa sécurité, contrairement à ma petite de 16 ans. J'ai compris alors que ce papa avait surtout besoin de me dire combien il était amoureux de sa fille... Une fraction de seconde, j'ai plaint un peu sa femme qui était aussi mon amie. » On ne peut nier la souffrance des mères quand elles voient que leur jolie fille est la préférée de papa, qu'elles ne sont même plus regardées et que le désir se déplace sur leur propre enfant. Les photos sont là parfois pour le prouver. On ne sait plus si c'est parce que la mère n'est plus désirée que l'homme reporte son désir sur sa fille, ou si l'épouse n'est plus désirée parce que la fille est là, si jolie, qui cristallise tout l'érotisme dans la maisonnée. On a vu ce que ces sentiments démesurés peuvent provoquer dans quelques cas des incestes odieux.

C'est alors la mère qui doit se battre pour sa place ! Mais hélas, souvent, par amour pour sa fille, elle se retire. Après tout, cela vaut mieux qu'une jeune maîtresse pour elle (pas pour la fille !).

Certaines filles constatent bien cet immense amour dont elles sont à la fois fières et dont elles ne savent parfois que faire tant il est envahissant. L'une d'entre elles témoigne de cet excès: « Mon père était jaloux. Il ne supportait pas que je sois malheureuse à cause d'un garçon, par exemple. Il voulait même que je sois sans mari pour que mon fils porte son nom. »

En l'absence de la mère, la fille adorée attend papa pour dîner, repasse ses chemises, l'accompagne au ciné, de façon très innocente et naturelle. Ce sont souvent les réflexions de leurs proches qui leur renvoient que ce n'est pas si naturel que cela !

Pas naturel non plus quand la fille, dans cet attachement suprême, se lie à son père et décide d'en envahir la vie. En récompense des bons traitements qu'elle a reçus, ou parce qu'elle ne peut imaginer son avenir de femme sans lui. Même si elle est dûment engagée auprès d'un autre homme et déjà mère. Suivez l'exemple qui suit, il n'est pas rare.

« PAPA, JE T'ACHÈTE ! », OU LA FILLE RÉPARATRICE

Il y avait un lien d'argent évident entre cet homme et sa fille. Ce père avait eu toute sa vie un rapport névrotique à l'argent, une peur panique d'en manquer, le besoin, s'il gagnait trois sous, d'en économiser deux et demi. Pourtant, il jouissait d'une position confortable, qu'il devait à son propre travail acharné, à son sens de l'économie et à la fortune de son épouse. Son origine modeste expliquait certainement son angoisse.

Sa fille, en bonne fille (pour soulager la névrose de son père ?), avait épousé un homme qui faisait fortune dans la finance. Ne sachant que faire de son argent, elle investissait ! Ses parents étaient devenus les gardiens de la maison somptueuse de 15 pièces qu'elle avait achetée. Le père était devenu bon gré mal gré le riche dépendant de sa fille prodigue. Il lui arrivait de regretter d'habiter cette grande maison, où les ouvriers et les livreurs sonnaient sans qu'il en soit prévenu… pour des travaux d'embellissement ou des livraisons d'objets somptueux. « Je ne resterai pas éternellement chez ma fille ! », disait-il, mais il était curieusement immobile, ce n'était qu'un vœu pieux.

LES FILLES COUVEUSES, OU « PROTÉGER PAPA » !

Au contraire de ces filles qui fichent intentionnellement la pagaille, il y a celles qui réparent la vaisselle cassée et protègent papa.

Un père témoigne : « Un jour je remonte à la maison, car j'étais parti avec les clés de ma femme. Je lui tends les clés et je lui dis : "Tiens Jo !" ; c'était le nom de ma maîtresse. Ma femme me regarde, interloquée. Au même moment, ma fille de 13 ans s'exclame : "Papa a voulu dire *go* ! "En une fraction de seconde, elle m'avait sauvé. » Nous supposons aussi que l'adolescente a voulu protéger le couple et le calme de la cellule familiale.

On a recueilli énormément de témoignages de filles qui « couvrent » des papas volages ou qui veulent se faire aimer de la nouvelle femme de papa. Ça fait plaisir à papa, et elles se réjouissent qu'il ne soit plus seul. « Ma sœur et moi on est contentes que tu sois là, disaient Clara et Juliette à leur nouvelle belle-mère, parce que papa, il ne sera plus triste... Il lui arrivait de pleurer... Et puis, tu sais, les autres, elles n'étaient pas aussi gentilles que toi ! » Eh oui, quand papa a trouvé l'amour, les filles peuvent s'en réjouir aussi !

Trop de petites mamans n'expriment pas toujours la rivalité devant la nouvelle femme de papa, ou du moins, elles sont prises entre le sentiment inconscient de rivalité et le désir de protection. Que papa soit heureux et *basta* ! Œdipe réglé, diront les psys ? Peut-être ont-elles déjà compris avant lui qu'elles ne peuvent pas faire le bonheur de papa, même s'il les aime très fort.

De la réparatrice à la sacrificielle, il n'y a qu'un pas... Nous disions plus haut que la littérature nous offrait de beaux exemples de filles dont l'amour pour le père est sans limites. Celles qui vont jusqu'à accepter sans sourciller, comme elles iraient au bûcher, de faire des mariages qui sauvent la famille de la faillite, par exemple... comme dans les romans de Balzac.

Nous ne résistons pas à vous dresser le portrait de trois « sacrificielles » fort célèbres, Iphigénie[79], Dona Chimène du *Cid* de Corneille, et l'ambivalente Dona Anna du *Don Juan* de Molière ou de Mozart. Toutes trois fort échauffées. Ces petits commentaires pourront donner des idées à tous ces pauvres élèves qui, penchés sur leur devoir, se demandent toujours pourquoi Dona Chimène fait tant d'histoires et pourquoi Iphigénie ne prend pas la poudre d'escampette… (nous ne sommes pas respectueuses… mais nos enfants sèchent sang et eau sur ces profils psys si particuliers).

Iphigénie est, rappelez-vous, la grande sœur d'Électre ! Donc la fille du même Agamemnon et de la même mère, Clytemnestre, qu'Électre fera ensuite assassiner par Oreste… Vous suivez ? Elle est priée par le roi son père de sauver l'État en sacrifiant sa vie. Diable ! Il faut bien que le vent se lève pour que la flotte parte et que les dieux puissent bénir le départ de la guerre de Troie ! Elle le doit et s'y résout, puisque là est son destin de princesse. Le chœur se lamente devant la cruauté du destin :

> « Et toutes ses prières ses cris : Père, Père
> Sa jeunesse virginale
> Ils les comptèrent pour rien,
> Ces féroces guerriers, fous de batailles[80]. »

Agamemnon « qui tua sa fille, la tua pour un sortilège, contre les vents de la Thrace[81] ». Père meurtrier, fille soumise. Obéissance à la loi des Pères et de la Cité… Tragique destin, on est vraiment dans le cas de l'absolue soumission au père et aux Pères de la Cité.

Heureusement, disent nos lycéens éberlués, les choses ont changé. Certes, on ne tue plus les princesses pour les besoins de la

---

79. L'histoire d'Iphigénie n'est pas dans l'*Iliade,* mais rapportée dans une tragédie d'Eschyle.
80. L'*Orestie,* In *Agamemnon*, Paris, Garnier Flammarion, 1964.
81. Pour des raisons politiques et religieuses, la fin d'*Iphigénie* change au fil des temps. Dans les nouvelles versions, elle est sauvée par Artémis qui l'enlève au moment fatal et la remplace par une biche. Les dieux ne pouvaient demeurer aussi cruels !

météo, mais certains pères continuent d'abîmer leur fille, et nos princesses modernes, celles qui font la une des magazines people, sont-elles heureuses de respecter la loi du père ?

Les deux autres héroïnes, Chimène et Anna, ressemblent bien à notre Électre. Elles veulent aussi venger la mort de papa, quoi qu'il en coûte. Quitte à se priver de leur cher Amour, le vrai, en réclamant sa mort à grands cris, comme le fait Chimène. Anna, plus discrète, demande à son fiancé de laver l'outrage que lui a causé ce scélérat de Don Juan, dont on peut imaginer qu'il ne lui est pas indifférent. Des cris et des pleurs, de l'honneur... N'oublions pas que l'époque s'y prête, mais combien d'ambivalence aussi dans ces désirs formulés de vengeance ! Que penser du « Va, je ne te hais point », de Chimène à Rodrigue, qui vient de la priver de père et du trop appuyé « Vendetta » que demande Anna à son Octave transi ? Qu'il faut garder la raison, diront les sages dans la suite de la tragédie ! Le père occis, même par son amoureux, vaut-il de tels sacrifices ? Avouons que la question est étonnante, alors que depuis des générations on nous apprend à respecter le père. Mais Corneille, Molière et Da Ponte[82] sont freudiens avant l'heure et délivrent déjà des messages et des conseils psys de grande qualité ! La raison est d'accepter la disparition du père, leçon symboliquement sublime.

Le Cid de Corneille s'achève d'ailleurs par cette phrase énigmatique adressée par le roi à une Chimène éplorée : « Laisse faire le temps, la patience et ton roi[83]. » Ce qu'Octave, désormais seul protecteur et amant d'Anna orpheline, confirme au mot près[84]. Autrement dit : c'est le sens de la vie, un amant véritable doit tuer le père.

L'INTERDIT DU SEXE, OU LE DILEMME DU MARI-PAPA

Quand papa est trop là dans le lit, au propre comme au figuré, c'est la confusion ! Le père tremble devant le possible amant de sa fille. Du moins, c'est ce que la fille « imagine ».

82. Da ponte est le librettiste de l'opéra *Don Juan,* de Mozart.
83. Pierre Corneille, *Le Cid,* Paris, Hachette, 1999, 191 p.
84. Voir le livret du *Don Juan,* de Mozart, écrit par Da Ponte.

C'est ainsi que les adolescentes disent, dans nos cabinets : « Je sais bien que mon père ne voudra pas. » Ne voudra pas quoi ? « Que je sorte, que j'aie un petit ami, que j'aie des relations sexuelles », disent-elles souvent sans que le père se soit exprimé, en une sorte d'autocensure.

C'est du père « fantasmé » dont elles nous parlent la plupart du temps. D'un père sévère qui leur interdirait ce qu'elles souhaitent qu'il leur interdise ! Car en fait, il n'y a pas d'autorisation à demander à papa !

On ne demande pas à papa l'autorisation de tomber en amour. Il faut se débrouiller toute seule, car effectivement il risque de l'interdire. Par peur et par souci de protection. En général, ce n'est pas un véritable interdit, sauf lorsque le père est maladivement amoureux de sa fille ou qu'il veut la garder pour lui. C'est juste un conseil de grand, expérimenté, à sa petite. Une forme de morale en quelque sorte, mais c'est presque toujours avec ce père imaginaire, voulu sévère, que la fille en découd. Il est alors une sorte de surmoi, le garant de la bonne conduite. Néanmoins, il faut tout de même qu'un jour il donne un semblant d'autorisation pour que sa fille se permette de le détourner et de le transgresser, ce fichu interdit !

Au-delà de celui du sexe, le père sévère pose aussi des interdits d'ordre social : « Ce garçon n'est pas pour toi, il n'est pas de la bonne confession, il n'a pas un bon métier, il a des défauts, il ne gagne pas assez sa vie, etc. » Pour ne pas contrarier papa, on peut aller bien loin dans l'idée de sacrifice et en payer le prix.

LA FRIGIDITÉ CONJUGALE OU… MARITALE

Certaines vont épouser ou aimer un substitut de père dans l'espoir d'amadouer le leur. Elles ont une « envie de père ». Pas du vrai, mais de celui qui ressemblera au père, celui qui, idéalement, comme l'a fait leur père, va les protéger, prendre soin d'elles, payer pour elles, etc., comme le font les puellas, mais avec des intentions différentes. Les puellas sont des enfants, celles-ci ont surtout besoin « d'un homme comme papa ».

Elles risquent de s'infliger très inconsciemment un interdit de sexe. Rappelez-vous le premier des interdits de la première partie du livre : c'est l'inceste... Alors si l'amant ressemble tellement à papa que l'on peut s'y perdre et confondre...

Elles se retrouvent frigides et tout étonnées (déconfites !) de l'être. Guère surprenant, pourtant... Conduisez-les vers un autre herbage avec de jeunes veaux, vous verrez si elles sont frigides ! Une fille dont le mari joue le rôle de père peut craindre la survenue d'un désir sexuel autre, plus mature. Ce qui nous est confirmé dans les exemples célèbres qui suivent.

LES CAS DE LOU ANDREAS-SALOMÉ ET DE MARIE BONAPARTE

Il y avait peu de place pour les sentiments amoureux dans la vie de l'écrivain essayiste allemande d'origine russe Lou Andreas-Salomé (1861-1937), une femme à forte composante masculine !

Il semble que celle qui jouissait d'une indépendance matérielle rare pour une femme de son époque se passionnera très tôt pour les échanges intellectuels avec des hommes brillantissimes. Les plus grands croisèrent durablement son chemin et marquèrent sa vie. Elle marqua aussi la leur au point que certains n'en sortirent point vivants. Au minimum furent-ils fous d'amour pour cette femme qui les fascinait par son intelligence et sa beauté... mais se refusait toujours à eux... À cet égard, la place du père dans la vie de cette femme d'exception étonnamment libre pour son époque est intéressante à étudier.

Lou Andreas-Salomé croyait en Dieu qui ressemblait à son père, dont elle était dévote ! Lou n'aimait personne, sauf Dieu et son père, car aimer Dieu, c'est aimer le père. Elle se comportait comme un homme, fuyait les relations sexuelles. Était-ce l'influence du père ?

Françoise Giroud émet l'hypothèse, pour expliquer ce refus farouche de son corps qu'elle opposa longtemps aux hommes, que

Lou était « une petite fille qui aurait eu à faire avec l'inceste[85] ». Avec le père ? Avec le frère ? Rien ne le dit dans ses écrits que l'écrivain a, sans états d'âme, amputés de son vivant…

Ce qui est sûr, c'est qu'elle a grandi entourée d'hommes qui la « dorlotaient trop » et fait état dans les récits de son enfance d'une « enivrante intimité de rapports avec son père[86] ». La psychologue Louise Grenier nourrit la même intuition que Françoise Giroud, lorsqu'elle écrit, en parlant de Lou : « Ses liaisons amoureuses ne sont-elles pas la mise en scène du fantasme d'un inceste inachevé, inachevable[87] ? » Elle écrit encore que l'amour inconditionnel de son père a apporté à Lou cet esprit d'indépendance et de liberté qui, pour elle, exclut l'amour sexuel.

Malgré tout, Lou trouve un jour un mari, extravagant et tragique, Friedrich Carl Andreas. Elle porte même son nom, accolé au sien, jusqu'à la fin de sa vie, mais ne lui donnera jamais son corps ! C'était le contrat de départ, elle n'y donnera jamais de coup de canif, au désespoir du susnommé !

De quel homme, au demeurant, une femme comme elle n'aurait-elle pas fini par se lasser ? Aucun ! Sauf peut-être d'un ami qui ne lui demanderait rien physiquement et la nourrirait intellectuellement sans relâche. Eh bien cet ami ce sera… Freud en personne ! Celui-ci, très admiratif de son intelligence, puisqu'il l'avait surnommée « la compreneuse par excellence », entretiendra avec elle une amitié amoureuse sans désir (conscient), et endossera un rôle protecteur tout paternel, puisque c'est lui qui l'aidera financièrement à maintes reprises, lui donnant de l'argent dans les moments difficiles.

Il semble que Freud aimait cette place et qu'il joua ce rôle de substitut paternel pour bien d'autres femmes. Freud est un homme-père. On sait combien il fut pour sa fille Anna le père accroché dont on ne se décroche pas… Marie Bonaparte, formidable

85. Françoise Giroud, *Lou, Histoire d'une femme libre,* Le Livre de poche, 2004.
86. *Ibid.* p. 39
87. Louise Grenier, *Filles sans père, l'attente du père dans l'imaginaire féminin,* Montréal, 2009, Éditions Quebecor, p. 54.

traductrice de l'œuvre de Freud en français, et l'une des premières psychanalystes françaises, avait aussi trouvé en Sigmund un père idéal. Celui qui dépassait ses espérances et réhabilitait quelque peu le sien, qu'elle adorait. « Écartelée entre un amour ardent pour son père et l'horreur éblouie que ses crimes imaginaires lui inspirent[88]. » Il y avait de quoi ! En effet, le père et la grand-mère auraient « liquidé » la mère de Marie pour faire main basse sur sa fortune ! Comme notre Lou, elle viendra consulter Freud pour qu'il l'aide à vaincre sa frigidité. Vrai paradoxe que de demander à un substitut de père de vous débarrasser de l'emprise de votre propre père. Ah… le transfert !

Ces femmes belles, intelligentes et cultivées sont surtout des femmes insoumises. Elles veulent des vies libres, sans assujettissement amoureux. Des vies d'hommes ? Oui et non.

« Je voudrais être comme vous, avoir votre vie ! », dit cette vieille dame de 95 ans à cet homme qui voyage beaucoup, est toujours par monts et par vaux et possède une pléthore de maîtresses. Une femme qui a eu beaucoup d'amants, n'a jamais été mère… véritablement, et aurait voulu être un homme…

Pour compléter notre couplet sur la fascinante Lou Andreas-Salomé, il faut ajouter qu'elle fut moderne avant l'heure… Son goût pour l'amour commença (en même temps que son « insensibilité » cessa) avec le jeune poète Rilke. Elle eut enfin son premier amant véritable, un « amant de corps ». Dès lors, elle apprit vite le grand frisson de l'amour charnel, enchaînant les amants beaucoup plus jeunes qu'elle. Elle utilisait la jolie expression de « festins d'amour » pour désigner ces plaisirs-là.

Lou Andreas-Salomé est-elle une femme « couguar » avant l'heure ? Bien avant nos jolies couguars actuelles, nos Madonna et Moore ? Les hommes sont-ils pour elle un objet de plaisir qu'elle congédiera cruellement ? Lou définissait l'amour comme « une passion élémentaire qu'on ne peut pas davantage prolonger

88. Célia Bertin, *Marie Bonaparte,* Paris, Éditions Perrin, 1999.

qu'une tempête, une fois qu'il est apaisé[89] ». Avez-vous déjà observé une tempête et cette force incroyablement dévastatrice que mobilisent les éléments déchaînés pour quelques heures ? On ne peut pas souhaiter que la tempête dure. Waouh ! Que nous soyons changées sur le champ, nous, femmes larmoyant sur nos amours perdues (comme sur le père perdu), en Lou Andreas-Salomé !

CELLE QUI ATTEND : PÉNÉLOPE OU LA FEMME DE MARIN

Pouvons-nous pour simplifier nos propos, émettre l'hypothèse que cette attente tire son origine de la soumission au « père magnifié » qui conduit, en un deuxième temps, à la soumission aux hommes ?

Cette soumission ferait des femmes qui attendent des femmes plus filles, plus mères que femmes, des femmes soigneuses, toutes dévouées, prêtes à s'ignorer pour prendre soin de l'autre, prendre soin de l'homme aimé inconditionnellement.

Dans ce schéma, le père a été très présent symboliquement, il a été souvent vécu comme une idole à servir et à adorer, alors qu'on serait en droit de penser spontanément que c'est son absence qui expliquerait cette attente ! **Mais non, c'est bien d'un père irremplaçable qu'il s'agit.**

Dans cette fille-là, nous pouvons toutes nous reconnaître un minimum pour avoir beaucoup attendu ! Une vie de femme est cousue d'attente, attente du mari, attente de l'enfant, attente du bonheur… Attente. Attendre d'être choisie, d'être aimée, d'être prise… puisque faire un pas vers l'homme ou vers une position masculine est mal venu et souvent mal jugé.

« Dis, quand reviendras-tu ? Dis, au moins le sais-tu[90] ? » La sublime Barbara interroge son amant évanoui depuis des mois. Eh

89. Françoise Giroud, *op. cit.* p. 88.
90. Chanson écrite et interprétée par Barbara, 1963.

bien non ! Il y a fort à parier qu'il ne le sait pas et que d'ailleurs il ne reviendra pas. Croyez-en notre expérience, beaucoup d'hommes se perdent en route après avoir promis ! Regardez Ulysse, pensez-vous qu'il lui fallait tout ce temps pour rejoindre Pénélope ? Fallait pas musarder en route...

En fait, nous avons envie de dire aux filles qu'il faudrait cesser de faire du canevas en attendant un amour ou une promotion professionnelle, cesser de se comporter en filles inhibées. Sauf à érotiser l'absence, le manque et les amours désincarnées. Car la jeunesse fuit et « une femme n'est-elle pas mieux armée par sa jeunesse que par sa patience[91] ? », pour paraphraser la romancière Alice Ferney.

Antonia, qui faisait déjà couple avec son père, s'en est occupée comme une petite femme soumise et à l'écoute de ses moindres désirs. Aujourd'hui, le père disparu, elle reproduit ce schéma avec un homme qui ne veut rien d'elle, pour ne pas dire qui ne veut pas d'elle, et en direction duquel elle multiplie des attentions toutes maternelles. Ce qui est triste pour nous, les trop rationnelles, c'est que dans son imaginaire elle s'invente une vie de couple avec lui et que cela semble suffire à la nourrir, alors que ce dernier n'éprouve pour elle qu'une amicale compassion qui l'autorise à lui demander beaucoup de menus (et plus gros !) services... Antonia reste ainsi en lien avec « son » homme, elle le soigne comme un vieux père. Attend-elle un regard, un mot d'amour ? Certainement, mais s'ils ne viennent pas, elle saura s'en accommoder.

L'attente c'est vivre dans le souvenir d'un paradis perdu, ou pire, dans celui d'un paradis à venir, au lieu de vivre l'instant.

Certaines femmes jouent à la perfection le rôle de l'infirmière, ou la *mater dolorosa* (ou l'amante douloureuse, au choix) !

Une de nos patientes disait encore que son compagnon ressemblait à son père. Ils avaient la même morphologie, les mêmes

91. Alice Ferney, *Paradis conjugal*, Paris, Babel, 2010, p. 55.

manières. Elle expliquait ainsi le fort attachement qu'elle éprouvait pour son grand amour, supportant toutes ses frasques lucidement mais sans pouvoir s'en détacher. Elle prenait les billets d'avion pour les voyages qu'il faisait avec ses maîtresses. Elle participait à l'organisation de cette double vie qui la blessait tant. Elle s'occupait de lui, cet incroyable compagnon, objet de toute son attention. Elle était la mère, la maîtresse de maison.

Ces femmes seront-elles un jour récompensées de leur abnégation, gardant enfin un jour l'homme volage auprès d'elles ? Peut-être ou sans doute. Elles peuvent, à force de persévérance, devenir le point fixe sur lequel l'homme s'appuiera. Une femme-repère, une femme rassurante qui est là, fidèle, mère, épouse, sœur (bonne sœur !). Ont-elles psychiquement d'autre choix que de vivre dans l'environnement proche de cet homme qui les gratifie de sa présence, au moins de temps en temps ? Bah, nous confient-elles, c'est mieux que rien, leur amour est indéfectible ! Elles préfèrent endurer plutôt que de renoncer à l'homme et à la relation. Souffrir par lui n'est pas souffrir, ou du moins, c'est préférable que de ne plus le voir.

Le père d'Antonia était un militaire de carrière muté régulièrement à l'étranger et infatigable coureur de jupon, mais il était pour sa petite fille le plus grand des espoirs, placé au rang des merveilles à venir… Une sorte de père Noël. Souvent, l'enfant restait seule avec sa mère ou seule en pension, quand la mère rejoignait le père. Attendre toujours son héros était devenu une habitude, une seconde nature.

ATTENTE DU PÈRE ET FONCTION ÉROTIQUE DE LA CRÉATION… ATTENTE DU PÈRE ET ÉCRITURE

L'attente n'est pas toujours stérile. Elle peut avoir du bon lorsqu'elle est « occupée, » mise à profit pour créer. Marie Bonaparte écrivait pour éblouir son père ; elle n'est pas la seule. On écrit aussi pour l'amant (du moment) qui devient la muse et qui n'est souvent rien d'autre qu'une figure paternelle, une figure d'autorité qu'il faut éblouir, comme on a cherché à éblouir le père. On écrit pour Pierre ou Jacques ou Jean ou Michel, etc., pour lui montrer qu'on est douée, qu'on est une femme, une fille exceptionnelle, une bonne petite, la meilleure. On écrit pour l'éditeur, dont on est forcément amoureuse car c'est le « père » qui nous permet de faire un (ou plusieurs !) « enfant-livre ». On écrit pour inventer des personnages qui vont nous permettre de retrouver le père. Une fille née sous X, par exemple, qui retrouve son père et en tombe amoureuse ! Tiens, ça c'est l'une de nous deux qui l'a écrit. Hasard ou nécessité ? On écrit pour faire revivre le père mort, pour lui parler, pour lui pardonner... On écrit pour ne pas sombrer dans le trou sans fond du vide de sa présence et de la quête de son amour perdu ou absent.

L'ATTENTE DU PARDON DU PÈRE

La vie fait que certaines filles pensent être la plus cruelle déception de leur père. Parce qu'il l'a formulé, parce qu'elles l'ont déduit de ses comportements. Elles peuvent alors chercher désespérément une réparation narcissique dans l'amour des hommes. Elles attendent celui qui sera assez bon pour croire en elles, celui qui gommera ce triste qualificatif de ratée qui leur colle à la peau. Elles cherchent mal, mais est-ce un hasard ? La plupart du temps, elles se débrouillent pour recréer la situation paternelle en choisissant des hommes durs et exigeants comme leur père, s'exposant ainsi à des rejets répétitifs qui vont aggraver les problèmes.

CHAPITRE 9

Des filles, des pères… et des amants

> Trop de père nuit…
> Pas assez de père nuit…
> Faudrait savoir les psys !

Voyons maintenant la relation au père sous un angle un peu différent. Quel type d'amoureux ou d'amant la fille attirera ou élira-t-elle en fonction de la relation qu'elle a eue avec son père ? C'est le verso. Le recto étant ce que nous venons de décrire : quel type de fille sommes-nous, selon le père que nous avons eu ? Bien qu'il n'existe nul déterminisme en la matière et que la dichotomie soit quelque peu artificielle, car tout est entrelacé, n'est-ce pas, nous allons tenter de brosser le portrait de quelques amants… de filles de pères. « On épouse toujours son père ou son contraire », disent la voix du peuple et nos chapitres précédents ! « On épouse toujours sa mère », disent les émules de Freud ! Alors ?

Le premier homme de sa vie est incontournable. « Je veux un bâtisseur et un constructeur comme papa ! », dit l'une. « Je ne veux pas qu'il ressemble à mon père », dit une autre.

Quoi qu'il en soit, la fille attend de sa première union quelque chose de l'ordre du père : le toit et le couvert ! Même si elle fait une erreur de casting, le mari comme le père doit être le pourvoyeur sécurisant. En cela, nous disons différemment de Freud et d'autres psys, pour qui on épouse toujours sa mère.

Ce n'est pas le père de la réalité que ces femmes cherchent vraiment, mais un mélange, une addition d'un père idéal et d'un amant idéal. Un homme de rêve.

QUAND LE PÈRE IMAGINAIRE EST PLUS FORT QUE LE PÈRE RÉEL

Quand une fille commence en vous décrivant son nouvel amant ainsi: « Il représente tout ce dont j'ai toujours rêvé... » Aïe! Il y a lieu de s'inquiéter.

Trouver l'être qui coïncide avec nos rêves n'arrive pas tous les jours, mais certaines femmes sont prêtes à toutes les folies pour atteindre ce bonheur un instant entrevu dans le regard d'un homme ou dans un vieux roman – le mirage du père entraperçu, surtout si ce dernier n'a pas regardé sa fille.

La recherche du père, chez tous les hommes rencontrés, va marquer la vie de ces filles qui ont eu peu de père ou pas du tout. Elles vont chercher un homme ayant l'habit du père.

AVIS AUX FILLES:
La quête du père aimé chez votre compagnon est perdue d'avance.

L'HOMME-PÈRE

Il ne « se rattrape pas », le père est comme le temps. Nous le redisons, si nécessaire, « on ne baise pas » avec le père. D'ailleurs, un bon père ne fait pas forcément un bon mari... Mais qu'à cela ne tienne, les filles en déficit de père obéissent à ces schémas répétitifs inconscients. Elles veulent reproduire avec leurs amants cette absence qu'elles ont vécue avec leur père. L'amant est alors substitut du père manquant.

Y a-t-il un moyen d'agir autrement ou d'infléchir un peu la tendance? Soyons modestes, nous le verrons dans le dernier chapitre de ce livre.

Nous, femmes, sommes, vis-à-vis de nos partenaires, alternativement filles, mères, épouses, sœurs, initiatrices et apprenties (sorcières ?) certes, mais avouons que nous sommes particulièrement émues lorsque nous sommes en présence d'hommes qui ont la fibre paternelle développée, ceux qui aiment s'occuper de leur compagne, leur petite poupée chérie, citée plus haut, souvent plus jeune qu'eux. Ces hommes ont bien sûr beaucoup de succès auprès des filles en manque de père. Ils nouent les liens grâce à leur maternage. Ils gâtent la femme, la nourrissent, lui facilitent l'existence tout particulièrement. Ils l'assistent. Ce sont de merveilleux chevaliers servants et toutes ces gratifications sont agréables. Pour certains, c'est un moyen sûr de garder une femme. Et pour la femme, celui de s'habituer à cette protection rapprochée et de s'infantiliser.

L'homme est un pourvoyeur de bien-être. Il n'est pas sûr qu'il prenne le rang d'amant. Lorsque cet homme est plus âgé, le risque est de le perdre, comme le père a été perdu. Le père de Chantal était mort dans un accident de voiture alors qu'elle avait deux ans. Elle a épousé un homme beaucoup plus âgé qu'elle. Elle prend le risque de revivre la blessure d'abandon, de perdre à nouveau le père… en tout cas, elle le déclare ainsi.

Les femmes cherchent parfois un père pour elles, mais aussi un père pour leur enfant déjà né quand il leur arrive, après une séparation ou un divorce, d'élever seule leur enfant.

Il en est ainsi de cette femme qui avait épousé un homme acceptant de jouer au père éducateur pour sa fille. Elle lui reprochait d'avoir avoué que, bien qu'il ait de l'affection pour elle, il ne l'aimerait jamais comme son propre enfant. C'était pourtant un beau-père attentif qui jouait bien sa partition, mais son épouse voulait un amour total de « vrai père » pour sa fille. Qu'entendait-elle par là ? La question de ce type d'amour était devenue sujet de querelle pour le couple : « Si tu m'aimais vraiment, tu aimerais ma fille comme tu aimes ton propre enfant. » L'épouse s'identifiait à sa fille, avec laquelle elle était d'ailleurs très fusionnelle.

LE PYGMALION, OU L'AMOUR PÉPINIÈRE

Vous vous souvenez de Pygmalion et de Galatée ? Rafraîchissons notre mémoire à la source du mythe. Les Propétides étaient des femmes vivant sur l'île de Chypre. Elles se livraient à des sacrifices humains en dévorant leurs hôtes. La déesse Aphrodite décida de les punir, car elles refusaient de célébrer son culte : « Elles furent les premières, dit-on, qui prostituèrent leurs charmes ; comme elles avaient dépouillé toute pudeur et que leur sang durci ne rougissait plus leur visage, elles furent, par une altération à peine sensible, changées en pierres[92] », nous raconte Ovide dans *Les métamorphoses*. Pygmalion, sculpteur à Chypre et témoin des crimes des Propétides, « déteste et fuit un sexe enclin par sa nature au vice. Il rejette les lois de l'hymen et n'a point de compagne qui partage sa couche. Cependant son ciseau forme une statue d'ivoire. Elle représente une femme si belle que nul objet créé ne saurait l'égaler. Bientôt il aime éperdument l'ouvrage de ses mains », dit encore Ovide, dont nous n'hésitons pas à restituer le texte, tant il est poétique. Il la nomme Galatée, l'habille et la pare richement. Lors des fêtes dédiées sur l'île à Aphrodite, il prie la déesse de lui donner une épouse semblable à sa statue. Son vœu est exaucé par la déesse, qui donne vie à Galatée. Pygmalion l'épouse alors en présence d'Aphrodite et aura d'elle deux filles, Paphos et Matharmé.

Cette femme, correspondant parfaitement au désir de Pygmalion, fait sortir l'artiste de sa misogynie. Ici la métamorphose n'est pas un châtiment, ni une malédiction, comme souvent, mais la volonté de puissance de l'homme qui veut la femme telle qu'il la façonne. Ce qui n'est pas sans rappeler la Création divine. Et Dieu créa la femme à son image… et à celle de l'homme…

Très souvent, dans notre société, la femme qui réussit a rencontré sur son chemin un pygmalion qui a joué le rôle de père spirituel. Espérons que, grandie, la « pygmalionnée » n'aura plus besoin de lui et passera à un autre chapitre. Quand le petit arbre a

92. Ovide, *Les métamorphoses*, X, v. 220-243.

suffisamment grandi à l'ombre du grand, il lui faut sortir de la pépinière pour aller rejoindre les arbres de la forêt et continuer sa croissance.

La créature peut alors devenir pygmalion à son tour. Ce cas de figure est très répandu dans le milieu artistique. Pensons à l'égérie de Salvador Dali, Amanda Lear, devenue peintre à son tour et qui, le maître disparu, se régale de promouvoir de jeunes hommes. On le retrouve aussi souvent chez les comédiennes lancées par un metteur en scène ou un réalisateur, par exemple.

C'est un peu comme si la femme attendait encore le coup de main pour réussir. Les féministes hurleront moins si l'on pose cette étrange attente sous l'angle de la relation père-fille. Comme l'aide d'un père à une fille, ou d'un maître à un élève. Et sans doute moins encore si, à l'examen, il apparaît nettement que la relation a entraîné un enrichissement mutuel. L'art de Rodin n'a-t-il pas bénéficié de la merveilleuse source de jouvence que représenta pour lui la jeune Camille ?

Le pygmalion est souvent plus âgé que sa créature. Il lui fait bénéficier de ses acquis, de son expérience, de sa propre réussite, de son art abouti. Il voit sous ses yeux germer, éclore le talent de celle qui est matière à façonner, mais aussi à qui il fournit de la matière afin qu'elle s'exerce.

On doit reconnaître ces hommes ! Ils sont exempts de complexe maternel. Ils reproduisent plutôt la relation père-fille que la relation mère-fils. « Ils paient la jeunesse qui leur est donnée, allouée pour un temps », diront les mauvaises langues... Pourtant, savoir reconnaître l'être en devenir chez une femme, faire éclore ses dons, lui donner les moyens d'exercer son art... Quoi de plus noble et quelle plus belle preuve d'amour et de tendresse ?

Comment éviter l'attrait de deux êtres qui partagent la même passion ? Comment éviter la tentation incestueuse entre l'enseignant et l'apprenant, ou le transfert, en termes psychanalytiques ? Voilà une relation qui donne à vivre bien des fantasmes. Celui de la création. Être mis au monde. S'abandonner à un maître qui sait, qui aide, et qui est bienveillant.

Progresser et… baiser papa ! On connaît bien cela dans les universités. La chanteuse Céline Dion est un magnifique exemple de cette mise au monde d'une femme par un homme. Le pygmalion René fait de la jeune fille Céline une artiste, une femme et une mère.

Il y a ainsi des femmes-filles qui, éternellement, ont besoin d'être initiées par un homme. D'homme en homme, elles progressent. Pensons à cette jeune femme très belle et riche qui fréquenta un musicien, un avocat, un ministre, un vieux philosophe, un jeune philosophe… puis épousa un président de la République. Sa trajectoire est-elle achevée ?

Mathilde peut témoigner, elle parle volontiers de ces hommes qui l'ont créée. Son premier amant l'a « faite » notaire. Elle lui doit réussite sociale et richesse. Le second, galeriste d'art, lui a enseigné le monde des arts et de la culture. Mathilde aime les hommes brillants qui l'aident à explorer et à faire éclore toutes les facettes de son propre talent, des hommes qui l'amènent tout en haut. Les autres peuvent passer leur chemin.

FORT HEUREUSEMENT, LE PYGMALION N'EST PAS TOUJOURS FOLLEMENT AMOUREUX DE SA CRÉATURE…

Même si on ne peut nier qu'il donne des signes du sentiment de possession qui accompagne d'ordinaire le sentiment amoureux, il peut se satisfaire de son pouvoir à transformer, à créer, à modeler une jeune femme prometteuse ! Après tout, elle est « sa » chose. Quand la créature est « faite », façonnée, sa mission s'achève. La relation amicale peut subsister et cet homme peut rester l'un des plus importants de son existence. Celui qui a donné un sens à sa vie, après que son père la lui ait donnée.

Le dramaturge irlandais George Bernard Shaw a repris le mythe d'Ovide dans sa pièce de théâtre éponyme *Pygmalion* (1914), qui se déroule à Londres à l'époque victorienne. Eliza Doolittle est une jeune fille des milieux populaires qui gagne sa vie en faisant et en vendant des bouquets de violettes, et pour qui le mot « grammaire » n'a pas de signification. Elle rencontre fortuitement le professeur Henry Higgins, à qui elle demande de lui enseigner les bonnes manières et de la débarrasser de son accent cockney. Celui-ci, d'abord sceptique, voit en elle la possibilité de mettre en pratique ses théories linguistiques et d'en faire une femme distinguée. Il décide de relever le défi.

Dans la pièce de Shaw, Henry Higgins n'a en commun avec le personnage mythologique de Pygmalion que sa misogynie et sa situation envers Eliza (il fait d'elle une nouvelle femme). Sa relation avec la jeune fleuriste, comme le stipule l'auteur lui-même, est totalement dénuée de romantisme. Eliza, quant à elle, bien qu'elle demande dans la scène finale un peu plus d'affection de la part du phonétiste, n'est pas plus attirée sentimentalement. Son mariage avec le jeune Freddy le prouve. Shaw définit ainsi le rapport entre Eliza et Higgins : elle n'est pas amoureuse de lui, ce qui ne signifie pas qu'elle rompra toute relation avec lui et qu'il ne demeurera pas l'un des grands personnages de sa vie. Elle sait que son indifférence a plus de valeur que l'amitié d'âmes plus ordinaires. Il arrive même qu'elle désire se retrouver seule avec lui sur une île déserte pour le faire tomber amoureux d'elle. Et Shaw disait que Galatée n'aimait jamais Pygmalion d'un amour parfait, que leur relation était trop olympienne pour être agréable.

On ne peut pas longtemps aimer un être quand il y a un lien de subordination, une hiérarchie. Il n'est pas rare que les patrons courtisent leurs secrétaires, mais il est rare qu'ils les épousent ! Le rapport amoureux doit être égalitaire et la vulnérabilité de chacun doit pouvoir s'exprimer.

Il arrive fréquemment que le pygmalion soit jaloux de sa créature quand elle le dépasse, mais c'est une autre histoire… qui ne se termine pas toujours très bien. La frustration du pygmalion peut être vengeresse. Souvenons-nous de quelques-unes de nos amies, freinées dans leur carrière par la jalousie de leur pauvre professeur dépassé.

Certaines d'entre nous se sont battues toute leur jeune vie pour voler leur père à leur mère. Quelle sinistre envie dites-vous, et est-ce possible ? Mais fort bien, si vous avez bien compris que la bataille pour l'amour de cet homme était un (en) jeu entre mère et fille. « Dis-moi papa que tu m'aimes plus que tu aimes maman. » Si cette querelle ne se déjoue pas, ou plutôt ne se règle pas en un match nul, elle va précipiter la grande fille dans la répétition. Le bénéfice principal de cette affaire est clair : **revivre le triangle œdipien**, « papa, maman et moi », mais avec variante de taille : **« mon amant, sa femme et moi ».**

LE PÈRE QUI APPARTIENT À LA MÈRE, OU L'AMANT ENGAGÉ AILLEURS...

Dans certains cas, la fille n'aborde son père que par l'intermédiaire de la mère. Cette dernière, par exemple, refuse le droit de visite en cas de séparation des parents ou l'organise en fonction de son bon vouloir, ou bien encore, par jalousie, limite les élans de la fille vers son père. Aussi, pour ne pas perdre le principal objet d'amour qu'incarne la mère, la fille doit se tenir à distance du père. « Ces deux-là, toujours à se sucer la poire ! », s'écriait familièrement la mère de Joséphine lorsque père et fille s'embrassaient. Il n'en faut pas plus parfois pour couper court à tout élan de tendresse père-fille. Joséphine finit par se tenir à l'écart de son père. La mère, ici, jouait avec zèle son rôle de séparatrice et de garante du respect de l'interdit de l'inceste.

Parfois, au contraire, maman joue un rôle ambivalent et semble entretenir la confusion. Elle en rajoute une couche et compromet le règlement de l'œdipe de la fille, l'encourageant même aux relations triangulaires dans l'avenir. « Elles sont belles tes deux femmes, hein ? », disait cette mère à son mari en faisant un seul lot d'elle-même et de sa fille. Elle se mettait ainsi sur le même rang et en position tout à fait incestueuse. « Tes deux femmes », comment voulez-vous que cela n'influence pas la jeune fille[93] ?

93. Voyez ce que nous avons conseillé aux pères pour ce fameux amalgame des deux femmes !

La fille va chercher à revivre cette répétition dans les choix amoureux en se remettant inconsciemment à cette seconde place. L'amour doit être impossible ou tout au moins entravé **par une autre.**

« En fait, mon père m'a été « enlevé » par le *veto* de ma mère, alors que j'avais cinq ans. Dès lors ma mère a pris toute la place, jusqu'à ce que je la quitte. Mon père a toujours été manquant, soit qu'il ait été réellement absent, soit qu'il ait été capté par ma mère », nous précise une jeune femme maintenant abonnée à des amours impossibles.

> **Ces filles n'auraient-elles pas besoin qu'il y ait toujours un obstacle à leur désir?**

On dit parfois que si l'amour est trop facile, l'amoureux trop facile à conquérir, il n'a pas de valeur! Seraient-elles des adeptes de l'adage « À vaincre sans péril, on triomphe sans gloire » ? Hélas, c'est bien plus compliqué!

Ce sont surtout des adeptes d'amours difficiles à obtenir et à garder, des amours où elles sont en perpétuelle compétition. Une compétition juste pour le plaisir de gagner, pas pour s'y établir! Car si l'amant engagé ailleurs se libère ou parle de se libérer, vous les verrez peut-être trouver soudainement des défauts à celui qui jusque-là était interdit, donc idéalisé. Aïe! Son tabagisme, qui n'était pas un handicap, devient gênant et puis tiens, finalement, c'est un pingre! « Maintenant que je l'ai, que vais-je en faire ? » Ben non, on ne peut plus le refiler à maman! Il y aura donc des filles qui attendent en disant en souffrir et d'autres qui attendent en souffrant atrocement.

LA *BACKSTREET GIRL*[94], CONSENTANTE OU MASOCHISTE ?

Rendue célèbre par la chanson des Rolling Stones, elle croule parfois sous les consignes, énoncées clairement par l'amant ou tacites… La fille des rues sombres ne se prépare pas un avenir radieux.

Paroles de la chanson des Rolling Stones, *Backstreet girl* (1967), traduites en français :

Je ne veux pas que tu planes
Je ne veux pas que tu déprimes
Je ne veux te dire aucun mensonge
Je veux juste que tu sois là

S'il te plaît viens droit à mes oreilles
Tu seras capable d'entendre ce que je dis

Je ne veux pas que tu fasses irruption dans mon monde
Mais seulement que tu sois ma fille des rues sombres

S'il te plaît ne fais pas partie de ma vie
S'il te plaît reste dans ton coin
S'il te plaît je t'interdis d'importuner mon épouse
Si tu le prends ainsi tu n'auras aucune aide

N'essaie pas de monter mon cheval
Tu es plutôt ordinaire et vulgaire de toute façon

Je ne veux pas que tu fasses irruption dans mon monde
Mais seulement que tu sois ma fille des rues sombres

94. Littéralement : fille de la rue écartée (retirée), fille des bas quartiers, peut-être même, selon certaines interprétations, « maîtresse ».

S'il te plaît je t'interdis de venir chez moi
S'il te plaît ne viens pas frapper à ma porte la nuit
S'il te plaît ne m'appelle jamais au téléphone
Tes manières ne sont jamais assez correctes

S'il te plaît prends les faveurs que je t'accorde
Fais la révérence et ait l'air nonchalante rien que pour moi
Je ne veux pas que tu fasses partie de mon monde
Mais seulement que tu sois ma fille des rues sombres

UNE FEMME PRÉVENUE EN VAUT DEUX !

La *backstreet girl* ne doit se faire aucune illusion. Si elle a oublié ses clés ou si on lui a volé son sac, qu'elle n'espère pas lancer un appel en direction de l'amant pour lui demander de l'aide ! Même si l'après-midi ils ont fait l'amour comme des dieux à l'hôtel, elle ne doit pas appeler, pas déranger. S.O.S. dépannage ou un bon ami vaudront mieux, car l'amant est avec son épouse, « la première », celle qui a tous les droits. La maîtresse est seulement celle qui le fait bander ! Qu'elle se le tienne pour dit !

La rue n'est pas toujours sombre et la dame n'a pas toujours de mauvaises manières. Elle peut être au contraire très bien élevée. Une maîtresse parfaite, polie, qui ne dérange pas la vie bien ordonnée de son amant. Néanmoins, cette femme reste une femme de l'ombre. Il arrive qu'elle soit celle du bas de la rue ou de la porte d'à côté. Souvenons-nous de ce si beau film de François Truffaut, *La femme d'à côté,* avec Gérard Depardieu et Fanny Ardant. Attention, soyons bien claires : nous n'avons nullement envie de faire un procès aux hommes dans cette affaire. Les désirs et les responsabilités sont partagés. Les dames savent à quoi s'en tenir, à moins que leur amant leur ait caché la vérité sur sa situation matrimoniale.

Rares sont celles qui ne témoignent pas d'une grande souffrance qui, immanquablement, surgit une fois la griserie des premiers émois dissipée, et les premiers feux faiblissant, dès lors que la réalité reprend ses droits.

Backstreet girl! Rappelons qu'il faut une grande liberté et beaucoup d'occupations pour supporter d'être une relation tierce. Bref, une grande maturité et encore une fois, une vie bien remplie. Régina raconte: « Mon amant avait trouvé pratique de louer un appartement près de chez moi sans me demander véritablement mon avis. Je ne l'ai pas dissuadé quand il m'a parlé de cette éventualité sur le ton de la plaisanterie, tout en me demandant s'il irait jusque-là! Il l'a fait. Je risquais de rencontrer sa femme au supermarché du coin ou de la croiser. Prenait-il le risque de pousser la situation jusqu'à un extrême de tension, jusqu'à la rupture (on ne sait avec laquelle des deux!) pour en sortir? Comble de perversion, il me faisait monter chez lui quand madame s'absentait. Et je ne refusais pas! Quand j'y pense... Quelle jouissance il a dû prendre à cela et peut-être qu'inconsciemment moi aussi! Comme si on se cachait de la mère! Comme si on lui faisait la nique! »

La transgression peut rajouter au plaisir et à la jouissance des amants. Oui, elle est un formidable catalyseur de désir, un formidable pourvoyeur d'adrénaline. La situation devient hautement érotique. L'amour est illicite, l'homme marié. Les deux amants doivent se cacher de l'épouse, de la mère. La maîtresse transgresse indirectement l'interdit de l'inceste dès lors que l'amant peut être assimilé à une figure paternelle.

RIVALITÉ, VOUS AVEZ DIT RIVALITÉ?

Revivre cette rivalité est une position toute féminine. C'est revivre la rivalité apprise au berceau avec maman. L'une d'entre nous a longuement parlé dans son ouvrage *La fille de sa mère, de la difficulté des rapports mère-fille*[95] de cette rivalité qui émerge à l'adolescence. Une rivalité entre une femme faite et une autre en devenir qui doit déboucher sur une séparation pour que la fille ne joue pas

95. Véronique Moraldi, *op. cit.*

éternellement les doublures. Il faut bien le reconnaître, nous adorons ça nous fourrer à nouveau dans cette situation, lutter pour être la première dans le cœur de son homme, ce qui revient à se battre pour le père. Y serions-nous condamnées, mesdames ? C'est le fantasme d'être l'unique qui nous habite ! On le sait, le fantasme a la vie dure car, par définition, on ne souhaite pas qu'il se réalise, sinon ce ne serait plus un fantasme. On le veut inaccessible. On le veut impossible… comme l'amour, comme le père quand on comprend que papa, on ne l'aura jamais ! Ouf !

Malgré tout certaines d'entre nous continuent à chercher ces situations triangulaires, voire parfois quadrilatérales. Moi, papa et maman devient : moi, mon amant et sa femme. Le trio infernal. Moi, maman, papa et sa maîtresse ou ma sœur devient : moi, mon amant, sa femme, sa deuxième maîtresse ou moi, mon amant, sa femme et sa fille. Le quatuor. Avez-vous compris cette distribution ?

Et nous voilà en situation de harem. Vous connaissez l'ouvrage de Virginia Woolf *Une chambre à soi* ? Eh bien là, c'est un harem à soi, mais pour monsieur. Gourdes compulsives que nous sommes !

N'oublions pas non plus que pour les femmes, faire l'amour avec le même homme crée des liens (!) et n'est pas anodin : c'est, de manière indirecte, faire l'amour à une autre femme par son intermédiaire ! Se partager le même homme est une forme de démarche homosexuelle inconsciente. Ma sœur, nous qui avons le même père… Mon double, nous qui avons le même amant…

Ainsi, avoir « une histoire » avec un homme marié, c'est, pour certaines qui ont une ou plusieurs sœurs, une occasion de revivre la rivalité entre sœurs par rapport au père, de se battre pour la place auprès de lui.

« Dans mon cas, raconte Anne, mon amant éprouvait un plaisir évident à me faire venir chez lui quand sa femme était absente. Un jour, il me montra dans le dressing 40 paires de chaussures. "Ce sont les 40 paires de chaussures de ma femme, me dit-il, non sans une once de fierté dans la voix. Toutes des chaussures de luxe ! "Je voyais bien, des Prada, des Yves Saint-Laurent, des Dior. Voilà qui ne pouvait qu'augmenter ma jalousie, mon envie et ma frustration, car cet homme ne me faisait pas de cadeaux et je n'avais pas les moyens financiers de telles dépenses. Il y avait aussi les produits Guerlain, bien en évidence dans la salle de bains ! Il fallait bien que j'éprouve le besoin de revivre quelque chose de l'ordre de la rivalité avec cette femme mûre pour supporter un pareil traitement ! Elle avait tout, mais pas totalement puisque je faisais l'amour dans son lit avec son mari. J'avais à ce moment-là l'illusion d'être la préférée et de la supplanter. » Illusion bien sûr…

Serions-nous enfermées dans tous les cas dans ce rôle de fille en rivalité avec une autre femme, voire l'autre ou les autres filles de papa ?

LA PRÉFÉRÉE DE PAPA, OU LA FAVORITE

Nous avons observé que des femmes, des filles se battaient comme des chiffonnières pour le regard du père. Il faut bien que l'enjeu soit de taille pour que la lutte soit aussi acharnée pour ses dons d'amour et d'argent. Laquelle est la préférée, laquelle est comblée ? Alors elles observent et elles comptent. Et quand on compte, on regarde trop. C'est bien sûr l'autre qui est la plus gâtée. Dès que l'on regarde dans l'assiette de la voisine… elle est toujours mieux remplie que la sienne ! Cette mauvaise habitude va se déplacer dans les joutes sentimentales. Avec les enfants de l'amant, par exemple. Il n'est pas rare, de nos jours, d'entendre que les femmes sont en rivalité avec les filles de leurs amants.

PLUS FORT ENCORE : LA RIVALITÉ AVEC LA FILLE DE SON AMANT, OU REVIVRE LA RIVALITÉ AVEC SA SŒUR ENCORE !

Une femme s'interroge lucidement : « Comment se fait-il que je tombe toujours sur des hommes qui ont des filles, comme pour revivre la rivalité avec ma sœur qui m'a tellement fait souffrir ! Ou bien est-il possible qu'à leurs yeux je représente leur fille ? Je dois les attirer tant mon complexe paternel est fort, tant je convoque le père en eux ! » Bien vu.

Il y a ainsi des femmes qui ne rencontrent que des pères de fille pour revivre cette compétition. Elles veulent alors être traitées comme la fille, aussi bien qu'ils traitent leur fille. C'est une forme de réparation de cette enfance jalouse par personne interposée, mais être traitée comme une petite fille ce n'est pas une relation équilibrée entre un homme et une femme.

C'est ainsi que dans les familles recomposées, la belle-mère risque souvent d'être en rivalité avec la fille de son compagnon si son père s'occupe d'elle comme d'une fille… À l'inverse, il arrive aussi qu'il n'y ait pas de place pour une autre femme que sa fille dans la vie d'un père.

On a déjà souligné que beaucoup de filles ne souhaitent pas de femmes auprès de leur père. Voici ce que raconte Anne : « Le premier été s'annonçait depuis que nous avions entamé notre relation et nous allions être séparés longuement pour la première fois. Je voyais venir cette première épreuve avec tristesse et appréhension. Mon amant avait déjà passé 15 jours de vacances à l'étranger avec sa femme, sa fille, son gendre et ses petits-enfants. Cet homme ne me parlait jamais d'obligations vis-à-vis de sa femme mais toujours de celles qu'il avait envers sa fille. Il ne disait jamais : "Je ne peux pas faire ça à ma femme ! "Si bien que j'avais l'impression que ma rivale était sa fille. Comment pouvais-je lutter contre cette fille belle et jeune ? J'aurais préféré me battre contre son épouse, car j'avais des armes pour lutter contre elle. J'ai été privée très tôt de mon père et cette relation avec mon amant appuyait douloureusement sur ma blessure d'abandon. J'étais en rivalité perpétuelle avec une autre fille. Je me battais vraiment pour le père, d'autant que cet homme était plus âgé que moi. Un jour, il est arrivé sens dessus dessous dans un aéroport. "Ma fille est ici ! hurlait-il. J'ai réussi à la semer mais ça a été dur ! "Cet homme m'appelait "ma chérie " et il me disait qu'il n'y avait que sa fille qu'il appelait ainsi ! »

Anne témoigne ainsi que la rivale la plus sérieuse était bien la fille de son amant. Elle a fini par quitter cet homme, qui n'avait rien dit de sa relation à sa fille et qui faisait régner dans cette famille un climat incestueux.

Attention les filles, nous ne vous censurons pas encore une fois ! Simplement, nous disons qu'aimer un homme marié est une bourde métaphysique. Et nous vous demandons seulement de réfléchir à la nature de cet amour. Il est possible que vous aimiez cet homme plutôt d'un amour filial que d'un amour... amoureux. Plutôt d'un amour de (petite) fille que de femme ! Après cet examen peut-être vous sentirez-vous plus disposées à regarder ailleurs ?

On finit par s'ennuyer avec « papa » quand son taux de PSA monte en flèche et que son souffle devient court ! Vous avez un train de retard dans votre œdipe et si vous persévérez... c'est que vous êtes dans la répétition compulsive. Faites en sorte que vos amants, jeunes et vieux, soient libres de femme et de fille (veuf et sans enfant est encore mieux !), sinon, aïe ! Sinon, vous vous débrouillerez pour en baver le moins possible. Vous engrangerez du vécu qui vous permettra d'écrire des romans et, qui sait, de décrocher le Goncourt ? On n'écrit des romans qu'avec du sang et des larmes, non ?

Si l'on a vu que le bénéfice principal à avoir un amant engagé ailleurs était de revivre le triangle œdipien, on peut recenser quelques bénéfices secondaires, en dehors du Goncourt, par-ci par-là... Les femmes souffrent mais jouissent de quelques minces avantages en regard de leurs frustrations. Certes.

DES BÉNÉFICES SECONDAIRES TRÈS ONÉREUX...

Quels sont-ils, ces avantages ? Cadeaux, attentions et... en général, grande intensité sexuelle, pas seulement due à la transgression mais au fait que c'est le seul but des amants. La sexualité est le domaine où s'épanouit leur complicité. Elle ne peut s'établir dans les gestes du quotidien puisqu'il n'y a pas de quotidien. Aussi, la maîtresse est bien souvent toute dévouée au plaisir de son amant. La maîtresse peut se croire sur ce point la meilleure et la préférée. Seulement sur ce point. Alors, elle met le paquet, comme on dit, elle appuie sur le champignon, voulant creuser encore la différence avec l'épouse légitime qui, bien entendu, aux dires du monsieur, est une planche ! Le sexe, c'est le terrain de la maîtresse, mais en toute prudence. Il ne faut pas croire que la planche est nulle. Le monsieur peut mentir et vivre aussi une relation sexuelle intense avec sa femme...

Certaines dépenseront beaucoup en champagne, foie gras et lingerie pour les cinq à sept avec leur homme. Voilà pourquoi c'est onéreux ! C.Q.F.D. ! Non, nous galéjons ! C'est onéreux parce que le prix à payer est celui de la solitude et de la répétition névrotique, et hop ! Relire ce qu'on a écrit à propos de la *backstreet girl* !

De la même façon, on peut continuer à être dans la tentation de ce triangle œdipien dans la vie professionnelle...

LA MAÎTRESSE DU PATRON, OU LES AMOURS ANCILLAIRES

Voici un petit détour par « les amours à hiérarchie et liens de subordination ». La bien nommée « promotion canapé », « boutique, mon cul », ou toute autre appellation coquine entendue auprès de la machine à café de la boîte où vous exercez !

Cela a-t-il à voir avec la transgression de l'inceste ? Probablement. Coucher avec son patron, c'est interdit par les bonnes mœurs ! Est-ce coucher avec le père, avec le pygmalion ou avec le maître ?

L'injonction du chef est quasiment celle du père : « Si tu travailles bien, tu auras droit à une gratification, à une caresse. » Nous sommes dans un rapport dominant-dominé. Voilà qui renforce la jouissance et l'envie de bien faire... On voit tout ce que le patron peut retirer de cette situation. Les femmes ont toujours aimé les hommes de pouvoir parce que s'envoyer en l'air avec le détenteur de ce pouvoir, c'est s'envoyer en l'air avec le père tout-puissant. Ce n'est pas seulement une question d'intérêts.

Souvent, la femme est jeune et l'homme plus âgé. Elle a du mal à se refuser au désir du maître, comme la fille incestuée ne parvient pas à dire non à son père. Elle a appris qu'être une bonne petite fille, c'est ne pas résister. Comment ne pas être troublée quand on est l'élue, la préférée de l'entreprise, du service où les femmes sont pléthore ?

La préférée de papa ? La favorite du roi. Quelle fille n'en rêve pas ? Même si elle doit essuyer les ricanements derrière son dos. Dialectique du maître et de l'esclave... Être soumise en apparence, prendre le pouvoir par le sexe, obtenir ces fameuses gratifications peut être une sorte de revanche sur la vie. Il n'y a que James Bond pour avoir une secrétaire vieille, peu sexy mais... très amoureuse. La secrétaire du patron est toujours jeune et jolie.

POUR EN FINIR ENFIN AVEC LA RIVALITÉ ?

Une ou des rivales ! Voilà qui devrait nous donner envie de tailler la route pour aller voir ailleurs. Respirer l'air du large. Nous, nous n'aimons pas être en rivalité. Nous étouffons !

Fierté mal placée ? Nous sentirions-nous uniques et incomparables ? Si nous refusons d'entrer dans cette rivalité, est-ce l'expression de notre côté masculin ? Serait-ce que nous refusons de nous incliner devant la mère, devant une épouse, devant une fille qui ferait office de sœur, devant une autre maîtresse qui serait préférée ? Serait-ce que nous souhaitons sortir de ce cercle, de cette danse infernale qui nous colle à la peau, nous, les femmes ?

Nous craignons surtout de faire le jeu des hommes, le jeu du père de la horde. Nous nous crêpons le chignon. Nous nous arrachons la crête pour avoir le même homme alors qu'il y en a tant ! Si nous cédons, nous parvenons juste à être inscrites à un tableau de chasse, à faire partie d'un harem, en souvenir de papa qu'il fallait partager avec maman.

Bien sûr que l'on voudrait être la première dans le cœur de l'homme aimé, bien sûr qu'il faut mettre ses atouts en valeur pour le séduire, faire briller ses qualités pour le garder, mais s'il nous met dans une position de rivalité intenable avec plusieurs femmes, prenons la tangente encore une fois !

À tout prendre, il vaut mieux être une séductrice qui met les hommes en rivalité. Après tout, « que le meilleur gagne ! », et non « que la meilleure gagne ! » De toute façon, c'est un leurre, car c'est toujours celle qu'il n'a pas eue qui est la préférée, alors... Votre rivale a gagné, eh bien, c'est qu'elle a su faire mieux que vous. La seule question qu'il faut se poser est celle de la valeur du trophée ! Certains n'ont de valeur que parce qu'ils sont convoités. Ce qui est excitant, c'est bien la course aux trophées, n'est-ce pas ? Battez-vous mais si vous voyez que c'est inutile, allez respirer ailleurs ! À l'homme qui nous plaît de voir s'il nous veut ! Na !

Avoir ces furies aux trousses nous rappellerait trop notre mère si jalouse quand notre père nous manifestait trop d'affection, et pouf !

UNE COURSE CONTRE LA MONTRE, OU QUAND LE TEMPS NE TRAVAILLE PAS POUR NOUS...

C'est vrai que Chronos n'est pas toujours notre allié. La montre joue contre les femmes, sauf pour les couguars, et encore...

« Ainsi, témoignait une femme, à partir d'un certain âge, les hommes de notre génération ne s'intéressent plus à nous. La plupart des hommes sont flattés d'avoir une femme plus jeune à leur bras. Mais comment pouvons-nous rivaliser devant toute cette chair fraîche, ces ravissantes jeunes filles qui ne disent pas non à ces hommes de notre âge quand ils se font pressants ? Ceux-ci arrivent avec leur savoir-faire, leur aisance financière et n'ont aucun mal, quand elles sont en recherche d'un père, à en profiter. Nous en faisons les frais. C'est comme si, pour des raisons chronologiques, nous étions condamnées à nous remettre en position de filles en acceptant des hommes bien plus âgés que nous. » Comment faire ? Serait-ce sans solution ? N'aurions-nous d'autre alternative que de devenir des femmes de pouvoir, de sortir du foyer pour réaliser des choses, pour conjurer notre décrépitude : faire de la politique, écrire des livres, monter des entreprises, des centres culturels, des écoles en Afrique, pendant que certains de nos compagnons (certains, pas tous !) courent la jeunette... et ensuite, pourquoi pas, riches de cette vitalité attrayante, nous payer des gigolos ? D'accord pour cette dernière possibilité mais, de grâce, faisons mieux qu'eux. Gardons la ligne, faisons du sport, enduisons-nous de baumes précieux, parfumons-nous. Bref, faisons attention à notre apparence, car combien d'hommes d'un certain âge ont à leur bras de belles jeunesses alors qu'ils sont ventripotents et sentent le cendrier froid ? Pourquoi un vieil homme n'a-t-il aucun scrupule à s'étendre avec une jolie fille ? Pardon, messieurs, nous vous aimons !

Parfois nous faisons un mauvais choix d'époux. Pour éviter de résoudre le casse-tête du triangle œdipien, nous nous jetons sur un amant peu embarrassant.

LE MARI FANTOCHE

C'est un ersatz... qui ne fera de l'ombre à personne, et surtout pas au père. Le mari fantoche est un pâle figurant... Il ne sera jamais qu'un compagnon bien pratique qui n'interrompra pas la *love story* de papa et de fifille !

« Celui-là, il n'a rien à dire ! » Voilà ce que le père d'une jeune femme disait du mari de sa fille, des éclairs dans le regard ! « D'ailleurs, quand il vient à la maison, on ne l'entend pas. Il est dans son coin, à l'étage, installé sur la vespasienne, il lit. » Comment pourrait-il en être autrement, pensons-nous, nous, la psy, alors que nous connaissons le tempérament dominateur de notre patient et l'attachement fusionnel qui le lie à sa fille ? Impossible pour le gendre de s'immiscer dans ce couple-là sans risquer de dynamiter l'équilibre familial. Il a d'ailleurs été choisi pour cela, parce qu'il est un homme indépendant, peu fusionnel avec son épouse. Laquelle peut venir voir ses parents quand elle le souhaite. Ses parents, hum... surtout papa. D'ailleurs, lorsqu'elle a un quelconque problème à régler, qu'il soit d'ordre administratif ou d'intendance, c'est à son père qu'elle fait appel. Et si un événement surgit, c'est à son père qu'elle téléphone. C'est ainsi lorsqu'on a souhaité un gendre qui compte pour du beurre ! On ne peut pas tout avoir !

Si nous sommes à la recherche de l'homme-père avec un homme « paternant », avec un pygmalion, et tentons de revivre le triangle œdipien avec un amant engagé ailleurs, nous ne faisons pas d'ombre à l'auteur de nos jours en nous amourachant d'un amant fantôme, d'un homme-Dieu ou d'un gourou… ou même mieux, d'un amant inexistant.

L'AMANT FANTÔME

Les filles qui restent fixées dans le fantasme amoureux du père attirent souvent des amants amateurs de femmes imaginaires et non de femmes réelles. Elles se vivent comme un fantasme par voie de conséquence. C'est aussi parce qu'elles se vivent ainsi et vivent dans ce schéma qu'elles attirent des amants qui sont en quête de fantasme, évidemment !

L'amant fantôme convient très bien à une fille qui se réfugie dans l'imaginaire ou a du goût pour les amours inaccessibles et frustrantes pour les raisons évoquées plus haut, c'est-à-dire en souvenir de papa. Oui-oui, nous restons dans le sujet, nous suivons le fil de notre idée ! Faites-nous une confiance aveugle ! Pour les autres filles, nous sommes d'avis qu'il ne fera pas long feu mais… examinons-le, cet amant fantôme.

Celui-là, il est absent. C'est le grand absent. C'est même une de ses principales caractéristiques et un de ses grands avantages. Il entretient le manque. Il ne fait que de rares apparitions mais il vous hante… facile ! Pourtant, avec lui, pas de chaîne au pied, ni de boulet. Aucun risque de tomber dans le ronron (le rond rond !) de la vie à deux. Avec lui, vous ne prendrez aucune habitude, si ce n'est de le voir disparaître comme il est venu et réapparaître quand bon lui semble : merci Seigneur ! Avec lui vous connaîtrez l'amour oblatif. Oublieuse de vous-même et du confort d'être aimée, vous vivrez dans l'attente qu'il se matérialise à nouveau, comme Bernadette Soubirous pour la Vierge Marie. C'est bien si vous n'avez pas besoin du réel, si vous préférez vivre dans le fameux fantasme, vous qui n'avez jamais vécu avec un père, peut-être, ou qui ne lui voulez pas de rival!

Petite digression et petit bémol dignes de nos casse-tête psychanalytiques, les filles ne vivent jamais vraiment avec leur père! Le père reste l'éternel absent même s'il fut... présent. Christiane Olivier dit même dans son livre *Les enfants de Jocaste*[96] que la fille ne vit pas véritablement avec son père mais «dans la maison de sa mère». C'est si vrai que quand elle se dispute avec son époux, celui-ci lui renvoie gracieusement au visage: «Tu n'as qu'à retourner chez ta mère!» Jamais chez son père. Le père, longtemps, fut un portemanteau vide.

Aujourd'hui, avec l'apparition des pères au foyer, des papas-poules, les filles échapperont-elles à ce complexe du père manquant, du père absent et donc fantasmé? Nous répondons: pas plus qu'avant! Il y aura toujours des **galopeuses,** qui, éternellement, au nom du père, galopent derrière des hommes qu'elles ne peuvent rejoindre... mais qui laissent devant leur porte ceux qui mettraient leur vie à leurs pieds.

Elles courent après l'absent, comme elles ont sûrement couru après le père... Petites filles privées du père, elles consentent ensuite à être privées d'homme, elles en ont l'habitude.

Et puis, avoir dans sa vie un homme réel empêche de rêver à l'homme idéal, ou tout simplement à un homme inaccessible comme le père. C'est pourquoi on chasse le possible en espérant l'impossible. Un éternel retour... une vivante quête. Une quête mystique!

«Dieu est mort», disait Nietzsche, et pourtant pas pour celles... qui cherchent à maintenir le handicap et veulent un amour sans nuages... ou au-dessus des nuages!

---

96. Christiane Olivier, *Les enfants de Jocaste,* Paris, Denoël, 2001.

L'HOMME-DIEU, OU À LA RECHERCHE DU PÈRE ÉTERNEL

L'homme-Dieu est le Grand Inaccessible, il est aux cieux, et pourtant pas sûr qu'il soit plus frustrant que l'amant fantôme de nos pages précédentes… Demandez aux bonnes sœurs… « *Exit* le désir », mais pas l'extase, confessent-elles, même avec une certaine forme de bonheur charnel à la clé.

C'est l'expérience relatée par nos grandes mystiques. Parce que ce père tout-puissant (il est symptomatique qu'on dise Dieu le Père), on l'aime de façon inconditionnelle. Il est l'unique. Et puis, on sait qu'il aime lui aussi de manière inconditionnelle, comme un bon père, dès lors qu'on le sert avec dévotion, comme une bonne petite. Il n'a pas de chouchous, lui, même si la congrégation entière l'aime, nulle rivalité. Dieu reconnaît et aime Sa créature. Elle est unique.

Eh oui, c'est cela l'important ! À nous de l'aimer si fort que nous en soyons transfigurées. Il n'y a pas de limite humaine à cet amour. On avale le corps de Dieu comme on avale le corps d'un amant. On communie avec lui. On prononce des vœux de chasteté, de fidélité (nul besoin de ceinture, elle est spirituelle). On s'engage. On se marie avec le Père, celui qui nous a créées. C'est le père de tous les pères. Le Père de la Création.

Certaines femmes aiment leur amant de cette façon, comme un Dieu dont elles acceptent tout. Parfois pour très peu de réciprocité, parfois même sans consommation physique. C'est l'amour oblatif, oublieux de soi, celui des oblates – rien à voir avec les blattes –, ces religieuses soigneusement enfermées. Ce beau mot, qui désigne ces femmes oubliées et oublieuses d'elles-mêmes vient du latin *oblatus* (offert).

Gare à ne pas se fourrer dans les pattes d'un mauvais Dieu, d'un gourou, ou tout bonnement d'un méchant en quête de proie, quand on est soi-même en quête de maître.

L'AMANT PERVERS

Celle qui recherche un maître est une proie pour un homme pervers dominateur. L'homme n'est plus alors ce pygmalion bienveillant qu'il dit être, mais un tortionnaire rusé qui, sous une enveloppe de bon chat, est un tigre féroce.

La femme voit de l'amour dans le regard de son partenaire, alors que ce n'est que la lueur du désir dans lequel elle se noie... Elle peut se laisser séduire par un gourou. Les histoires ne manquent pas qui dépeignent ces pères de hordes infligeant de mauvais traitements et abusant de femmes qu'ils avaient mises sous influence après leur avoir fait croire au mirage d'un amour au-delà du commun, et pour cause. Instrumentalisées, violentées, elles deviennent des souffre-douleur.

L'AMANT PLAISIR, OU LE FOU DE LA REINE

Quand les filles n'ont plus besoin de l'homme-père parce qu'elles ont mûri, elles le jettent à la porte pour retrouver enfin la volupté.

Revenons à cette amazone qui a occupé nos pages précédemment. Pour l'amazone, l'homme est un adjuvant, un condiment. Elle ne s'en sert pas, ne l'utilise pas, ne le manipule pas, ne s'y soumet pas. Si la relation est mauvaise, elle y renonce. Elle a le choix de la reine et aucune raison de se laisser maltraiter. « Besoin de personne », dit la chanson de Véronique Sanson ! N'est-ce pas la définition du véritable amour ? Ne pas avoir besoin de l'autre pour d'obscures ou de très claires raisons de dépendance... matérielle, et l'aimer « gratuitement » ? Et même... soyons espiègles, se payer du bon temps avec un « *escort-boy* », quitte à payer pour cela ?

Dans le film *La cliente,* de Josiane Balasko (2007), Judith, une belle femme, écume les sites de rencontre pour y trouver des « *escort-boys* ». Femme de classe, tour à tour forte et fragile, l'amour pour elle est une gageure. Place aux plaisirs exclusivement. À sa sœur qui lui demande si elle pense que cette pratique pourra durer, elle répond lucidement : « Oui mais ce sera plus cher. »

Réponse magnifiquement cynique ! La suite l'est hélas un peu moins, car il arrive que l'espiègle Cupidon vide son carquois et que l'amour en embuscade surprenne notre amazone, qui alors n'en est plus une et devient le dindon de la farce. Judith s'attachera à l'un de ces « *escort-boys* », peintre en bâtiment mais gigolo à ses heures, qui paiera avec les passes de Judith les traites du salon de coiffure de sa femme ! Voilà que nous ne faisons plus les malignes !

L'amazone peut aussi troquer son arc contre un pelage de panthère ou de puma... Son destin dès lors peut devenir sympathique. Au fait, y a-t-il des pumas en Amazonie, pour nous y transporter quand il fait froid dans nos cœurs ?

PIED DE NEZ À LA RECHERCHE DU PÈRE : LA FEMME-COUGUAR, OU CELLE QUI TROUVE UN FILS

Cette femme indépendante financièrement a entre 30 et 50 ans, elle est souvent divorcée ou veuve, avec de grands enfants élevés. Les raisons de rechercher des partenaires plus jeunes sont variées. Plus besoin d'être protégée, guidée, rassurée. Elle privilégie alors la communication, l'émotivité et la compréhension, des valeurs toutes féminines que les hommes plus jeunes, d'une autre génération (pas celle des machos), peuvent peut-être lui apporter.

Ces femmes choisissent-elles ces hommes-là parce que ceux de leur âge ne satisfont pas leurs besoins de communication, ou sont-elles simplement en recherche de chair tendre et de satisfaction sexuelle quand leurs contemporains déclinent ? Sont-elles, comme les hommes qui aiment les femmes-trophées, collectionneuses de beaux mâles pour faire râler les copines ?

Il y a fort à parier que c'est le cas pour certaines de ces people qui s'affichent sur les tabloïds. Sortir avec un homme plus jeune est bon pour l'image de marque de ces belles dames qui font tout pour retarder les effets de l'âge et se maintenir dans le coup. C'est ce que disent les mauvaises langues. Ces femmes ont si peur de la vieillesse, de l'oubli, qu'elles ne veulent même pas les voir dans les rides de compagnons du même âge. Les mentalités évoluent. On ne dit plus : « Oh regarde, elle se paie un gigolo ! » On l'envie et, avec un petit ricanement, les hommes exclus disent qu'elle a du toupet !

Il n'y a pas que les stars qui agissent ainsi. Nous en avons rencontré qui ne cachaient pas leur préférence pour des hommes plus jeunes. Nul doute qu'il y a des histoires d'amour dans ces histoires, mais il ne faut pas que la dame ait un complexe paternel fort car ce n'est pas le jeune homme qui pourra la rassurer. De surcroît, elle peut craindre de se le faire piquer, le bel enfant ! Récemment, en France, quelques articles de journalistes insistaient sur l'angoisse que ressentaient toutes ces dames. Angoisse du cheveu blanc, du moindre pli disgracieux, et la ride ! Aïe ! La ride sournoise qui surgit lorsque l'éclairage frise.

Les couguars sont des guerrières courageuses à l'affût de la moindre imperfection. Sommes-nous toutes prêtes à jouer les Madonna pour garder un corps sculptural ? Nous saluons leur courage sur les tapis de gymnastique et les tables de torture des chirurgiens esthétiques ! La « couguardise » c'est un vrai boulot, loin de la couardise !

À vrai dire, ce phénomène a toujours existé, mais dans le secret des alcôves. Sans aller fouiller dans la littérature et exhumer les Julien Sorel, nos amis nous ont souvent avoué quelques incartades agréables avec une femme mûre. Parfois c'était la meilleure amie de la mère qui déflorait le fils ! Maintenant, les couguars s'affichent et s'inscrivent dans la durée, voire dans le mariage avec le jeune homme. Montreraient-elles qu'elles ont réglé leur complexe paternel pour parvenir à compagnonner avec un tel homme ? Ce serait tout en leur honneur. Mais ne sont-elles pas plutôt dans le registre de la mère toute-puissante que recherchent ces hommes plus jeunes ?

« Je ne pourrais pas, entendons-nous parfois, car je n'ai pas suffisamment réglé mon complexe paternel et je n'ai pas envie de materner ni d'initier un homme nettement plus jeune que moi, même pour un bon coup sexuel. » Rappelons-nous que Lou Andreas-Salomé, que nous aimons beaucoup (vous avez remarqué ?), quittait toujours ses jeunes amants, qu'elle ne supportait plus de materner. Le peu de recul que l'on ait sur cette mode des femmes-couguars laisse présager que ces dames vivent une période transitoire. À un moment où les hommes de leur âge sont moins performants sexuellement, elles vont chercher du plaisir avec de plus jeunes qu'elles, se rassurent quant à leur pouvoir de séduction. Mais après quelques années de ce (haut) régime, elles retourneront vers des partenaires de leur âge. Elles se résigneront quand les seins commenceront à pendre – malgré la chirurgie réparatrice, persifleront les jaloux, les jalouses et les mauvaises langues. Plus justement, les générations se retrouvent… dans l'ordre. Il semble d'ailleurs que les mères de fils soient moins tentées par cette aventure à connotation incestueuse ! Sans commentaire. Heureux qui comme Ulysse… pas Pénélope, ou alors la Cruz !

TROISIÈME PARTIE

« Je fais comment ? »

Nous revoilà avec nos questions soulevées, nos certitudes et nos incertitudes dévoilées. Sans oublier que la prochaine question est bien: «Et alors, les psys, on fait comment pour trouver grâce à vos yeux, réussir notre parcours de père et éviter tous ces tourments à nos filles?»

Nous nous souvenons d'un de nos professeurs d'université, un vrai, un bon, dont toute la classe raffolait, qui nous obligeait à résumer nos longs propos ou démonstrations en une seule phrase où tout était dit. C'est un exercice que nous faisons toujours avec plaisir. Ici, ce serait quelque chose en forme de dialogue.

«Papa, papa, regarde-moi!
- Oui, ma fille, je te regarde, mais toi regarde là-bas comme le monde est beau!»

«Regarde-moi papa.» La petite fille est sur son vélo tout neuf. «Regarde-moi papa!» Elle passe et repasse. Elle danse, elle joue… «Papa, regarde-moi!» Cette phrase, tous les papas l'ont entendue des milliers de fois! «Mais oui, mais oui, répondent-ils parfois excédés, je ne fais que ça!» Toute la quête de cette petite est là: attraper le regard de papa. Ce qu'elle va vivre comme une approbation, un encouragement à persévérer. En cela, elle ne diffère pas du garçon, qui lui aussi est en quête permanente du regard aidant du père, mais le garçon ne s'en contente pas, il va chercher cette admiration à l'extérieur, chez ses autres modèles ou chez ses copains. Surtout à l'adolescence, quand le conflit père-fils est au zénith!

Pour la petite fille, puis pour la jeune fille, capter le regard du père est une impérieuse nécessité. Le père est le premier homme de sa vie, son opinion plus rare, plus sélective, a plus d'effet sur ses pensées que l'avis de sa mère. Nous avons dit qu'il était le passeur, celui qui accompagne jusqu'aux portes de la vie d'adulte, celui qui introduit dans la vie sociale. C'est sous ce regard bienveillant que la jeune fille doit entamer sa route et la poursuivre.

CHAPITRE 10

« Et moi, le père, je fais comment ? »

Après toutes les gamelles que nous avons répertoriées, nous soupçonnons les pères qui nous lisent d'agacement : « Comment je fais, moi, pour le donner, ce regard particulier dont vous nous rebattez les oreilles ? »

Comme d'habitude, nous allons jouer notre petit refrain malin. Le mieux possible, monsieur ! La recette vous appartient, puisque chaque cas est unique… Toutefois, les pistes à réfléchir ne manquent pas et nous pouvons les répertorier. Ce sont les questions que vous nous avez posées lors de nos entretiens, que nous reprenons ici.

FAUT-IL AVOIR EU UN BON PAPA SOI-MÊME ?

Vous imaginez bien que la réponse est oui. Mais c'est bien d'un papa de garçon dont on parle. Il a incarné plus ou moins bien l'autorité, la sécurité pour vous, ce qui n'en fait pas un modèle parfait pour élever maintenant une fille ! Bref, si vous n'avez pas eu de sœur pour constater comment il s'y prenait avec elle, il va vous manquer quelques repères. On entend déjà les grincheux nous reprocher de figer les situations en un fatalisme désespérant.

Il est en effet habituel d'entendre dans notre milieu que la relation en amont explique la conduite en aval. C'est vrai et faux. En tout cas, nous confirmons que ce n'est pas inéluctable. Rien ne résiste à un travail sur soi quand les vents tournent à l'orage et que l'on prend conscience de ses failles. Pour le quotidien, point n'est besoin de dix ans de thérapie. Nos problématiques cessent souvent avec une bonne nuit de réflexion et quelques conseils avisés d'amis sincères et expérimentés. Si les relations de notre papa de fille avec son propre père sont difficiles, il faut courageusement en faire une bonne analyse, mettre les séquelles dans la bonne case… et avancer. Nous avons souvent entendu cette confidence : « Je détestais mon père parce que… Comment voulez-vous alors que je sache faire mieux ? » Premier bon point, on a repéré les choses qu'il ne faut pas faire. Après tout, on peut partir de là et bâtir un programme ! Sans bien sûr faire le contraire exprès, ce qui ne donnerait rien de mieux. L'exemple est facile. Si l'on a détesté le père autoritaire et méprisant que l'on a eu, décider d'être un père laxiste pour se faire aimer et la jouer copain-copine fera rater l'affaire. Tout est question ici de délicatesse et de nuances. Les contraires ne sont jamais bons. « Je ne sais pas parler de sentiments, je ne sais pas faire des compliments car je n'en ai jamais reçu », dites-vous ? Eh bien, il faut s'entraîner, apprendre. Il n'y a que le premier pas qui coûte. Les filles, on l'a dénoncé, n'aiment pas le silence des pères, elles aiment communiquer, discuter, parler jusqu'à l'aube. C'est un défaut de causer sans cesse, disent les hommes… Ce n'est pas notre avis ! « De la discussion jaillit la lumière », dit le proverbe. Beaucoup trop de filles rencontrées se plaignent du silence des pères, qu'elles prennent pour du mépris.

FAUT-IL ÊTRE UN BON FILS POUR ÊTRE UN BON PÈRE DE FILLE ?

La question est sûrement mal posée, la réponse est à peu près oui. Pourquoi à peu près ? Parce que le fait d'être un bon fils se mesure difficilement. C'est le chemin de toute une vie. Notre embarras vient du fait qu'il peut y avoir encore du travail sur la table et du pain sur la planche pour que la relation père-fils évolue et s'améliore. Un travail normal qui se déroule au fil du temps. En vieillissant, les parents de notre papa de fille perdent un peu de leur superbe et de leurs prétentions et deviennent plus aimables. Ils vont certainement l'étonner en devenant des grands-parents inattendus. Ainsi, Frédéric nous dit: « Quand je vois mon père avec ma fille, je suis effaré. Jamais je n'imaginais cet homme si dur lui chanter des comptines et jouer aux cartes des heures entières. » Cher Frédéric, les temps ont changé, votre père est retraité, il n'a rien d'autre à faire, et votre fille sait lui parler, elle ! Laissez-le rejouer ce qu'il a raté avec vous. Bien entendu, vous êtes dépité, mais vous n'aviez pas d'aussi beaux yeux, n'est-ce pas ? À votre âge, il n'est plus temps d'être jaloux. C'est votre fille qui aura le plus beau de l'héritage ? Soyez heureux et généreux. Elle aura ce qu'il vous a refusé ? Tant mieux ! Il suffit que vous restiez celui qui tient les rênes pour qu'il s'abstienne de critiquer vos manières éducatives et votre caractère insupportable devant la demoiselle, du genre: « Tu sais, quand il était petit, ton père ne fichait rien à l'école... » Voilà qui doit être immédiatement réprimé par un sec: « Papa, il est question de " ma" fille, et non de moi ! » Autrement dit: « Ne règle pas tes comptes d'une autre époque ici et ferme-la. » On a souvent remarqué que ce coquin de père de fils retrouvait sa vigueur pour critiquer allégrement le pauvre bougre qui ne fait que reproduire ce que son père n'a pas su et peut-être que son père avant lui non plus... « Si tu crois être bon pédagogue, tu te trompes, tu ne sais pas t'y prendre avec ta fille ! » Voilà ce que dira le grand-père si la petite fume trop ou ne fiche rien à l'école.

Vous avez le droit d'être sourd et de bouder un moment. On l'a toujours dit: les conseilleurs ne sont jamais les payeurs !

EN ÉLEVER UNE AUTRE QUI EST UNE ÉNIGME

Nous avons déjà donné beaucoup de pistes de réflexion dans nos divers paragraphes. Oui, élever une fille ce n'est pas pareil ! Pour faire échec à tous les préjugés, on pourrait penser qu'il est souhaitable de l'élever comme vous l'avez été vous-même, c'est-à-dire comme un garçon. Vous feriez une erreur, nous avons parlé de justice et non de similitude. Une fille n'est pas un garçon.

Pourtant, pour être tout à fait honnête, il semble qu'une part de masculin dans l'éducation de la demoiselle ne saurait nuire. Surtout si c'est la bonne part masculine ! Celle que l'on aime trouver chez les hommes ? Non, nous ne vous embrouillons pas ! Les pratiques éducatives nous construisent différents. Et certaines de ces différences mises en valeur dans l'éducation des garçons nous plaisent : l'aptitude à s'adapter en société, la camaraderie, l'audace à décider, l'autorité, les belles responsabilités à prendre, le pouvoir… Tous ces « clichés » de qualités dites « masculines » nous les voulons pour les filles aussi !

Pères modernes, vous pouvez essayer de lui faire aimer le foot. On a bien vu que grâce à la beauté et au compte en banque désirable des joueurs des équipes de foot ou de rugby nationales, nos filles se transformaient en *pom-pom girls* efficaces et hurlaient comme des mecs sur les bancs du stade ! Vous pouvez aussi parvenir à l'habiller « unisexe » pendant quelques années, mais dès qu'elle rencontrera un tube de mascara pour allonger à merveille ses beaux cils, elle vous enverra paître ! Arrêtez de soupirer, c'est ainsi. Gardez confiance car avec du talent, vous arriverez à faire passer bien plus de choses que vous ne croyez. Vous aurez droit au défilé de mode en permanence, c'est bien, non ? Il y en a qui paient pour ça ! D'ailleurs, vous payez ! Plus c'est court, moins il y a de tissu, plus ça n'a l'air de rien, plus c'est cher, ces machins ! Un père s'exclamait : « Dire que ma fille porte des culottes à 20 euros ! » Mais pour le reste, vous avez le devoir d'arrêter l'indécence et la provocation, n'oubliez pas que votre travail est de protéger votre enfant. Nous cessons ce couplet, nous avons traité le sujet il y a peu dans un opus sur les ados[97].

TROUVER LA BONNE DISTANCE

L'énigme essentielle pour un père est du domaine de la sexualité et de la féminité. On ne l'a pas préparé à aborder ces sujets déli-

97. *N'ayez pas peur d'éduquer vos ados, op. cit.*

cats. Un père doit-il parler d'amour, de grossesse, de sexe, de règles ? Nous n'avons pas vraiment le souci qu'il s'implique trop, car nous le savons plutôt embarrassé à ce sujet. Pour autant, le silence n'est pas obligatoire non plus. Il n'y a pas de tabous si on sait avoir du doigté. Un de nos amis, qui a quatre femmes à la maison, plaisantait avec nous sur le « supermarché de l'univers féminin » : achat de tampons, de pilules... Un autre trouvait important d'aller acheter des préservatifs à sa fille ! Tout est affaire de tact. Pour les sujets plus épineux, il est temps de convoquer sa maman, non ? On voit d'ailleurs que ces complicités-là s'établiront tout naturellement.

N'oubliez pas de frapper avant d'entrer dans la chambre de votre fille. Soyez respectueux devant ses amis, et ses amies surtout. On ne courtise pas l'amie de sa fille, ceci vous le savez depuis longtemps ! Même si elle vous regarde avec des yeux qui vous font frémir. Ce n'est pas l'homme qu'elle regarde mais un autre papa ! On ne porte pas de jugements négatifs sur ses choix amoureux. Non, le nouveau mec de votre fille ne ressemble pas à une danseuse ! Non, il n'est pas nul ! Il est « autre » et c'est écrit, il va vous la piquer !

Depuis quelques années, le petit ami est reçu très tôt dans la famille, on s'y habitue, on le connaît bien, il est arrivé si jeune, c'est presque un autre enfant. Aussi, on envisage l'avenir, on les marie à l'avance. Mais voilà qu'en grandissant, il arrive que votre fille n'en veuille plus du copain d'enfance que vous aimez comme un fils. Pour un tas de bonnes raisons qui ne regardent qu'elle ! Osera-t-elle le dire ? Pas si sûr.

FAUT-IL ÊTRE BIEN DANS SA PEAU ?

Oh oui. Bien dans sa peau d'homme ! C'est aussi le travail de toute une vie, encore une fois. Plus on commence tôt, mieux c'est. C'est une évidence, non ? Les rappels seront des resucées psychologico-pratiques :

- Avoir de bonnes relations avec sa propre mère.
- Ne pas être trop fusionnel avec elle non plus !
- Faire la paix avec son père.
- Tenter de vivre en harmonie avec la mère de sa fille.
- Croire un minimum qu'il n'y a ni hasard, ni fatalité.
- Essayer de croire un minimum encore que nos comportements, quoique très personnels, obéissent à des concepts psychologiques universels.

Sur la planète psy, nous vivons en permanence dans des débats contradictoires où chaque école se bat pour se faire entendre. Onfray contre Roudinesco, le complexe d'Œdipe à la poubelle, Freud aux orties... Nous comprenons que vous soyez troublés, nous le sommes autant que vous. En ce qui nous concerne toutes deux, nous sommes également d'accord pour tout repenser si c'est pour affiner nos connaissances. C'est-à-dire pour relancer la discussion et avancer dans la compréhension de l'âme humaine. Mais nous croyons fermement à tout ce qui a fait ses preuves pour l'avoir expérimenté nous-mêmes, et tant d'autres avec nous. La psychanalyse et les thérapies ne sont pas des remèdes miracle, mais elles permettent de progresser vers plus de compréhension et de conscientisation. Qui peut nier les bienfaits de l'exploration de son histoire familiale, les vertus du langage et de la mise en mots pour faire émerger les schémas inconscients refoulés et remonter les émotions enfouies ?

Tous les témoignages recueillis ici pour cet ouvrage confirment les conseils que nous donnerons dans la conclusion.

JE SUIS UN PÈRE EN PLUS

Nous ne pouvons pas l'oublier, le beau-père, tellement il est à la mode. Les générations précédentes le connaissaient déjà bien. La forte mortalité des hommes due aux guerres et à la dureté du quotidien obligeait souvent les femmes à retrouver un mari ou un protecteur qui devenait alors le fameux beau-père. Tout comme aujourd'hui, les séparations et les divorces le propulsent à une place… de choix!

Aimé, détesté. Tous les cas de figure sont possibles pour l'homme de maman! Nous avons entendu pis que pendre du beau-père infernal que ces demoiselles détestent ouvertement, refusant de lui accorder le moindre regard. D'autres le supportent pour faire plaisir à maman. Celles dont le père manque se contentent du remplaçant. Celles pour qui il a été un vrai papa l'adorent!

Tâche difficile, il doit occuper la fonction du père mais sans en connaître la durée et sans en avoir la légitimité. « T'as rien à dire, t'es pas mon père » est le credo de toutes les filles en colère dans cette situation! Refrain archiconnu qui n'appelle qu'une seule réponse: « C'est bien parce que tu n'es pas ma fille que tu ne dois pas me parler ainsi! » En général, le pauvre homme est très empêtré. Là encore, c'est de la mère que doit venir le degré « d'investiture » et d'elle que viendra l'intégration ou non de l'usurpateur. Au premier regard, c'est mal parti. Cet homme pique la mère à la fille, il concurrence son père qu'elle aime tant!

De tristes propos le condamnent, l'accusent parfois d'être peu respectueux, peu impliqué, dédaigneux. Quand il a des enfants, c'est bien pire, il les préfère et les aime davantage. Plus légèrement, une légende s'écrit: « Mon beau-père, cet imbécile! » La guerre peut commencer. Elle est souvent à la vie à la mort. On voit parfois le nouveau couple recomposé se défaire. Jeunes filles, si vous avez bien lu les pages précédentes, vous avez compris que le prix à payer pour ficher le couple recomposé en l'air sera au bas mot dix ans de thérapie pour culpabilité intense. Donc, on vous conseille prudence et doigté. Occupez-vous de vous. Laissez votre beau-père et votre mère roucouler en paix!

C'est parfois mal parti et ça continue! Même les grandes filles, celles qui ne vivent pas au foyer, sont souvent très dures, mais d'elles on ne se souciera pas car on les suppose sorties de la nécessité de père!

Un autre grave soupçon pèse sur ce père-là. Celui d'être facilement tenté par le beau corps de la fille de sa femme! Marche arrière, nous voilà de retour dans ce paragraphe odieux de l'inceste.

Il n'a aucune excuse, car même s'il n'est pas « le vrai père », il doit en épouser la fonction et la grandeur. La réalité est hélas très inquiétante dans nos cabinets et dans les statistiques. Il doit être doublement prudent car parfois la jeune fille, se méprenant sur ses désirs ou victime de désirs inconscients, jouera les provocatrices. Le mauvais exemple vient parfois de haut. Pensons à ce cinéaste que nous aimons tellement qui a épousé sa belle-fille, adoptive certes, mais…

UN PÈRE POUR LA VIE

Comment, après les chausse-trappes éducatives et sa fille casée, notre petit père n'a pas droit au repos ? Eh bien non, être père c'est pour la vie. Il va devoir rester un bon père ou réparer si sa jeunesse et son incompétence lui ont fait commettre des bourdes. Toutes deux, nous savons que nos pères se souciaient encore de nous alors que nous étions bien grandes ! « As-tu pris ton pull, as-tu mis de l'essence dans ta voiture ? » Conseils de vie, conseils pratiques que nous avalions en pestant : « Mais oui, papa, j'ai pris mon manteau et que tu me barbes ! »

Trop présent pour certaines choses, pas assez pour d'autres… N'oublions pas que la grande fille a généralement mari et enfants. Double difficulté car il faut intégrer ces deux-là. Il faut surtout que le père les intègre ! Du côté du mari, ça grince parfois. La rivalité entre hommes est vivace. Le mari est observé, jugé, critiqué… Attention s'il ne rend pas la princesse heureuse, s'il échoue professionnellement, s'il ne pourvoit pas aux besoins de la famille. Le père jouera facilement les censeurs.

Certains poussent leurs filles hésitantes à rompre une situation qu'ils jugent intenable. À l'inverse, beaucoup de filles se plaignent d'un père qui les laisse tomber lorsqu'elles sont dans le désarroi. Parce qu'ils veulent la paix, parce qu'ils sont englués dans leurs certitudes.

Sous prétexte de non-intrusion, ils abandonnent « l'écervelée » qui veut divorcer, l'audacieuse qui prend des risques professionnels, la non-conformiste qui veut choisir sa vie.

Brigitte était pour son papa une fille modèle jusqu'à ce qu'elle choisisse d'être homosexuelle. Les insultes n'ont plus cessé depuis cette révélation. De quels droits ce père se prévaut-il pour agir ainsi avec une fille adulte sensée et indépendante ? Il la juge inconvenante, en appelle à la honte qu'elle cause à une famille jusqu'alors respectable… Les menaces, les insultes, la rupture, le chantage, toute cette panoplie d'appréciations négatives déstabilise la fragile construction de cette jeune femme.

Nous rappelions, plus en amont, qu'un père de fille n'avait pas à supporter les critiques que formulait son propre père sur la manière dont il élevait sa fille… C'est la même chose pour la génération suivante ! On vous laisse juger. « Oui, papa, les temps ont changé, je fais ce que je peux ! », disait notre amie. Les temps ont changé, les codes suivent le mouvement, les autorisations, les permissions se sont assouplies, le temps dicte d'autres conduites.

Notons bien que, depuis peu, c'est parfois le contraire qui se produit. Le père, devenu grand-père, trouve sa fille bien trop rigide, bien trop sévère et répare à sa façon, en démolissant les règles qu'elle a établies et en les moquant. Ces pères sont d'autant plus intervenants si leur fille est sans mari ni protecteur. Une figure masculine auprès de leur fille les tient en respect ! Ce qui est bien la preuve que l'on a plus d'égards pour une femme accompagnée que pour une femme seule.

Les crises sont-elles plus difficiles avec une fille adulte qu'avec un fils adulte ? Différentes, certes. Elles ont toujours commencé pour des permissions refusées et pour des conduites que le père jugeait inconvenantes. Les pères et le milieu social sont plus sévères avec une fille qu'avec un garçon. Un garçon qui boit et rentre au petit matin en état d'ivresse est un homme ! Une fille qui fait la même chose est une fille saoule ! Au mieux, « Ce n'est pas beau à voir. » Quant aux conduites sexuelles… vous avez bien compris, au cours de cet ouvrage, qu'on ne jugeait pas pareillement les garçons et les filles dans notre société occidentale. Ces habitudes persévèrent quand la jeune fille est adulte et certains pères se mêlent toujours de ce qui ne les regarde plus. Diable, quand l'honneur de la famille est en jeu ! En général, les raisons de rupture sont souvent de cet ordre.

Il nous semble encore que les pères sont moins attentifs à la réussite scolaire et professionnelle de leur fille. C'est l'effet classique du « elle se mariera » qui joue. Nous allons leur redire qu'elles soient prudentes et futées. Papa n'a pas toujours compris que pour vous, pour nous toutes, la liberté commence avec l'indépendance financière. Ou alors il faut lui demander s'il a l'intention de vous entretenir toute votre vie. Ce qui serait apparemment enviable, dites-vous ? Que non, vous seriez sous sa coupe, et vous avez tout fait, adolescente, pour vous en dégager... En souriant, nous disons que l'argent du père reste encore trop souvent un moyen de pression !

LES PAPAS EN SOLO

Ah ! les valeureux papas de la garde alternée méritent bien un chapitre ! Nous les glissons dans cette rubrique parce que les voici, désormais fervents adeptes de conseils psychologiques, qui envahissent nos bureaux très soucieux de leurs enfants, et surtout de leurs fifilles.

Nous leur avons emprunté le fameux : « Comment je fais, moi, avec ma fille ? » qui contient effectivement tout le désarroi dont nous traitons ici. « Sans mon épouse », sous entendu ! « Sans ma propre mère », bien entendu !

« Je n'y comprends rien, je m'en occupais bien, mais pour ces choses de filles ma femme était là... » Et l'école, et le sexe, et les garçons ?

L'école n'est pas tendre avec ces pères-là. Un vieux préjugé veut que les pères ne savent pas laver leurs enfants, les habiller convenablement, respecter les horaires ! Cette plainte plane sur le portillon de toutes les sorties d'école et nos jeunes patients la confirment: « Quand c'est papa, on est toujours à la bourre ! Oui, la seule biscotte du déjeuner s'est brisée, on n'avait pas de pantalon sec, il a dû brancher le fer pour le faire sécher, la voiture ne démarrait pas… »

Écoutons ce qu'en dit le héros du roman *Des vents contraires*. Le papa sans épouse accompagne sa fille à l'école pour la première fois. « Et la mère de l'enfant ? s'inquiète l'institutrice (à peine intrusive et stigmatisante !). Parce que si vous êtes divorcés, il vaut mieux que je le sache. Surtout si c'est récent. Ce genre de situation, ça a toujours des conséquences sur les enfants, alors c'est mieux d'être prévenus. On est plus attentifs. »

Vox populi… Et le romancier de nous donner son avis : « J'avais des fourmis dans les jambes, je les sentais monter dans mes cuisses, emprunter les réseaux veineux, bientôt, elles gagneraient le bassin, la colonne vertébrale et viendraient me ronger le cerveau[98]. » Tout ça pour dire : « Ça m'a fichu un coup ! » Ah, ils sont forts ces romanciers !

Comme dans les livres, nous témoignons qu'un vrai papa peut souffrir ! En résumé, ils viennent chercher, comme Arthur le formulait avec simplicité, « un mode d'emploi, pour que l'on comprenne les comportements extraordinaires de nos filles ». Souvent si désemparés, les pères, que certains se surprennent à regretter le bon vieux temps où le juge des affaires familiales confiait les enfants à la mère — « Peinard toutes les semaines et un dimanche sur deux. À moi la belle vie ! » Oui, mais voilà maintenant pour ces pères de quoi se réjouir et ne pas s'ennuyer ! C'est beau l'aventure ! Expliquer à sa fille avec naturel les mille et un soucis de son corps de femme en devenir, les rudiments de la sexualité féminine… Nous plaisantons… nous avons déjà dit qu'elle avait une maman qui le fera très bien, une semaine sur deux. Pas de panique ! Vivre sa vie de père sans changer quoi que ce soit est une bonne idée. Sauf qu'il faut être plus présent, plus délicat, plus causant ou plus à l'écoute pour remplir une semaine durant la part féminine !

98. Adam Olivier, *Des vents contraires,* Paris, Points, 2009, p. 44.

En général, leurs filles sont protectrices et très « petites femmes ». Certes, il vaut mieux éviter de parler des conquêtes, ne pas ramener chaque soir une nouvelle amie à la maison... C'est une de leurs revendications essentielles. Surtout que la seconde semaine est libérée, et que là, ces messieurs ont tout loisir de mener leur vie de bâton de chaise ! Alors elles seront agréables, compréhensives et comme elles ont aussi l'habitude de préserver les faibles et les maladroits, il y a fort à parier que bientôt ce sont elles qui les rassureront : « T'en fais pas papa, ça roule ! » Une occasion en or pour comprendre enfin les filles ! Le seul écueil serait d'en faire son seul avenir et de devenir le fameux père Goriot. Et... de ne pas se servir de la fameuse semaine pour penser un peu à soi.

ÊTRE PÈRE, UN BOULOT À PLEIN-TEMPS !

Un père « adoptif », un père qui doit faire son boulot de psy sans rechigner, éduquer sans attendre de l'amour en retour, veiller sur la mère et la fille pour couper cordons et ficelles, un homme mûr qui doit inculquer un minimum de valeurs, qui doit amener sa fille dans le monde et ouvrir le bal sans lui marcher sur les pieds, qui doit accepter sans mot dire le prince, charmant ou pas, qui doit veiller en douce à son bonheur, à son épanouissement, qui doit avoir ce certain regard... Un surhomme ! Combien de papas vont se sauver avant de signer la charte ou la convention tripartite ?

Eh bien non, ils ne se sauvent pas ! On a même vu qu'ils sautaient de joie à la naissance de leur petite. Preuve que la devise scoute « À cœur vaillant, rien d'impossible » a été assimilée. Preuve encore qu'ils sont courageux, qu'ils ont conscience que c'est une belle aventure, qu'il vaut mieux vivre avec des emmerdes que tout seul dans son ermitage, qu'il faut s'attendre à des conflits et qu'il ne faut surtout pas les craindre. Ce sont les débats qui font progresser. Ils sont le signe de la parole libre des familles où les certitudes ne sont pas figées dans le conformisme et la bêtise. Nous avons bien insisté sur la nécessaire médiation de la mère, c'est pour cela que nous parlons de convention tripartite et non de duo.

Sans elle, il n'y a pas de bon père, il n'y a pas de père du tout. C'est une énorme responsabilité qui pèse sur toutes les femmes: nommer le géniteur, lui laisser prendre toute sa place de père. Nous ne le répéterons jamais assez!

Quand ça se passe mal, rien n'est perdu pour autant. Comme toujours pour les relations humaines, rien n'est figé. Le temps calme les émotions trop intenses, délie des problématiques réputées insolubles. Il y a des moments dans la vie qui sont obligatoirement conflictuels. L'adolescence en est l'exemple type, mais ce combat que mène la jeune fille pour devenir adulte est une nécessité qui fait aussi avancer les pères! Elle leur permet de se retirer sur la pointe des pieds du rôle strictement éducatif pas marrant du tout. De regarder la chrysalide devenir papillon et enfin, d'accepter de le voir voler sans aide. En acceptant que cette nouvelle adulte ait des goûts, des idées, des manières différentes de ce qu'il avait envisagé dans son imaginaire d'enfant idéal. Cette démarche est semblable quand l'enfant est un garçon. Le père doit accepter ce nouveau papillon avec la même générosité et la même acceptation de l'enfant réel. Sauf que pour sa fille, la teneur émotive est plus intense. Pourquoi?

Nous l'avons dit tout au long de ce livre. La pseudo-fragilité de sa petite fille renforce chez le père le désir de protection. Sa sexualité si précieuse que nos modes culturels souhaitent préserver, cette difficulté à «lâcher» son enfant dans ce monde de brutes concourent à compliquer la donne. Les pères en difficulté ont du mal à accepter cet être désormais autonome et refusent de renoncer à guider, à influencer leur jeune pousse. La bonne attitude est un travail quotidien de réflexion, d'ajustements. Que diable, messieurs les pères, vous avez été adolescents aussi! Vous vous souvenez que le moindre reproche de votre père vous mettait en furie! C'est très peu différent pour elle et les raisons de brouille sont quasi similaires. Elles se nomment: liberté.

Nos conseils sont surtout adressés aux filles en conflit avec leur père, parce que, comme le démontre le chapitre 9, elles ont besoin que la relation au père soit apaisée pour vivre allégrement et légèrement leur vie de femme. Nous savons bien que le bonheur se construit avec obstination au fil du temps, que l'on ne comprend pas la cause de nos malheurs tout de suite, que la liberté se gagne dans l'analyse et la compréhension de notre histoire ! Combien de fois avons-nous entendu : « Je n'ai rien vu, rien compris... Je croyais que je ne comptais pas pour lui, jusqu'au jour où... » ? Le jour où ? C'est aujourd'hui, demain. C'est n'importe quand...

HALTE À LA DÉESSE-MÈRE !

Certains papas qui en font trop font de leur épouse la déesse de la fécondité ou la reine du foyer... Bref, maman sort du rang pour devenir l'idole, la consacrée, la sacrifiée. La plupart du temps, cette admiration vient de l'estime qu'a eue le papa pour sa propre déesse-mère, sa représentation de la maternité. Il peut alors trouver utile de remettre dans les mains maternelles toute la fonction parentale. S'il est souvent absent, ça l'arrange plutôt de déléguer tout pouvoir à la sainte femme « que tu dois respecter, qui est le centre de la famille, le cœur, le pilier, le repère »... « Tu ne veux pas tuer ta mère, après tous les sacrifices qu'elle a faits pour toi ? » est une phrase trop souvent entendue ! Non, un père ne doit pas sanctifier la généreuse mère, il doit seulement soutenir ses actes éducatifs. D'ailleurs, maintenant tous les enfants, filles et garçons sont embarrassés par cette image d'un autre siècle ! Les dieux sont tombés de l'Olympe depuis longtemps et les déesses se sont humanisées. Les filles n'ont pas besoin de l'image d'une sainte pour faire leur chemin, et n'ont surtout pas besoin de se construire ainsi. L'idée de sacrifice maternel, mise à toutes les sauces, n'est jamais une bonne formule pour devenir indépendante et libre. Imaginez s'il faut toujours remercier pour tous les bons soins reçus[99] ! Imaginez la culpabilité que des phrases semblables peuvent procurer, quand, seule devant sa glace, on se sent si méchante fille, si ingrate.

99. Nous ne disons pas non plus qu'il faut oublier la solennelle fête des Mères !

LES CONSEILS DE CHRISTOPHE

Nous ne pouvions finir ce chapitre sans lui. Nous saluons son livre, *J'élève ma poupée*[100], frais et drôle comme un matin de printemps. Lui, c'est Christophe Honoré. Ce qu'il fait ? Un plagiat des conseils de la légendaire Pernoud, en conseillant à sa fille de bien élever sa poupée !

Mais vous avez compris l'astuce. Tout y est dit pour élever une fille ! Nous n'allons pas le citer entièrement, mais nous pensons que vous devez le voler à vos enfants[101] et en faire votre ABC de papa éducateur, à la nuance près. Vous imaginez comme nous avons ri en lisant ceci : « Comme tout parent, j'aurais préféré un garçon, un petit fiston qui deviendrait plein de muscles, de poils et de voix grave. C'est tellement plus sérieux d'avoir un garçon que d'avoir une fille, ça promet tellement d'aventures... J'ai eu quelques mois pour me préparer à l'idée que c'était une fille que j'allais élever. Passé le moment d'abattement, je me suis convaincu que c'était malgré tout une bonne nouvelle. »

Ça ne vous rappelle rien ? Non, nous ne connaissons pas personnellement ce Christophe-là, mais rien n'empêche de se refiler les bons tuyaux, nous le distribuerons autour de nous sans limite. Son livre est drôle, et il est bien illustré en plus... Pourquoi s'en priver ?

---

100. Christophe Honoré, *J'élève ma poupée,* Paris, École des loisirs, 2010.
101. Est-ce un livre pour les enfants ? Peu importe puisque nous tissons des lauriers. Christophe Honoré est aussi l'auteur de films que nous avons beaucoup aimé. Voir sa filmographie sur Google.

CHAPITRE 11

« Et moi, la fille, je fais comment ? »

Même si nous ne sommes pas d'un optimisme béat et que nous ne nourrissons pas un espoir démesuré en faveur du changement – car nous savons que les schémas solidement ancrés ne bougent que très lentement –, nous croyons néanmoins à la sortie du tunnel, ou au moins à l'interruption des processus de sabotage.

De la part de la fille, il faudra surtout une forte prise de conscience de ses échecs, de sa souffrance et du schéma répétitif qui l'induit, ainsi que la volonté de suivre une éventuelle « thérapie » en profondeur. Nous pensons que la question de la relation au père est aussi importante que la question de la relation à la mère. Le destin amoureux et professionnel de la fille est en jeu, ainsi que son identité de femme. Il faut se libérer de l'emprise du père dans **la réalité comme dans l'imaginaire.** Or, rien n'est plus dur que de se battre contre une image : l'imago paternelle. Comment faire « sauter » le père imaginaire ? Comment le dynamiter quand on ne peut pas *shooter* dans une ombre ? Dans les pages qui suivent, nous allons tenter de répondre à quelques questions et donner des pistes pour que les filles s'en sortent, que diable !

> Souvenons-nous, répétons-le, c'est cela la problématique des filles : l'attente du père imaginaire et la recherche du regard du père.

Nous faisons référence au livre de Guy Corneau *Père manquant, fils manqué*[102] pour nous poser la même question : père manquant, fille manquée ? Nous entendons par manquant non seulement le manque au sens propre, mais le manque au sens figuré, c'est-à-dire un père « incompétent ».

Les filles sans père deviennent souvent des femmes-enfants qui le recherchent éternellement. Pour leur vie future, c'est « empêchant ». Elles peuvent se désoler en le constatant… mais elles peuvent aussi s'en défendre et pour tout ce qui ne concerne pas leur vie amoureuse être des battantes, car elles sont souvent rebelles, rétives, enragées… Tout dépend de leur structure psychique et de leur capacité à réussir leur résilience. Alors comment échapper à ce qui n'est pas une fatalité dans le domaine amoureux ?

« Vais-je réussir ma vie de couple si papa a été défaillant ou a donné une vilaine image de l'homme ? »

Une fille qui a été abandonnée par son père attirera-t-elle toujours des hommes en position de l'abandonner ? Une fille qui a manqué de père recherchera-t-elle toujours à vivre une relation avec un homme plus âgé ?

« Suis-je condamnée aux échecs successifs dans ma vie professionnelle parce que mon père ne m'a pas donné les clés de ce monde-là ? »

À la première question, il nous semble que l'étude du cas qui suit apporte des réponses, car c'est une histoire exemplaire, un condensé de ce que nous avons vu, où la plupart des ingrédients sont présents. Voilà tout ce qu'une relation père-fille difficile peut entraîner chez Térésa, et au-delà, chez de nombreuses filles comme Térésa.

102. Guy Corneau, *Père manquant, fils manqué,* Montréal, Éditions de l'Homme, 2003.

L'HISTOIRE DE TÉRÉSA, OU « TOUTES EN UNE » !

C'est une belle histoire. Il y en a d'autres, différentes ou ressemblantes par certains aspects. Elle est juste une démonstration de l'importance des incidences, des conséquences lourdes dans la vie amoureuse de la fille. Ici, une profusion d'hommes, une répétition sans fin, une scène rejouée... jusqu'à quand ?

Que faire quand l'absence du père a marqué la vie de la fille ? Il ne faut pas vouloir guérir de tout, nous le savons. Nous avons dit dans un autre chapitre que nous étions des sottes, des gourdes compulsives à nous fourrer toujours dans les mêmes situations de rivalité. Certes, nous le sommes, sottes, mais nous pouvons continuer à vivre cette répétition, à condition de la vivre bien, de la vivre légèrement, sans souffrance, sans jalousie, sans somatisation – cette somatisation qui va du « J'ai mal au pied » à l'admission à l'hôpital psychiatrique... Un des moyens réside dans l'analyse, la conscientisation. Sachons pourquoi nous agissons ainsi. Il faut accepter de revivre mais il faut savoir ce que nous revivons. Nous dirons peut-être : « Je ne peux pas m'en empêcher mais je sais pourquoi... » Cela fait toute la différence et rajoutons : « Je sais m'arrêter avant qu'il y ait trop de dégâts ! » Nous rejouons des rôles en permanence, la petite fille, la maman, etc. Notre libre arbitre est sans arrêt menacé par les fantaisies de notre histoire familiale. Monsieur Freud avait raison.

Nous vous entendons : « Eh bien, nous voilà bien aidés avec ces deux-là ! Elles sont cool ces psys ! Elles ne nous donneront aucun conseil pour nous sortir les mains du cambouis. Elles nous demandent de rester dans la gadoue et de trouver ça léger. Pourtant ça colle aux semelles et on ne peut pas avancer avec des kilos aux pieds ! » Certes, mais laissez-nous vous raconter l'histoire de Térésa, l'analyser. Les pistes et les conseils vous les trouverez ensuite ! L'histoire de Térésa donc...

Notre fille, ici, a une panoplie lourde à porter. Elle parle de son père, mais le rôle joué par la mère est déterminant. Pourquoi, à un moment, mères ou pères battent-ils en retraite ? **Là, c'est le père**

qui a été vaincu par une mère trop puissante, trop castratrice, furie, animal sauvage, qui réglait son histoire avec son père à travers sa fille et sa relation avec son propre papa. C'est bien plus souvent les pères qui s'inclinent, bien sûr. Ils fuient, ils se refont une famille. Ils abandonnent le terrain devant les cris, les drames et la folie !

« MON PÈRE NE M'A PAS CHOISIE »

Térésa raconte : « Pendant les huit années où mes parents ont été séparés, mon père avait interdiction de me voir. Ma mère lui refusait férocement le droit de visite. Il a tenté plusieurs fois de me rencontrer, mais ses tentatives, pour la plupart, ont été vouées à l'échec, ou du moins chaque fois qu'il essayait de s'imposer, c'était le drame. Elle lui lança, un jour qu'il s'était présenté à la porte : "Tu me passeras sur le corps mais tu n'auras pas cette enfant !" Il est allé jusqu'à venir me prendre à l'école comme un voleur. De guerre lasse, il a fini par quitter la région. Ma mère avait gagné. Mon père n'a pas choisi de se battre jusqu'au bout. »

Térésa était un objet de dispute. Le père s'est incliné devant la folie maternelle, il a préféré la paix plutôt que sa fille. À cette époque, il savait que la loi et les juges favorisaient les mères, que le procès était perdu d'avance. Reste ce que l'enfant a vécu et ressenti.

UN PÈRE QUI SE RETIRE SUR LA POINTE DES PIEDS, UN PÈRE SOUMIS

L'histoire continue : « Un jour que j'étais en vacances à la montagne avec ma grand-mère, je jouais dans la chambre. J'ai entendu le bruit de pneus qui crissaient sur les gravillons de la route, une voiture s'immobilisait doucement, puis une conversation à voix basse s'engagea entre ma grand-mère et quelqu'un d'autre, que je ne crois pas avoir identifié sur le moment. Et puis, à nouveau le bruit du moteur et le démarrage. Je suis sortie sur le perron. Je ne sais plus si ma grand-mère me l'a dit. C'était mon père, venu pour me voir. Ma grand-mère l'a renvoyé. Au terme d'un échange bref, tout s'était passé très vite, il était reparti. » L'homme n'a pas insisté cette fois devant l'autorité, l'interdit de la mère, médiatisé par la grand-mère.

« Pendant ces années-là, je n'ai vu mon père qu'exceptionnellement. Puis, soudainement, ma mère m'a envoyée chez lui chaque semaine. Mon père vivait avec une nouvelle femme. Elle disait que pour semer le trouble dans un couple, envoyer l'enfant le plus souvent possible c'était efficace : grande psychologue ! Ça n'a pas manqué : le nouveau couple a explosé, mais ce n'était pas moi la responsable ! Même si j'avais été envoyée en torpille, en pomme de discorde… C'est plutôt que mes parents s'étaient revus en cachette et qu'ils avaient le projet de revivre ensemble.

Entre-temps, avec la nouvelle compagne de mon père, il fallait se faire aimer. Désormais, j'étais souvent avec eux. Ils me prenaient en vacances et ce furent les premières chouettes vacances de ma vie. Quelle patience elle a eu cette femme ! Je le comprends aujourd'hui, maintenant que je suis adulte. Et le jour où elle a su qu'elle était larguée, pendant qu'elle se lamentait, son gros chat castré dans les bras, eh bien, j'étais là, moi, encore ! En guise d'éponge, de serpillière ou de je-ne-sais-quoi, pour que la pilule passe mieux et qu'il n'y ait pas d'esclandre devant l'enfant. Heureusement, cette femme avait le deuil discret, mais j'étais en position inconfortable. Je ne disais mot car je savais ce qui se tramait. Je l'aimais bien, du reste, elle avait bien des qualités que ma mère ne possédait pas. Mais là je n'étais pas dans son camp. Il s'agissait de récupérer le père pour ma mère. Une demande implicite, car moi, dans le fond, je l'avais retrouvé. Certes, pas au quotidien, mais bien souvent… Il me gâtait et on rigolait bien, tous les trois, avec sa nouvelle femme. Sauf que j'avais compris qu'il ne revenait pas pour moi mais pour ma mère. La femme quittée fit quand même une tentative de suicide. »

Avec sa belle-mère, Térésa se retrouve à nouveau en rivalité avec une autre femme face au père. Elle est doublement en rivalité avec la mère et la belle-mère. La mère avait pour rivale cette nouvelle femme et elle jetait sa fille dans cette guerre pour éliminer l'autre femme. Trois femmes pour un seul homme. Trois femmes embarquées. La plus petite aurait pu être épargnée. La fille a pu en déduire qu'encore une fois la mère était toute-puissante et qu'aucune ne lui succéderait. Encore une fois, la mère faisait la pluie et le beau temps.

Ces filles, que les mères utilisent pour récupérer le père auprès d'une rivale, ou qu'elles dressent contre lui quand il s'en va pour vivre avec une autre partenaire, auront tendance à revivre le triangle, la rivalité et la… jalousie. C'est « son » père que l'on se dispute.

Lorsque Térésa analyse son comportement, elle dit : « Lorsque je suis en concurrence avec une femme vis-à-vis d'un homme, je prends la poudre d'escampette, j'abandonne le terrain, alors que je suis parfois en position ou en ballottage favorable, comme on dit les soirs d'élection. »

Pour Térésa, toute femme en place est indéboulonnable, comme l'a été sa mère. Elle ne joue pas sa carte. Elle n'a jamais eu de place en tant qu'enfant, ballottée dans le désir des autres.

Elle peine à trouver une place auprès d'un homme ou à la prendre : « Il m'est arrivé, alors que j'étais dans une relation installée, d'avoir des peurs paniques injustifiées, de craindre que mon homme soit séduit par une autre quand je savais qu'il rencontrait une femme que je connaissais, que j'imaginais forcément plus séduisante que moi. J'imaginais mal qu'on puisse vivre avec moi pour mes qualités intrinsèques. Je pensais qu'elle allait me le prendre, comme ma mère avait pris mon père. »

Avec ces éléments, Térésa a élaboré une image d'elle-même négative. Comment peut-elle penser qu'un homme peut lui être fidèle ? Aussi, la petite fille qui est en Térésa s'en va toujours avant d'être quittée, car elle ne pense pas qu'elle sera choisie très longtemps. Elle suppose d'emblée qu'elle va perdre, que l'Autre sera plus forte, que l'homme est faible. Elle ne fait rien pour prendre sa relation à bras-le-corps. Si elle le tente, elle se conduit maladroitement, de sorte que l'homme s'enfuit. L'a-t-elle souhaité, craignant de voir le déroulement de l'histoire ?

Il y a quelques bénéfices secondaires à la situation. Ainsi, elle conserve sa liberté. Elle en fait dès lors son bien le plus précieux. Puisqu'elle ne peut jamais avoir l'homme qu'elle souhaite, celui qu'elle voudrait entendre lui dire: «Je te veux» ou «Je te garde», elle décide inconsciemment de s'en passer. Choisit-elle ses aventures? Elle se laisse plutôt choisir. Ce qu'elle veut, c'est être choisie! Sauf qu'elle n'est qu'une passade sexuelle. Pas pour la vie, et jamais préférée à une autre. «C'est toujours l'autre qui gagne», pense-t-elle.

ENFIN CHOISIE, OUI MAIS...

S'il arrive que les hommes la choisissent, ce sont des hommes qui s'accrochent, qui persévèrent, qui ne la laissent pas filer, alors qu'elle ne croit déjà plus à l'histoire, parce qu'elle est... possible! Ce ne sont pas forcément des hommes qui correspondent à son désir, à son fantasme... irréalisable. Après un temps, elle se lasse.

«Mon futur mari, Patrice, lui, m'avait choisie. Il avait reçu une énorme lettre de son ex-femme lorsqu'elle avait eu connaissance de mon existence, une lettre par laquelle elle lui déclarait son amour et souhaitait leurs retrouvailles après trois ans de séparation. Il l'avait brûlée devant moi sans l'ouvrir. De cela, je lui suis reconnaissante et ce sera un mari... papa.» Choisie, mais pour peu de temps car de nouveau elle sera abusée, trompée, vaincue par une autre.

«Pourtant, avec celui-là, vu son prénom, j'avais retrouvé le lien avec ma famille. Le patricien avait la coiffure – accroche-cœurs au front – et la voix du tribun. Il avait même le profil romain, pour moi qui avais fait des études de lettres classiques: Pompée. Au final, c'est moi qui ai été pompée!», s'amuse Térésa.

L'histoire finie, Térésa reprend son errance... Elle s'arrête de nouveau auprès d'un homme qui l'avait élue... mais, devinez ce qui arriva? Elle fut rattrapée par un «triangle», et depuis n'a plus cessé de les enchaîner.

« JE NE MÉRITE PAS »

Térésa réfléchit : « Quand je commence une histoire avec un homme, c'est toujours très intense. L'homme est fasciné. Son désir enfle. Moi, j'attends la décrue, je la redoute. Habituée à déclencher des passions fugaces, je ne suis pas confiante. Je n'ose rien demander ni faire état de mes besoins. Je ne mérite pas d'être choisie. Qu'un homme ne renonce pas à moi m'étonne. S'il me choisit, ses motifs me semblent obscurs, c'est sûrement parce qu'il n'est pas si bien que ça… Les hommes, je ne les rate pas. »

Térésa s'attend toujours à ce que son histoire d'amour prenne l'eau. Elle manque l'accroche. L'homme entend ce manque de confiance et aussi cette fuite en avant. Il y a ceux que cela excite, il y a ceux à qui cela fait peur ; il y a ceux qui ne vont pas se donner la peine de courir après elle ; il y a ceux qui manquent de confiance en eux, qui ne sont pas rassurés et croient à son indifférence. Malentendu sur malentendu. Chacun agit en fonction de sa nature et de son histoire.

Quand le père de Térésa a renoncé à la voir, sa mère a expliqué cette attitude par le fait qu'il était mauvais. Mauvais mari, mauvais père, etc. L'enfant, comme tous les enfants, n'a pu s'empêcher de culpabiliser cette absence : « Sûrement que c'était moi qui étais mauvaise, car si je lui plaisais, il m'aurait voulue ! » Elle reproduit cette mauvaise image de soi avec les hommes.

DES AMOURS PERDUES D'AVANCE

La perte se perpétue, se répète. Les hommes se multiplient… ou les expériences se succèdent. Térésa s'habitue aux amours qui ne durent pas… « C'est comme si je n'avais plus l'habitude de m'arrêter. On dit que dans la vie, il n'arrive jamais ce à quoi on s'attend, pourtant le scénario semble immuable, connu d'avance. Lorsque je rencontre un homme, j'ai l'impression que la rencontre n'est pas réelle, que ce que je vis va s'évanouir, disparaître, se dissiper, tel un songe au petit matin. Je vais me réveiller. Je ne peux imaginer que cette rencontre va changer ma vie. C'est forcément encore un amant de passage… de plus. Même si je voulais y croire, j'ai le sentiment que ce sont des amours perdues d'avance, inutiles, et que tout effort que je ferai est inutile», dit Térésa.

Y a-t-il des efforts à faire en amour? Des mouvements vers l'autre, sûrement. Nul n'est jamais assuré dans la vie de la durée d'un amour. Ce n'est pas un investissement dont le retour est certain ni connu d'avance. Dieu merci!

Ces amours perdues font penser au refrain de la chanson de la Québécoise Diane Tell, *Souvent, longtemps, énormément*:

> «Moi, j'ai aimé très souvent,
> Aimé longtemps puis énormément
> Et je les ai tous perdus
> Car comment aimer, je ne l'ai jamais su[103].»

Comment choisit-on un homme? Térésa ne le sait pas. Elle multiplie les relations où la configuration (homme marié ou engagé dans une autre relation) ou le tempérament de son amant (qui ne souhaite pas s'engager, par exemple) font que ces amours sont perdues d'avance. Comme le père était perdu…

Il est incroyable que cette sensation de perte, sensation enfantine, primaire des débuts de la vie se répète à l'âge adulte avec tant de force.

«J'AI PEUR DES HOMMES»

Térésa continue: «Au temps des débuts, où l'homme est à ma poursuite, je me cache presque. J'ai peur, je fuis. Quand, devant ma conduite, l'homme faiblit dans ce mouvement de conquête, je ne suis pas surprise, je perds vite le lien, je n'y crois plus et je fuis de plus belle. Après tout, c'est mieux comme ça.»

C'est la peur de l'homme qui fait fuir notre amie. On entend dans la bouche de la petite fille: «Les hommes sont méchants, ils

103. Diane Tell, *Souvent, longtemps, énormément*, paroles et musique.

vont me prendre comme mon méchant papa, comme le disait maman. » Ce papa qui était venu la « prendre » à la sortie de l'école. Fuyons, c'est mieux comme ça…

TOURNEZ MANÈGES, OU CHRONIQUE D'UN DÉSASTRE… AMOUREUX

Térésa fait l'inventaire de sa vie amoureuse : « Jusqu'à mon mari, chaque fois que j'ai rencontré un garçon, nous étions deux femmes sur les rangs et bien sûr je n'étais pas choisie. Mon premier petit ami est venu vers moi en me cachant qu'il avait une relation sérieuse. Je me suis retrouvée en rivalité avec une fille. Je ne cédais à ses instances qu'*in extremis,* mais ensuite, il a raconté notre aventure à sa copine qui a manqué se ficher par la fenêtre, signant la fin de notre histoire. » Belle répétition avec l'histoire parentale : la seconde épouse du père tentait de se suicider pour trahison !

« Souvent, il est arrivé qu'une femme beaucoup plus vieille ou plus persévérante l'emporte. Je n'ai jamais su quand il fallait s'accrocher. Après mon divorce, si je fais l'inventaire de ces hommes rencontrés, je vois des hommes mariés et infidèles, des divorcés en rapport ambigu avec leur ex-femme, des hommes n'ayant pas digéré leur histoire d'amour, hantés par un fantôme, des dons Juans, des hommes que l'engagement terrorisait, des hommes ayant l'âge de mon père, des fils restés attachés à leur mère, des pères attachés à leur fille. Très souvent, ces hommes hésitent. Franchement attirés, ils semblent près de me rejoindre et puis NON, cela ne se fait pas. Je suis refoulée. Malgré tout, je laisse des regrets. Ils me jurent que je suis quelqu'un de si bien… même si cela ne m'avance guère ! Ils ont la sensation d'être passés à côté de quelque chose… Ils pensent qu'ils vont me retrouver là où ils m'ont laissée. Ils me gardent au chaud, ou plutôt, ils m'y oublient. Je suis laissée-pour-compte, mise à l'écart, mise dans une case, casée. On me laisse attendre, on m'entretient par des coups de fil, on me balade. Je disparais. J'ai toujours un signe. Plus tard. Signe qu'on m'aimait bien ! L'un m'a joliment dit qu'après notre rupture je serais son "singe en hiver[104]". D'autres m'ont souhaité le bonheur qu'ils n'avaient pas su me donner. Certains m'ont dit : "Je t'ai perdue" après avoir fait ce qu'il fallait pour cela… » Piètre consolation pour Térésa.

Encore une référence aux paroles d'une chanson, celle de Joe Dassin : « Il y a les filles que l'on aime et celles qu'on aurait pu aimer[105]… » Térésa ne passe jamais loin du but.

Ces situations sont courantes prises isolément, mais la question est : pourquoi les revivre **toujours** ? Est-ce bien cela le symptôme ?

MISE EN BALANCE, OU « EST-CE QUE JE VAUX MIEUX QU'ELLE ? »

Les hommes mettent toujours en balance Térésa avec une Autre : une épouse, une maîtresse, une fille, ou avec autre chose : leur travail, leur argent, leur carrière ! Térésa recherche-t-elle et attire-t-elle cette configuration ?

« Même si je ne me fais aucune illusion avec un homme marié, j'attends d'être en bonne position dans le harem. Quand j'apprends qu'un homme marié qui me plaît et à qui je semble plaire est un infidèle, je me dis : "Pourquoi pas moi ? "Je ne me raconte pas d'histoire sentimentale mais je persévère à accepter de rivaliser avec une autre (parfois deux !). Je craque lorsque je sens le désir réciproque. Le moment sera joli, malgré tout… »

Donc, encore une fois, Térésa, cédant à ses pulsions, séduite par le désir de l'homme, se retrouve en rivalité avec une autre… la femme et la vieille maîtresse. Ouf ! Quel pétrin ! Mais cette situation de transgression est hautement érotique.

---

104. En référence au film d'Henri Verneuil *Un singe en hiver* (1962). Le singe, dans le film, c'est une dépendance à l'alcool qui aide à passer l'hiver. À la fin du film, quand s'en va le jeune homme, le vieil homme dit : « Et pour moi commença un long hiver. »
105. Joe Dassin, *La fleur aux dents*.

C'est le genre de relation où on ne sait jamais si on va revoir l'amant ! Comme ce père, il peut disparaître à tout moment et resurgir… à tout moment. Térésa est mise en balance et remise en jeu, comme à la roulette, de façon incessante. Si elle tient, elle tient… Elle ne tiendra pas longtemps. C'est intenable. Hautement érotique mais intenable ! Comment voulez-vous ?

« Être objet de désir, être voulue, qu'un homme veuille de moi ! Je ne sais pas refuser », dit-elle. Qu'enfin elle soit choisie par ce père ! Térésa semble suspendue au désir de l'autre, à sa volonté, à ses pulsions. Elle désire par mimétisme.

Elle est surtout une proie que l'on se dispute, comme elle l'était auparavant entre ses parents. Elle se prête à cette manœuvre, lisse, tentante. Elle se fait convoiter, elle veut séduire. Les hommes sont souvent plusieurs en lice. Ils sont fascinés dans un premier temps, attirés. Ils la convoitent, la possèdent, la dévorent tout entière, mais ne la choisissent pas. Térésa reste la seconde.

« J'ai remarqué que les hommes ne s'intéressent à moi ou ne se "déclenchent" que lorsqu'ils sentent le rival approcher. Dès lors, je deviens un enjeu. Je suis toujours un sujet que l'on se dispute, finalement. Comme au Moyen Âge quand la femme était le cadeau du tournoi gagné. Je suscite la bagarre des hommes entre eux. Mais ils retournent tous chez leur "mère". Comme son père.

Si la mère a agi de la sorte, c'était pour régler ses comptes avec son mari en punissant le père. On voit ici une belle confusion entre les diverses fonctions. La relation conjugale et la relation parentale. Le rôle de mari et celui de père sont confondus. Elle se servait de cette enfant comme objet de vengeance, mais voulait aussi la **garder** pour elle. « Pourtant, explique notre amie, je ne voyais pas souvent ma mère. Elle n'était guère là. C'était ma grand-mère qui me gardait. » Puis elle s'interroge : « Parfois je me demande si je veux vraiment qu'un homme me garde. »

Récemment, Térésa a rencontré un homme très intuitif qui a prononcé, très peu de temps après leur rencontre, les deux petites phrases qu'elle a toujours voulu entendre : « Je te veux ! » Puis, après un de ces moments de retrait et de grande froideur dont elle est capable lorsqu'elle sent qu'une relation s'installe : « Je te garde ! » « Malgré tout », aurait-il pu ajouter. Térésa souhaite-t-elle véritablement être **gardée** par un homme ? Elle-même se pose la question. Ne souhaite-t-elle pas être remise en jeu, comme elle en a l'habitude ?

Si la fille appartient à la mère, qui la refuse au père, elle ne peut appartenir à un homme. Tout au plus peut-il la prendre sexuellement. L'homme peut ressentir que cette femme ne peut s'abandonner à personne et en être passablement troublé. Comment s'abandonner lorsqu'on a été abandonnée ?

Il faut un fou pour s'accrocher. Un amateur de tours imprenables, d'inaccessible. Un grimpeur de col. Aussi, la plupart des hommes n'insistent pas. Ils partent comme ils sont venus, comme des voleurs (d'enfant ?), et Térésa n'est pas étonnée qu'ils s'en aillent, comme son père qui un jour a redémarré sur les gravillons et repris sa route, sans s'imposer devant la mère et la grand-mère, sans insister.

« C'est comme si j'étais retenue. Je ne peux pas aller véritablement vers un homme. Pourtant, je vais vers celui qui dans un premier temps m'a accostée. Je fais des démarches dans sa direction, mais je ne tiens pas la distance sur la durée. Je suis une femme interdite, dérobée, qui se dérobe, une femme voilée, cachée, qui se cache et ne sort que pour faire de mauvais choix. »

Une enfant volée. Dérobée au père. Et aux hommes. Pour la vie ?

L'HOMME ENJEU, OU L'HOMME EN JEU

« Dès que l'homme n'est plus un enjeu, je me lasse. Il faut que lui aussi soit remis en jeu. Si je manque le perdre, il retrouve de la valeur. » Il redevient inaccessible.

Térésa le dit : elle est attirée inexorablement par les hommes inaccessibles et se rend inaccessible, par effet miroir, pour les partenaires qui voudraient partager sa vie. Elle explique cette jouissance à être rejetée : « C'est revivre ce moment où je me disais : "Je suis une petite fille abandonnée, moi, je n'ai pas de papa "ou quand je disais : "Il vaut mieux ne pas avoir de père qu'en avoir un comme le mien "à une petite fille orpheline. Je ressens cette blessure de rejet que ma mère, dont le père est mort alors qu'elle était en bas âge, m'a transmise. Pendant quelques minutes, tout au fond de mon ventre, je sens que cela confirme ce que je pense. J'ai raison. Personne ne m'aime. Je ne vaux rien. Je peux me plaindre. Je suis incomprise, ou plutôt, ils ne savent pas ce qu'ils perdent. Je n'ai pas de chance. Ma valeur n'est pas reconnue. »

Masochisme caressé... Et hop, Térésa peut repartir en conquête, connaître à nouveau les débuts d'une histoire qui partira en flèche et finira en pétard mouillé. Vite un autre pansement sur la plaie d'abandon, la blessure de rejet !

Un pansement c'est temporaire, ça cache le suintement, ça protège, occulte momentanément, mais il faut d'autres mécanismes de réparation pour que la plaie guérisse... ou cicatrise.

TENTATIVE DE « RENARCISSISATION »

Térésa s'efforce en ce moment de se mettre en valeur aux yeux d'un homme, car trop longtemps elle a avancé modestement, en se cachant, comme l'enfant silencieuse qu'elle était, dans le climat familial perturbé où sa présence amenait le conflit.

« Mais, reconnaît-elle, je passe d'un extrême à l'autre. Je dis, par exemple, à un homme : "Je fais ceci, je fais cela, je suis ci, je suis cela, je suis allée là." C'est la stricte vérité, mais surtout une façon de me restaurer narcissiquement à mes propres yeux, parce que je suis malade, malade de son silence. Ce silence que j'entends comme un : "Je ne veux pas te revoir, ou pas tout de suite, ou quand je le voudrai..." Au lieu de me dire : " C'est un don Juan, c'est un trouillard, c'est un goujat, un malade ou un occupé", je me dis qu'il n'a pas vu à qui il avait à faire... qu'il devrait me garder. »

Plaire au père, séduire encore le père, montrer à l'homme son véritable potentiel... Les filles comme Térésa remettent tout leur destin entre les mains d'un homme. Elles cherchent son regard encore et toujours… Et elles choisissent mal. Oui, c'est de celui qui les rejette qu'elles veulent se faire aimer ! C'est à l'aune de l'amour de cet abandonnant-là qu'elles mesurent leur valeur, afin de se conforter une fois de plus dans la mauvaise image qu'elles ont d'elles-mêmes. C'est reparti pour un tour dans le manège de l'abandon et du rejet. Leur étalon n'est pas un étalon-or !

Ces filles ne voient pas midi à leur porte. **Sont-elles pour autant des causes perdues ?**

POUR TÉRÉSA ET SES SŒURS

Comment mettre de l'ordre dans sa vie privée quand l'esprit est confus, quand on ne sait dans quelle direction aller ? Comme la souris dans son labyrinthe, par essais et erreurs… proclament les conseilleurs.

C'est ainsi que l'on avance dans la vie en ne sachant pas d'emblée où l'on va. Nous sommes des pèlerins sur un chemin, il faut accepter d'apprendre jusqu'au bout de sa vie. « Elle était au bord de mourir, la vieille, qu'elle apprenait encore », dit un dicton populaire. Il y a des apparents ratés, des déchets, des pertes, des « coups pour rien » qui n'en sont pas vraiment. La première expérience amoureuse sert à se mesurer à l'interdit du père. Le transgresser nous fait flamber ! C'est une bonne façon de progresser. Notre Térésa, malgré le handicap, avance, résout, résilie (au sens de résilience) son histoire peu à peu, au cas par cas. Les histoires d'amour qui se présentent à elle n'adviennent pas par hasard, car il n'y a pas trop de hasard dans les rencontres. À condition que l'on admette cette idée, on peut facilement analyser la situation. À sa façon.

Cette analyse peut être le fruit d'une réflexion personnelle, nourrie de lectures, de romans, d'essais, de films, de conférences, de discussions avec des amis, d'affirmation de soi, surtout. « Nous préférons vivre que nous cacher sous la table » est notre credo.

Tordons le coup à ces injonctions qui sont parfois des auto-injonctions : ne pas faire ci, ne pas faire ça, ne pas rompre, ne pas déconstruire, ne pas divorcer. Comme si nous n'avions aucun joker. Comme s'il fallait être parfait du premier coup. Savoir avant d'avoir appris. Cessons de nous empêcher.

Notre mal-être amoureux, professionnel, relationnel est la source de beaucoup de somatisations. Il faut bien, comme l'Alice du Pays des merveilles, aller voir derrière le miroir, aller voir derrière son personnage pour oser s'aventurer au coin de la rue. Craindre l'expérience, c'est craindre d'avancer. Voyons les expériences comme des étapes, tirons-en l'expérience, justement, la substantifique moelle, donnons leur un sens et tirons le fil rouge qui conduit à notre vérité.

« Avoir les moyens de ses ambitions », disait en permanence l'analyste de l'une de nous. « Et se ramasser le menton sur le trottoir », pensions-nous à chaque admonestation. Il faut accepter de vivre des turbulences, de sentir que la coque souffre et nous avec. Tester la résistance des matériaux ! Puis, avec ses ressources, s'en sortir. Une boîte à outils que l'on garnit avec ce que l'on veut, avec ce que l'on aime, avec surtout ce qui marche pour soi, ce que l'on a cité plus haut et tant d'autres moyens : la relaxation, la méditation, n'importe quelle méthode que l'on trouve à son goût. Il y a aussi le recours possible à l'analyste bienveillant, ce témoin lucide de la réalité qui va aider à faire le tri. « Être heureux ce n'est pas nécessairement confortable[106]. »

Parfois, nous entendons la plainte : « Pourquoi suis-je ainsi, alors que d'autres ont des certitudes. Pourquoi, moi, suis-je toujours en apprentissage ? » Ne nous désolons pas, ceux qui ont des certitudes sont aussi exposés aux tourments de la vie que ceux qui n'en ont pas. Ils ne sont pas à l'abri d'un effondrement fatal.

Pour couper la route au doute qui s'insinuerait, il leur arrive de se « barder » de kilos, d'avoir recours aux écrans de fumée, aux vapeurs de l'alcool, aux paradis artificiels ou aux anesthésiants de la vie (dépendance au sexe, aux médicaments). Nous préférons les

106. Titre d'un livre de Thomas d'Ansembourg, *Être heureux ce n'est pas nécessairement confortable,* Montréal, les Éditions de l'Homme, 2004.

vrais paradis. Vivre en harmonie avec soi. Être heureux une fois par jour, même cinq minutes, mais intensément, suffit. Nous croyons à la liberté qu'apporte la connaissance de soi.

Toutes les histoires sont thérapeutiques quand on sait se retirer à temps. Nous ne conseillons à personne de se jeter dans le feu. Nous émettons même des restrictions : l'émotivité extrême de certains sujets que certaines situations déstabiliseraient trop.

Il faut se garder de la folie ou du suicide. Certaines femmes n'ont pas la structure psychique qui leur permettra de rebondir après un chagrin d'amour. Dans le film *Liaison fatale* déjà cité, la maîtresse devient folle. Dans la réalité, certaines femmes, en situation de rivalité ou d'abandon, peuvent devenir folles, meurtrières ou se tuer.

Certaines femmes arrivent à se placer dans le registre du désir exclusivement et peuvent avoir une relation avec un homme interdit sans souffrir de la rivalité avec l'épouse, ou plutôt en sachant divertir cette souffrance. Ceci implique beaucoup de maturité, de recul, une vie bien remplie, être dans le plein soi-même et non dans le manque. Accepter d'être la femme plaisir, la femme fantasme par effet miroir, la femme bleue… Pourquoi pas ?

Et s'il est impossible de ne pas revivre la rivalité sans en souffrir, il faut au moins en repérer la répétition, mais surtout, prendre une autre route. Est-ce que ce partenaire sexué, qui ne sera pas un père, arrivera un jour ? Peut-être, tout dépend de ce qu'on lui demande. Ne pas demander à un homme d'être un père est pour certaines femmes un apprentissage de vie qui implique de la frustration et un peu de résignation, un tout petit peu… mais cela vaut le coup d'essayer car on récupère un amant, un partenaire, un *alter ego* ! Que demander de plus ?

DES CAUSES PAS SI PERDUES

L'histoire de Térésa met essentiellement en évidence le rôle du père dans la vie amoureuse. Il y a d'autres registres au moins aussi importants directement liés à la bonne ou mauvaise relation entretenue avec le père. La vie relationnelle, bien sûr, mais aussi la vie professionnelle. Nous avons bien insisté, dans le chapitre précédent, sur la nécessité, pour le père, d'aider sa fille à « trouver sa place » dans la société, et ce, avec ou sans mari ! Que font nos Térésa professionnellement parlant ? Eh bien, elles sont au moins aussi empêtrées que dans leurs histoires d'amour. Pour réussir dans l'entreprise, tous nos sociologues sont d'accord, il faut des diplômes, de la compétence, de la présence, du temps, de l'audace et... se comporter comme un homme, affirment certains. Toutes choses qui ne sont pas dans le manuel des filles. Pour les diplômes, c'est bon, les filles sont bien meilleures élèves que les garçons... jusqu'à l'université ! Vous savez pourquoi ? Parce qu'on les limite à ces fameuses carrières dites féminines. Nous avons déjà mis en garde les papas et les incitons à faire bloc contre les préjugés, à nourrir leur ambition. Actuellement, beaucoup de demandes d'aide psychologique de nos grandes filles ont pour sujet leur « place » et leur réussite dans la société. Ce qu'elles nous confient nous révolte souvent. On leur demande des qualités de *manager*, et en même temps, de rester discrètes. Elles ne doivent surtout pas être de « petits chefs », les hommes qui les entourent détestent cela ! Combien de fois doivent-elles la boucler devant des propos stigmatisant leurs attitudes ? Que dit la voix du peuple devant une belle réussite professionnelle ? « C'est un mec », et encore : « Elle a raté sa vie », si par malheur elle vit seule ! En cela les romans... d'amour ne sont pas aidants ! Vous avez remarqué qu'ils montrent tous qu'à la fin la demoiselle pleure... ses amours perdues. La demoiselle pleure surtout un père qui ne lui a pas donné les règles de cette vie-là, ce père qui a « manqué » à son devoir essentiel de passeur de relais. Ce père qui préfère garder sa fille dans le conformisme mou et le rôle qui est de façon ancestrale dédié aux femmes. Alors les filles, essayez quelques exercices pour être heureuses et libres en amour et... en affaires. Pour cela il faudrait :

- Asseoir votre confiance en soi.
- Penser à tout ce que vous êtes et que vous réussissez, en dehors d'un homme.
- Ne plus vous remettre en jeu, ou alors par jeu...

- Déprogrammer votre inconscient pour ne plus attirer des hommes « à triangle » ou ne pas les inciter à venir vers vous.
- Changer votre comportement de séductrice pour ne pas être objet de convoitise… Hum !
- Ne plus chercher le regard d'un homme à tout prix.
- Vous retirer des situations de compétition-rivalité entre l'homme et vous.
- Ne pas déplacer vos problèmes de mauvaise relation avec votre père sur toute relation d'autorité.
- Ne pas vous comporter comme un homme, mais comme une femme actuelle, bien dans ses escarpins ou ses baskets.

Les filles dont le père a été défaillant sont-elles condamnées à ne jamais trouver l'équilibre, à toujours alterner entre le père « impossible » et l'inatteignable pourvoyeur d'un grand frisson de courte durée ? Ces filles sans père demeureraient-elles écartelées entre un besoin hors normes d'une sécurité et d'une protection qui leur ont manqué et le désir d'être une femme indépendante ?

Que disons-nous, nous, les psys ? Que c'est le principe même de la frustration, qu'on ne peut tout avoir dans un même homme : un père et un partenaire. Que la solitude est notre lot comme pour tout être humain !

Il n'y a pas que les filles de père défaillant qui courent après un idéal de vie. Nous en sommes toutes un peu là ! Notre Jules, notre job ne pourront jamais nous satisfaire pleinement. Mais ne disons rien à Jules : laissons-le tenter l'exploit ! Pour le job, relevons nos manches. Certaines se résignent trop devant la destinée, la fatalité, le coup du sort : « Que je vive avec un homme plus âgé est mon destin, je ne crois pas que je puisse véritablement y échapper. » Avons-nous une véritable liberté par rapport à notre histoire ? Voici une grande question existentielle qui mérite de grandes thèses. Mais pour répondre simplement ou naïvement, nous dirons qu'il existe d'autres moyens bien plus malins que d'aller chercher auprès d'un partenaire **tout** ce que l'on n'a pas eu enfant. On peut liquider ce besoin de sécurité à tout moment.

L'une d'entre nous fait sourire son entourage lorsqu'elle désigne un petit ours blanc en peluche et dit : « C'est papa... » Avec une voix de petite fille traînante, alanguie, une voix à la Marilyn et une moue d'enfant. Cela mérite un petit couplet d'explication. Non, ce n'est pas une régression dans la petite enfance, encore que... Il s'agit de symboliser pour elle son besoin de papa. Lors du travail qu'elle a fait sur sa relation à son père, elle a éprouvé le besoin de symboliser ce *besoin de papa de la petite fille* qu'elle fut, parce que son papa était absent pendant sa tendre enfance. Donner corps à ce besoin permet de le visualiser et de le porter hors de soi pour ne plus en être encombrée dans sa vie d'adulte, dès lors qu'il est identifié, étiqueté, même s'il est toujours présent à l'intérieur de soi[107]. Très souvent, ce sont nos besoins d'enfant, nos besoins infantiles non satisfaits qui entravent notre vie d'adulte, car ils se mêlent à nos besoins d'adulte sans que toujours nous puissions faire le tri. Ils nous conduisent à des conduites inappropriées.

Savez-vous la différence entre un papa et un père ? Le papa c'est celui qui câline, qui fait des bisous, qui dit oui, qui gratifie, qui fait des cadeaux. Le père c'est celui qui éduque, qui pose des limites, qui frustre, qui dit non. Les deux dans un seul homme sont nécessaires pour la petite fille. Reprécisons que le père a pu être là et ne pas satisfaire ce besoin de papa. Et vice-versa.

Cette démarche de symbolisation est réparatrice et elle identifie un besoin précis, celui de bénéficier de la présence d'un papa enfant, besoin qu'il est trop tard pour satisfaire à l'âge adulte. Il se différencie du *besoin de papa de l'adulte* qu'éprouve toute femme, qui, dès lors que son éducation est terminée, n'a plus besoin de père mais a toujours besoin d'avoir un papa câlin.

Dans le domaine amoureux ou même amical, lorsque vient à cesser une relation qui a une dimension paternelle, il est important de mesurer l'intensité de son attachement et de la peine consécu-

107. Voir Jacques Salomé, *Pour ne plus vivre sur la planète TAIRE*, Paris, Albin Michel, 2003.

tive à cette perte et de ne pas la sous-estimer. Il est important de faire un lien avec son besoin de papa et de père.

À LA PLACE DE L'ABSENT... VIVE LES PÈRES DE SUBSTITUTION !

Tous les « faux pères » rencontrés, tous ceux choisis délibérément et qui ont joué un grand rôle pour l'épanouissement de la fille (professeur, oncle, beau-père, ami, père spirituel...). Tous les hommes de notre vie, jeunes et moins jeunes, participent à achever notre « initiation de père » ou à la reprendre en nous apportant cette dimension masculine. Quoi de mieux qu'un ami plus âgé que nous ou très futé et avisé pour nous conseiller ? Et puis, ne soyons pas négatives, bien des filles ont été métamorphosées par une rencontre amoureuse qui leur a apporté la dimension manquante : le masculin jusque-là absent de leur existence. Un regard amoureux et bienveillant leur a donné confiance et couleurs. Jusque-là un peu bancale, souffrant d'une infirmité psychique qui compromettait son accès à la féminité, voilà notre cendrillon transformée en princesse. Pensons à certaines de nos amazones... La rencontre amoureuse rédemptrice, cela existe, oui !

ET SI PAPA PÈSE ENCORE TROP ? *MY HEART BELONGS TO DADDY*[108]

Quand le père, réel ou imaginaire, empêche de faire sa vie, il est toujours temps de s'en détacher. Père réel qui n'a pas lâché fifille ou père fantasmé qui embarrasse la fille, il faut procéder de la même façon dans les deux cas : « désidéaliser » le père. Que papa ait été trop là ou absent, c'est la même chose. Trop ou pas assez... souvenez-vous !

D'autant que l'on devrait accepter que l'un comme l'autre n'existent pas. Il est vrai que quitter l'enfance en renonçant au

108. Il est paradoxal que celle qui fredonna cette chanson culte, notre merveilleuse Marilyn, n'ait pas eu de père !

paradis et au prince charmant… est difficile mais c'est absolument nécessaire.

NE PLUS PRENDRE LES VESSIES POUR DES LANTERNES

La fille n'est pas la seule à avoir en tête un idéal. Le père aussi trimballe en secret sa fille idéale. Père et fille doivent renoncer à l'idéal qu'ils ont l'un de l'autre. Le père parle avec son émotion à la fille idéale qu'il a en tête et sa fille parle avec son émotion au père idéal. Ce qui donne à peu près ceci : « Je te parle et ne veux rien entendre. Ainsi, je ne risque pas de savoir qui tu es réellement… » Chacun parle au-dessus de la tête de l'autre. Voilà pourquoi la fille qui est à la recherche du père idéal a tendance à prendre les vessies pour des lanternes tout au long de sa vie avec ses partenaires amoureux. Nous comprenons que c'est le cas de toutes les filles avec ou sans père, et que notre travail est de restaurer ou d'instaurer dans la tête de la fille un père réel qui, même s'il est subjectif, se rapprochera de la réalité humaine du père de chair et de sang. Cela, afin que la fille puisse « voir » les hommes réels qu'elle a face à elle et qu'elle croise dans sa vie, et non des hommes occultés par un voile d'idéalisation. Quand bien même l'amour, par définition, consiste à idéaliser l'autre ! La cristallisation de Flaubert n'est rien d'autre. Notons que cette cristallisation intervient pour les deux sujets.

ROMPRE AVEC LE FANTASME

Elle doit parfois en finir avec le fantasme du bon père, du père bienveillant, du père « suffisamment bon », comme Winnicott parle de la mère « suffisamment bonne ». Didier Lauru dit, dans *Père-fille, une histoire de regard* : « La recherche d'un père qui tienne est nécessairement vouée à l'échec, c'est une impasse dans la vie amoureuse comme dans un travail psychanalytique[109]. » Il faut

109. Didier Lauru, *Père-fille, une histoire de regard,* Paris, Albin Michel, 2006, p. 164.

consentir à son histoire, accepter le père réel, abandonner ses illusions infantiles.

Nous avons déjà abordé le cas du « père légende », ce père décédé prématurément. Ces hommes qui meurent tragiquement sont des pères sans défauts. On n'a pas pu les haïr puisqu'ils n'ont pas posé d'interdits, n'ont pas frustré. Contre eux, on n'a pas pu se construire. Ils n'ont guère laissé le souvenir de leur personnalité et l'imaginaire de la fille a pu galoper sans être freiné par la réalité. Ces idoles sont les plus difficiles à abattre. Ce genre de circonstances peut entraîner, chez la fille, une rupture avec le monde réel.

Si chasser le fantasme est difficile lorsque la fille a une image idéalisée du père, ça l'est aussi lorsqu'elle a une image dégradée de celui-ci, quand le père réel est insupportable, abandonnant, violent, alcoolique, pervers. Dans ce dernier cas soit elle nourrit de la méfiance à l'égard de toute rencontre masculine, soit elle s'est définitivement réfugiée dans un imaginaire irréalisable qu'elle ne quittera pas de sitôt et qui l'empêchera de faire une véritable rencontre. Ce sont ces femmes qui se délectent des romans de Barbara Cartland, où les histoires sont belles mais n'arrivent pas dans la réalité : une jeune fille pauvre rencontre… vous connaissez la suite. Pardon à celles qui lisent ce genre d'ouvrages !

Nous avons aussi remarqué cela chez des femmes qui, après une expérience conjugale bien réelle et aussi bien décevante, renouent avec les rêves qui habitaient la jeune fille qu'elles ont été et n'en décollent plus. La réalité les a tellement déçues. Ce sont celles qui vous diront peut-être ne désirer la présence d'un homme que pour les bons moments : les sorties au restaurant, les voyages, les cadeaux. Sauf qu'il y a les mauvais moments aussi ! C'est un lot indivisible. Les moments où l'homme est « mal foutu », où sa mère est morte (chouette !), où vous vous êtes cassé la jambe, où il est grognon, où vous êtes angoissée… Où s'arrêtent-ils, les bons moments ? Si vous avez perdu les clés, vous vous retrouvez, comme avec l'homme marié, à appeler S.O.S. dépannage ? Certes, non !

L'IMAGE DE L'HOMME VIOLENT OU DE L'ALCOOLIQUE

Si les filles gardent en elles l'image de la violence paternelle, celle-ci peut entraver leur vie relationnelle. Elles craignent la même chose chez leur partenaire et leurs amis. Ces violences ont pu d'ailleurs être bénignes et avoir marqué l'enfant (une culotte déchirée lors d'une fessée, une gifle). Bien des femmes sont restées célibataires en partie pour ces motifs, et quand on voit le pourcentage de femmes battues, ce n'est pas étonnant.

Il se peut aussi qu'elles revivent ces situations en tombant sur un partenaire violent ou alcoolique comme le père. Encore un mauvais coup de l'habitude et des situations névrotiquement répétitives.

« Que mon père ait battu ma mère m'a sans doute donné une mauvaise image de l'homme, mais m'a aussi conduite à consentir à des relations où il y a au minimum de la violence morale », conscientise cette jeune femme avec une lucidité qui l'honore.

RENONCER À CE QUI A MANQUÉ

S'il est parfois difficile de renoncer à ce que l'on a eu, il l'est bien davantage de renoncer à ce que l'on n'a pas eu. Faire l'inventaire de ce que l'on n'a pas eu est toujours délicat et demande beaucoup d'introspection et de conscientisation : un beau recul. Il faut, pour une fille, prendre conscience de la signification œdipienne de ses attentes et prendre conscience de ses désirs et besoins infantiles non assouvis pour y renoncer. D'autres renoncements sont nécessaires qui n'en sont que la conséquence. Rassurez-vous, ce n'est pas à un chemin de renoncement auquel nous vous condamnons, au contraire, nous vous convions à cheminer vers plus de liberté ! Nous vous demandons simplement de renoncer à chercher dans le regard des autres hommes celui du père, pour en finir **avec la quête sans fin.**

Jamais un homme ne vous regardera comme votre père, ou comme un père. Il vous regardera « autrement », et c'est tant mieux, car il cherche en vous une femme et non une petite fille. Voilà pourquoi chercher le regard du père vous condamne à la déception. Voilà pourquoi certaines filles ne pourront jamais se satisfaire du regard d'un homme, car jamais il ne les regardera comme leur père.

RENONCER À CHERCHER DANS LE REGARD DES AUTRES HOMMES CELUI DU PÈRE OU… POUR EN FINIR AVEC LES HOMMES INDIFFÉRENTS

Chercher à se faire aimer d'un homme indifférent, c'est chercher à se faire aimer du père indifférent. « Regarde-moi ! Regarde-moi donc ! », dit pathétiquement la fille à un homme qui n'a point d'yeux pour elle. Hélas !

> **La quête amoureuse douloureuse qui consiste à chercher et trouver toujours des hommes indifférents qui vont activer la blessure de rejet de la fille n'est que l'expression de ce désir tenace de vaincre l'indifférence du père ou son absence.**

SORTIR DE LA SALLE D'ATTENTE

Même si la blessure d'abandon suinte encore alors, la fille qui aura cherché à acquérir de l'autonomie en pratiquant des activités personnelles gratifiantes sera moins en proie à cette douleur. Peu à peu, elle va prendre de l'assurance, de la confiance. Elle se rendra compte qu'elle peut accomplir des choses plaisantes sans un partenaire et rentrer la mine réjouie après avoir pratiqué l'une ou l'autre activité, au lieu d'attendre le « Godot » de Beckett[110] avec un air renfrogné. Cette ex-fille doit cesser d'attendre, attendre le mari… attendre le père. Attendre que l'on fasse les choses à sa place.

---

110. Samuel Beckett, *En attendant Godot,* Paris, Éditions de Minuit, 1952.

CHAPITRE 12

Réconciliations

De magnifiques réconciliations sont possibles, nous le savons, car la vie est là, fourmillante d'occasions à saisir pour se retrouver. Les événements de la vie familiale - mariage, naissances, maladie, décès - peuvent permettre à une fille et à son père de se retrouver. Quand le père vieillit, il arrive qu'il devienne plus dépendant, et que s'il fut autoritaire, il s'assouplisse. Dès lors peut s'instaurer une relation autrefois difficile.

Point n'est besoin d'être psy pour comprendre que les raccommodements et les réconciliations sont plus faciles quand les dégâts sont pris à temps et quand ils sont acceptables ! Certains traumatismes ne peuvent se régler que par une rupture. Celle-ci est toujours tapie dans quelque coin, à l'affût de l'erreur et de la bêtise. Elle pousse dans le terreau malsain du silence et de la non-communication. Elle est sournoise et parfois se développe à notre insu pour surgir alors qu'on ne l'attendait pas. Nous en avons rencontré quelques-unes sur notre route. Éliette, rappelez-vous, s'est vue rejetée et a tiré un trait définitif sur un passé que la mort a ensuite paraphé. L'adolescence donne de nombreuses occasions de ruptures passionnelles. « Tu n'es plus mon père », hurle la malheureuse privée de sortie ! La plupart du temps, ces grandes décisions sont oubliées le lendemain, parce que papa n'a pas dormi de la nuit et qu'il s'est levé de bonne heure pour que fifille trouve les croissants chauds quand elle se lèvera à midi (!) après une nuit fabuleuse. Tout ceci s'apaisera, mais rappelez-vous aussi ces pères impossibles, ceux qui humilient, qui détraquent, qui violent et abîment. Rompre avec eux peut être une solution. Les psys, en général, ont souvent beaucoup de mal à concevoir les ruptures. C'est normal, nous sommes payés pour raccommoder ! Pourtant, quand la douleur est trop grande, l'explication impossible, pourquoi continuer une relation qui fait mal ? Tant mieux si la rupture n'est que provisoire et si le fameux pardon peut survenir.

Notre faculté à pardonner et à rebondir est magnifique. Elle est la preuve de la force du lien. « C'est tout de même mon père, avons-nous entendu le plus souvent ! » Nous touchons là à la simple acceptation de nos origines. « Oui, cet homme imparfait m'a conçue. Oui, cet homme m'a manqué et je me suis tout de même accommodée de cette absence. Il était insupportable, mais c'était ainsi ! »

Les voilà en train d'admettre et de poser les fameuses circonstances atténuantes, de chercher toutes les excuses expliquant les comportements qui, à l'époque, les ont tellement meurtries. Ceux qu'elles ne pouvaient comprendre parce qu'ils relevaient du secret familial ou de leur impossibilité à voir clair.

Souvent, dans les témoignages entendus, nous avons relevé cette petite réflexion lourde de sens : « À l'époque, je croyais que mon père était » – suivaient des commentaires peu flatteurs – puis : « Je sais maintenant que c'était plus compliqué. » Eh oui, la vérité vraie aime prendre le chemin des écoliers… et prend son temps !

RIEN N'EST JAMAIS DÉFINITIF

« Vous savez, il en faut beaucoup pour qu'une fille soit fâchée avec son père », témoignait un père qui savait de quoi il parlait. Car si on a parlé de l'amour inconditionnel, voire passionnel, de certains pères, il faut rappeler que ce père est souvent épargné dans le cœur des filles, même lorsqu'il n'a pas brillé par ses qualités et que son comportement ne fut pas reluisant. C'est la mère qui est fusible, qui saute, qui charge.

On pardonne beaucoup aux pères, surtout si les mères ont été défaillantes. Accuser les deux rend la situation psychiquement intenable. Impossible de dire : « Mes deux parents sont des vauriens ! » Alors devinez quel parent bénéficie souvent de l'amnistie ? C'est le père, bien sûr ! D'autant que les filles sont connues pour leur instinct maternel : elles ont cette tolérance innée des femmes envers les hommes. Retrouver son père, pour une fille, c'est retrouver sa trace et le rencontrer physiquement lorsqu'elle ne l'a pas connu. C'est aussi, pour beaucoup de filles qui ont manqué de père, le faire revivre et le réhabiliter à travers un travail d'archéologie intime qui consiste à travailler sur le souvenir du père, particulièrement sur les images enfantines, dans le cadre d'une thérapie ou non.

Il est indispensable de restaurer un père à l'intérieur de soi. « Oui, j'ai eu un père, même si… » Il faut « parler » le père pour le faire revivre en soi. La fille doit construire, ériger sa propre mémoire du père, car le père qui a répondu absent lui a infligé une blessure narcissique. Pour sortir de ce schéma, il faut retrouver le père d'avant la perte. Peut-être le papa tendre qu'il a pu être un temps, un papa gâteau et protecteur.

Elle peut, à profit, comme Emmanuelle, se remémorer que toute petite il l'amenait chaque samedi au manège et qu'il lui avait offert un petit pingouin qui dodelinait de la tête et qu'il la prenait beaucoup en photo en lui disant : « Viens ma beauté, papa va te prendre en photo. » « Oui, j'ai eu ce papa-là », se souvient Emmanuelle avec émotion. Et elle poursuit : « Toutes les filles ne l'ont pas eu. Finalement, j'ai eu de la chance. J'ai eu un bon papa. »

RAPPELER L'EXCLU

Là, nous pensons à ce manque de père si dommageable lorsqu'il se perpétue de mère en fille, comme une malédiction. Dans certaines familles, l'homme est exclu depuis des générations de femmes. Il est une ombre, une pâle figure, un figurant. Ce qui fabrique des générations de femmes déséquilibrées psychiquement.

Nous savons combien il est important que la mère « parle » le père. Un père mort, s'il est présent dans la mémoire et dans le discours de la mère, s'il est « parlé », reste vivant. Jeunes filles qui en êtes encore à régler votre contentieux avec papa, vous serez un jour mère de fille, et si vous voulez son bonheur… n'oubliez pas cela. N'oubliez pas non plus que l'on ne décide pas d'un bébé toute seule. La mère est la garante de l'histoire de sa fille. Sans histoire, notre construction psychologique est plus difficile. Ne pas « chercher » son père, ou le contraire, doit être le résultat d'un choix. Certaines filles en éprouvent un besoin crucial, d'autres non. Pour ces dernières, le père de substitution, père adoptif, beau-père, peut suffire… ou bien elles ne souhaitent pas prendre le risque de découvrir qui était le père réel, préférant continuer à le rêver.

Et si leur père était un prince hindou ? Cela pourrait expliquer leur peau mate…

REGARDER SON PÈRE EN FACE ET LE PRENDRE POUR CE QU'IL EST

Ce travail de recherche, d'archéologie, a pour but d'essayer de voir ou d'entrevoir l'homme derrière le père. Essayer de comprendre quelle a été sa vie, en tentant de connaître son parcours, car le père est aussi le produit de son histoire. À cela il n'échappe pas, comme chacun d'entre nous. Oui, même lui ce héros… n'était qu'un homme qui a fait ce qu'il a pu… qui a eu un père sévère avec qui les relations étaient abominables… qui a été abandonné… Aussi, nous accepterons mieux **ses qualités et ses défauts.** Humaniser le père, c'est un bon début pour le « désidéaliser ». Mais quand le héros devient un zéro, l'affaire demande réflexion.

C'est le cas du père qui a démérité. C'est la découverte risquée quand on fouille la terre. On n'y trouve pas toujours des trésors ! On tombe parfois sur un os ! Difficile pour certaines de passer du père super idéalisé, du père superman, au père super nul. Pour nous consoler, nous vous prions de garder en mémoire que le père « zéro défaut » est le père imaginaire.

RÉGLER SES « CONTES » OU SES COMPTES ?

Le but de tout travail sur soi et de la psychothérapie est de dégager l'expérience singulière de chacune pour, après avoir fait l'inventaire des dégâts, passer à celui des atouts. « Il ne faut pas toujours blâmer une contrariété », comme on dit aux Antilles. Sur un terrain difficile poussent de belles fleurs vivaces. C'est mille fois vrai. Il n'empêche, parfois ce père en a fait beaucoup ou pas assez et sa fille est rancunière. À cet égard, un petit tour pour analyser le rôle joué par la mère est utile : a-t-elle dénigré le père ou pas ? En a-t-elle rajouté ou pas ? Nous savons que les mères ne sont pas toujours objectives et qu'elles racontent leur histoire. Nous avons même parlé, dans un ouvrage précédent, de mères révisionnistes[111]. Inutile de préciser qu'avec ces dernières il ne faudra pas se fier à leur seule version, mais mener l'enquête soi-même afin d'accéder à la réalité de son histoire. Par exemple, si votre mère vous a raconté que votre père, après leur divorce, n'a pas acquitté la pension alimentaire, il est très important de savoir si cela est vrai ou non. Le père est celui qui paie. S'il n'a pas versé la pension qu'il devait ou a organisé son insolvabilité, alors il n'a pas rempli sa fonction paternelle. Il est bon, même si c'est difficile, de le savoir.

METTRE DES MOTS SUR SON VÉCU ET PAS SEULEMENT SUR LE MAUVAIS...

S'il ne faut pas blâmer une contrariété, il ne faut pas non plus la sous-estimer. Toutes les filles n'ont pas subi de viol ou d'inceste. Pour autant, il ne faut pas faire l'impasse sur les blessures émotionnelles que notre père nous a infligées, au risque de traîner toute notre vie des comportements inadaptés dans le milieu professionnel comme dans notre vie privée. Il faut en parler, en particulier avec le principal intéressé. C'est facile à dire, dites-vous, mais pas facile à faire ! Vous êtes dans le vrai. Parler à papa est toujours difficile. L'enfant qui est en nous ressurgit immédiatement,

111. Véronique Moraldi, *La fille de sa mère, op.cit.*

nous perdons les pédales par trop-plein d'émotions... exactement comme quand nous étions ados et que la discussion tournait immédiatement à l'engueulade. Pourtant, tout devrait pouvoir être énoncé dès lors que c'est de manière relationnelle, sans (trop) d'agressivité ni mise en cause directe de l'autre, en parlant de son ressenti à la première personne, ce que nous appelons le message « je ». La théorie, toujours très douée, le pense ainsi : « Papa, je ne te confonds pas avec ton comportement et je t'aime mais quand tu bois ou que tu rentres saoul à la maison, je me sens très mal et j'ai peur, car j'ai affaire à un inconnu qui n'est plus un papa protecteur mais un homme qui peut basculer à tout moment dans la violence. » Que celles qui y arrivent...

Généralement, une fille s'adresse à son père pour des faits antérieurs, des faits anciens. Le plus souvent, l'incompréhension s'installe. Les souvenirs de l'un et de l'autre se révélant très différents. Tant d'eau a coulé sous les ponts depuis ! La fille va devoir se resituer dans le contexte de l'époque et pratiquer l'actualisation/contextualisation[112]. Il s'agit de préciser à son père que c'est la personne d'aujourd'hui qui parle au nom d'une personne passée, tout comme elle va faire l'effort de différencier son père actuel de l'homme qu'il était autrefois.

Elle dira par exemple : « Papa, c'est la petite fille de dix ans que j'étais qui aujourd'hui a mûri qui met des mots sur ce que j'ai vécu quand tu me battais... » ou « que tu venais dans mon lit, la nuit ».

Il est crucial que la fille puisse évoquer sans crainte des faits traumatiques anciens. Nous savons à quel point ces émotions négatives s'inscrivent dans le corps.

À défaut de ces restitutions et de ces paroles échangées, on peut demeurer sa vie durant dans une grande colère qui empêchera de vivre. La colère, dévoreuse d'énergie, conduit à des comportements inappropriés dans toutes les sphères de la vie, privée comme professionnelle. Nécessaire, car elle est l'expression et le retentissement de la blessure, elle doit être identifiée (son origine),

112. Voir Jacques Salomé, *Pour ne plus vivre sur la planète TAIRE*, *op. cit.*

puis exprimée et expurgée – crier en forêt, taper sur des coussins, aller investir toutes ses économies chez son psychanalyste – il existe mille façons de le faire, pour ensuite confier à son père ce qu'elle a vécu de douloureux: «Lorsque tu venais dans ma chambre, le soir, j'avais très peur et en même temps je craignais de te mettre en colère. Aujourd'hui, je suis embarrassée dans ma vie de femme par ces comportements.»

LES RESTITUTIONS SYMBOLIQUES, OU RESTITUER AU PÈRE LES VIOLENCES REÇUES: INCESTE ET AUTRES...

Toutes les violences peuvent faire l'objet d'une restitution, afin de ne pas les garder en soi et de ne plus être encombrées, entravées par elles dans sa vie d'adulte. Certaines restitutions symboliques jouent sur l'inconscient et ont un effet libérateur très puissant.

On sait aussi tous les mauvais tours que nous joue la culpabilité à avoir subi, à ne pas avoir su dire non. On peut travailler sur toutes les violences reçues, y compris celles provoquées par la maladie, la mort ou le suicide du père[113]. Dans ce cas, c'est la mort qui a fait violence, même si elle est accidentelle ou fait suite à une longue maladie.

LA LETTRE SYMBOLIQUE

Comme Éliette l'a fait, on peut toujours écrire «la» lettre explicative à son père ou à soi-même pour exposer ses émotions refoulées et s'en libérer. Nous sommes d'ailleurs persuadées que dans le fond de vos tiroirs traînent quelques pages incendiaires adressées à votre père ou à un amant infidèle... Lettre qui n'est jamais partie mais qui vous a rassérénée beaucoup mieux que toute la boîte de Prozac! Les phrases qui ont fait tant de mal seront restituées: «Tu

113. Marcel Rufo est très sévère envers les pères qui s'absentent en se suicidant. Être père, est-ce une responsabilité qu'on ne peut rompre même si on se sent si mal?

t'habilles comme une pute ! » ; « J'aurais préféré avoir un garçon ! », par exemple. Elles appellent des excuses ou tout au moins des explications, et surtout une réponse du père… quand elles sont envoyées. Si cela ne vient pas, tant pis ! L'essentiel est fait. Sinon, le tiroir du bureau n'est pas mauvais bougre, votre lettre y trouve refuge, l'intéressé n'est pas averti… mais vous l'êtes, et parfois ça suffit. Inscrite dans le marbre, votre peine existe.

Les thérapeutes de petites filles se servent de dessins, de personnages pour qu'elles puissent y transférer leurs sentiments et leur colère. Ces objets sont choisis ou créés à partir de pâte à modeler ou d'argile et sont autant de supports émotionnels. Tous les psychologues d'enfants sont saisis par la pertinence de ces « transferts. » Ces restitutions symboliques, très adaptées à l'enfant, sont encore possibles pour certains adultes. Non, nous ne vous conseillons pas quelque rite archaïque ou animiste, mais nous avons tous nos propres moyens magiques pour conjurer la *mala suerte*[114], non ? On nous confie souvent que l'on se sent mieux après avoir renvoyé à papa tous les cadeaux empoisonnés qu'il a pu faire pour mieux régner en maître tout-puissant, toutes les photos qui sont autant de souvenirs perfides. En fait, et cela nous trouble, nous faisons de même pour les histoires d'amour qui s'éteignent ! On rend la bague, les lettres, on déchire rageusement les photos, on brûle tous les cadeaux. Place nette, ou, quand la parole ne suffit pas, recours au symbolique !

Ces « retours » valent pour les pères aussi. Un père pourra dire : « Si tu as l'impression que j'ai été trop autoritaire, je peux le reconnaître. Si je t'ai blessée, c'était par maladresse » ou « J'ai parfois eu des paroles insultantes à ton égard, tu peux me les renvoyer ! » Il vaut mieux qu'il n'attende pas sa dernière heure pour dire qu'il a pu se fourvoyer.

114. *Mala suerte* veut dire « mauvais sort », en espagnol.

LA QUESTION DU PARDON

La question du pardon est une question délicate que nous avons déjà développée dans un autre ouvrage[115]. Certes, il y a beaucoup d'avantages à pardonner : « Si je pardonne, je vais vivre mieux, je vais cesser de ruminer, ma santé va s'améliorer », etc. Mais pardonner ne s'improvise pas, ce n'est pas un acte de pure volonté. Le pardon est quelque chose que l'on accorde du plus profond de soi, de toutes les fibres de son être, et il n'est pas toujours possible de pardonner lorsque l'atteinte a été vitale. Beaucoup d'entre nous croient avoir pardonné, alors qu'elles n'ont que lâché l'affaire. Deux conditions sont nécessaires pour pardonner : obtenir des excuses et des actions réparatrices de la part de « l'offenseur ». Comme au tribunal de grande instance. Que demande la victime ? À être reconnue comme telle et des excuses pour le préjudice.

Le père doit avoir conscience des blessures émotionnelles causées à sa fille. Nous avons vu que certains pères violeurs n'avaient aucune idée du mal qu'ils faisaient ou bien qu'ils se racontaient des sornettes. Même refrain chez ceux qui sont persuadés qu'une fille s'éduque à la trique, et il en reste ! Cela signifie que le père doit être capable de suffisamment d'empathie et de conscientisation pour s'en rendre compte. Ensuite, il peut entreprendre des démarches de réparation. Peu y parviennent. Certains pour de mauvais alibis. « Ce n'est pas à moi de faire le premier pas », entendons-nous ! Voilà une bien sotte façon d'aborder les conflits.

Heureusement, la plupart du temps, il suffit de peu de chose. Entendre son père reconnaître les faits : « Je sais que mon comportement t'a blessée » ou « Je sais que j'ai privilégié ma carrière lorsque tu étais enfant et que tu as manqué de papa. » Rien n'est pire que la dénégation de ses ressentis… ou le fameux : « Tu exagères, ce n'était pas ainsi. »

Il existe aussi de curieuses réconciliations empathiques ou compassionnelles qui poussent les filles à adopter le comportement du père. On retrouve la névrotique reproduction des faits qui

115. Véronique Moraldi, *La fille de sa mère, op. cit.*

ont tant fait souffrir. Après avoir pesté contre ce père « volage » qui lui « volait » son temps, sa fille va l'absoudre en se comportant de même. Certaines ne peuvent sans culpabilité et malaise attaquer leur père et adoptent alors ses manières. Tout le travail reste à faire. Cela va sans dire.

LA MORT DU PÈRE

La fin du père, c'est la fin de l'enfance. Pour la plupart des filles, ce qui disparaît avec lui, c'est la certitude d'être aimée en toutes circonstances avec cette tendresse unique venant d'un être du sexe opposé…

La fille est déjà sans père efficace dès lors qu'il vieillit et qu'il ne peut plus la protéger dans les moments difficiles. Isabelle se souvient : « Mon mari avait disparu, disons qu'il m'avait quittée et laissée seule avec les enfants. Mon père était venu à la rescousse mais je me suis rendu compte soudainement, à certains signes, qu'il avait vieilli. Bref, il ne pouvait pas remplacer mon mari. J'ai alors compris qu'il fallait que je me débrouille seule et que, mon père déclinant, le départ de mon mari était une réelle catastrophe. » Nous ne sommes pas fâchées que le père ne prenne pas la place du mari et nous saluons cette prise de conscience. À jamais, un père n'est pas un mari.

IL N'EST JAMAIS TROP TARD, NI TROP TÔT POUR « DÉBOULONNER » LA STATUE DU COMMANDEUR

Qu'il soit célèbre ou non, ce père écrasant tombe parfois tout seul de son piédestal, comme les feuilles des arbres à l'automne ou certaines statues renversées et brisées après une tempête. La tempête, ce peut être la découverte de lettres, de sa face… cachée, ou des faits inconnus qui montrent que le père n'a pas toujours été un homme admirable. Imaginez celles qui ont appris qu'elles étaient la fille d'un tortionnaire de la Seconde Guerre mondiale, ou celle d'un fonctionnaire qui a exécuté des ordres qui ont occasionné des milliers de morts ! Et voilà, ce n'était qu'un homme, cet homme… **On ne cautionne rien,** on essaie de comprendre ce que doit ressentir sa fille.

Faire le deuil du père c'est faire l'inventaire de ses sentiments à son égard, amour et haine, et faire l'inventaire de la relation. Tout le bon qu'il nous a donné, et tout le mauvais aussi. Quelle qu'ait été sa personnalité, notre père n'a pu (ou très rarement) être tout bon ou tout mauvais. Le hisser au sommet de l'Olympe ne nous aide pas à en faire le deuil, pas plus que de l'envoyer copiner avec Hadès, le dieu des Enfers.

La rivalité par rapport au père se rejoue encore plus fortement et de façon plus impitoyable autour des sous, de l'héritage, avons-nous déjà noté. Pourquoi les héritiers se battent-ils pour des sommes parfois dérisoires ? Pourquoi assistons-nous parfois, entre mère et fille, à un combat sans merci pour l'héritage après la mort du père ? La rivalité mère-fille se rejoue en une dernière scène, alors que le rideau tombe. Dispute ultime autour de la dépouille du père : « Ton père ne voulait pas te donner cet argent ! Il le disait de son vivant. » La fille s'affaisse sous ces coups portés à son amour filial. Il ne lui reste rien si la mère est rivale, juste la mémoire des traces de cet amour que son père a laissé dans son souvenir. Des gestes, des paroles, des actes que la mère n'a pu contrecarrer, comme elle le fait cette fois, en une ultime spoliation, maintenant qu'il a abandonné le terrain, qu'il les a laissées entre elles. Cette dernière preuve de l'amour de son père est déniée : « Il ne voulait pas que tu aies cet argent ! » Voilà ce qui résonne parfois aux oreilles des filles. Elles entendent ce que veut dire la mère : « Il ne t'aimait pas assez ! », ou bien « Il me préférait, moi, son épouse. »… On mesure l'amour de ce dernier à l'aulne des attributions des assurances vie. Remémorons-nous encore la liquidation de la succession du PDG de Fiat, en Italie, qui a occasionné une guerre très médiatisée entre la fille, sa mère et ses frères, et l'actuel scandale de la famille « L'Oréal » en France.

Toutes ces histoires ont des accents de tragédies antiques bien contemporaines ! Aussi, certaines filles se retirent. Annick témoigne :

« À compter du jour où mon père est mort, j'ai laissé ma mère, pour ne pas dire je l'ai abandonnée, comme si elle n'existait que parce qu'il était là, comme si c'était lui que je venais voir lorsque je croyais leur rendre visite à tous les deux. Je me suis rendu compte que je n'avais été présente jusque-là que pour lui. » Le décès du père joue ici le rôle de révélateur. Il permet à la fille de comprendre sa relation avec sa mère.

Dans la complexité de ces relations, il se peut bien que notre père soit parti sans qu'on ait eu le temps de se réconcilier avec lui. Tant pis. La relation continue à « bouger », à évoluer. Il est possible de poursuivre la bagarre pour la réconciliation sur la tombe de son père ! Il ne répondra pas, c'est tout ! Chacun doit trouver « sa » façon de continuer à vivre. La mort n'inscrit pas la fin d'une relation, la mémoire y veille.

LE BOUT DU CHEMIN, OU L'ALCHIMIE RÉUSSIE

Être une femme sereine qui a intégré tous les aspects de sa féminité et est en paix avec le masculin.

Même si ce n'est jamais fini, si nous, les filles, comme tous les êtres humains en général, sommes toujours en travaux… Pour cheminer vers la sérénité, il faut penser à **se créer un bon père intérieur, un père repère.**

Une fois que l'on a regardé le vrai père en face (voyez que c'est toujours une question de regard), et que l'on a renoncé au père imaginaire, on peut s'en créer un à soi !

Vous allez dire : « Elles sont folles ces deux-là, elles se contredisent, ne nous ont-elles pas mises en garde contre un père imaginaire ? » Non-non, promis, nous suivons une logique ! Il ne s'agit pas de créer un père imaginaire inadéquat, mais un père intérieur, le père symbolique, un guide protecteur et confiant qui nous accompagne à chaque instant de notre vie. Père imaginaire, père psychique, père intérieur, père symbolique… on s'y « père » non ? Une somme de tous nos pères ?

En mal de repères, on va convoquer à la rescousse tous ces **pères de substitution,** ceux qui nous ont initiées, toutes ces figures d'autorité qui ont pu nous donner le meilleur et nous ont tant appris. Ce père est un père « agrégé ». En voilà un de plus !

Dans la relation amoureuse, nous devons rester sujet et non plus objet. À égalité avec son partenaire. Et on dit « non » au père. Il ne faut ni se laisser enfermer dans ce rôle de puella, ni dans le rôle de la mère « devoir et courage ». Dans le manque du père, on est très « jalouse », au sens d'une attente exclusive du père, et on revit à souhait le triangle œdipien. Le jour où ce manque et cette jalousie sont réglés, la femme devient libre : libre de père, libre de mère.

Nous savions que même en chanson cette partition allait être compliquée, pleine de notes noires et de croches. Les relations père-fille mettent en jeu tant de choses !

Nous avons essayé de vous proposer des « cas d'école », des récits de toutes sortes. Ils sont là pour vous montrer l'extraordinaire de cette aventure. Nous avons trouvé autour de nous des filles et des pères ravis de nous confier leurs souvenirs, prompts à réviser quelques jugements, à suivre avec nous de nouvelles pistes. Qui a dit que les hommes étaient secrets ? Beaucoup ont parlé à cœur ouvert. Ils nous ont avoué leur crainte d'abîmer cette jeune vie dont ils sentent bien qu'elle les occupera longtemps, qu'elle viendra demander des comptes et des réparations.

Ils veulent être à la hauteur de la tâche. C'est peut-être là un élément nouveau qui nous comble. **Enfin, les pères modernes souhaitent participer à l'éducation de leur fille.** Ils supposent bien que la tâche est difficile et c'est à leur intention que nous avons énuméré les grandes erreurs à ne pas commettre. **Pas de père nuit, trop de père nuit.** On le savait déjà que le trop et le peu gâchent le jeu. Qu'il faudra trouver son propre chemin dans les possibles comportements on le savait aussi, puisque chaque histoire est unique !

Nos filles abîmées par leurs pères se retrouveront dans nos témoignages. En les écoutant nous avons compris leurs souffrances et leurs manques. « C'est la vie », disent-elles souvent. C'est la vie, certes, mais il ne faut pas se résigner à la vivre mal et il n'y a pas de fatalité. Nous savons que quelquefois il suffit de peu pour que les incompréhensions les plus graves s'évanouissent. Parce que le dialogue rompu a pu reprendre, parce que la sage réflexion a remplacé la trop grande émotivité, parce que père et fille ont besoin l'un de l'autre et s'enrichissent mutuellement dans cette relation. **Un regard bienveillant, voici ce qu'un père doit toujours avoir pour sa petite ou sa grande fille...**

Certains seront surpris de la place que nous accordons à la mère dans cette histoire de père et de fille ! Nous confirmons son rôle et l'immense pouvoir qu'elle a dans l'histoire de ses deux amours. La mère fait le père, avons-nous écrit. C'est vrai. Sans la parole de la mère, il n'y a pas de bon père et beaucoup d'embrouilles ! Nos pères témoins ont été surpris de cette révélation. Ils croyaient sûrement que les rôles se complétaient sans se chevaucher. Ils pensaient aussi que leur rôle était purement éducatif et n'avait pas autant de poids dans l'avenir de leur fille, qu'il se terminait à l'adolescence ou quand leur fille devenait adulte. Mais non, papa ! Être père, c'est pour la vie.

Térésa nous a longuement entretenues. Nous pensons qu'elle méritait que nous analysions « en direct » avec vous son témoignage, parce qu'il est grandement représentatif de ce que donne une relation au père manquée. Notre Térésa a de nombreuses petites sœurs qui peinent à trouver leur place de femmes, qui ne trouvent ni leur voie, ni leurs amours et qui sont en recherche de sérénité.

Quant aux conseils, ils sont là, comme toujours, pour vous donner envie de réfléchir et quelques pistes pour mieux faire ou faire bien. On ne redira jamais assez qu'une relation comme celle-ci est unique, qu'elle doit se terminer par l'émergence d'un être libre et que le papa doit tenir cet objectif. Il en a le devoir et c'est une grande chance.

Annexes

ÉLIETTE ET LE PÈRE DE CŒUR

Mon père ? Jusqu'à six ans c'est mon grand-père ! Où sont mes géniteurs ? Je ne m'en soucie pas puisque je suis élevée par mes grands-parents maternels. Jusqu'à ce que l'on m'en prive pour m'installer dans ma vraie famille avec mon père et ma mère, ces deux inconnus ! Je ne sais comment se passe mon retour. Ce sont des impressions qui me viennent en mémoire. Du gris, du noir. Le noir de la mort de mon grand-père, l'abandon de mon père. J'ai dix ans, je vais à l'école, je ne comprends pas ce que dit la maîtresse, je n'écoute pas. J'ai mal. Nous n'avons pas d'argent. Pour aider ma mère, nous faisons les vendanges et le père de mon père envolé nous poursuit et nous insulte. De moi, il se moque, je ne suis qu'une fille, mais il veut la garde de mon frère. Ces invectives me terrorisent. Mes parents divorcent, je n'en ai gardé qu'une seule image, celle de ma mère le mettant à la porte ! Enfin arrive dans notre vie un homme bien. Il est âgé et je m'en méfie. C'est pourtant lui qui me réconcilie avec la joie de vivre. De mon père plus aucune nouvelle… le temps efface-t-il les absents ? Pas vraiment. J'ai 50 ans et je veux savoir, alors je retrouve sa trace et j'écris. C'est idiot d'écrire à quel point cet abandon m'avait marqué, malgré ce merveilleux père de remplacement que la vie m'avait offert ! Idiot mais instructif, car la réponse a été la douche froide qui a réglé mon problème. Mon père répondait : « Suite à la certitude que j'ai de ne pas être le père de tes frères, un doute m'envahit quant à l'authenticité de ma paternité, aussi je te propose que nous nous soumettions à un test ADN ».

Eh bien non, cher père, si tu as besoin d'un test pour reconnaître ta fille, c'est ton problème. Je ne ferai pas de test et je vais te rayer de ma vie. Voici ce que j'ai immédiatement pensé et ce que j'ai fait…

Quelques années plus tard, j'ai appris sa mort par mon notaire. Il avait légué tous ses biens au fils de sa deuxième femme. Point final… Je n'ai pas eu l'amour d'un père de sang, mais mon père adoptif m'a tout appris. Comment dites-vous, les psys, un père de cœur ? C'est ça, un père de cœur.

L'HISTOIRE DE DOMINIQUE. « IL A DISPARU TROP VITE »

Père
UN père
LE père génétique
Rencontre
Rencontre DU père et de sa fille

Que se passe-t-il pendant cette première rencontre, ces premiers instants partagés entre une fille devenue femme et son père génétique ? Il y a d'abord tous les fantasmes d'avant la rencontre, un mélange de peur et d'impatience, comme un rendez-vous amoureux. Puis il y a l'émotion de la rencontre, magique, pendant laquelle le temps s'est figé, n'existe plus. Deux vies défilent en l'espace de cinq heures. Et ma vie d'avant c'était comment ?

À ma naissance, je porte le nom de famille de ma mère. À deux ans, ma mère se marie avec un homme qui me reconnaît : je porte alors le nom de mon beau-père. Le nom de ma mère est barré sur mon carnet de santé et remplacé… Je grandis dans une cellule familiale dite normale, dans le mensonge.

À sept ans, lors de nos jeux d'enfants, je choisis comme prénom celui de mon vrai père dont je ne connais pas l'existence. Pouvoir de l'inconscient ?

À neuf ans, mon cousin me lance : « De toute façon, ton père n'est pas ton père ! » Je tente d'oublier cette phrase, alors qu'inconsciemment elle fait son chemin.

L'un de mes jeux favoris est d'épier les adultes, de jouer au détective, comme si j'avais quelque chose à découvrir, comme si je devais mettre à jour cette vérité qu'on me cache. Mon grand-père dit un jour : « Cette petite, on ne sait pas à qui elle ressemble. »

À 19 ans, mon père adoptif, ivre, me dit un soir après une dispute : « De toute façon, je ne suis pas ton père ». Le rideau tombe, tout s'éclaire tout à coup. Je comprends enfin pourquoi je me suis toujours sentie comme un être à part, une « étrangère ». Je retrouve cette phrase écrite ce soir-là dans un de mes carnets : « Je m'en doutais mais je crois qu'inconsciemment, je faisais comme si je ne voulais pas savoir. » J'en veux à ma mère de m'avoir caché la vérité. Je l'interroge. Elle reste très évasive, dit qu'elle s'est mariée pour que j'aie « un père », qu'elle ne m'a rien dit pour que je ne souffre pas.

Elle ne sait pas que le mensonge est la pire souffrance. Elle ne connaît soi-disant que le prénom de mon père biologique, R. et ajoute : « De toute façon, ne le cherche pas, tu ne le retrouveras pas. »

Je grandis sans chercher à le connaître. Les années passent. Lorsque j'ai 29 ans, mon beau-père se suicide.

Adolescente mon mot préféré est « mystère », je dessine des points d'interrogation. Je ressens un manque profond, un vide. Je m'invente un monde baigné dans la musique et les livres. J'écris moi-même, je noircis des pages et des pages pour exorciser sans doute un mal-être qui m'étouffe.

À 14, 15 ans, je perçois une conversation à voix basse entre ma mère et ma tante, sa sœur :

« Et D. comment elle va ?

– Ça va.

– Elle ne pose pas de questions ? Tu ne comptes pas lui parler ? »

Je sais qu'on me cache quelque chose.

Lorsque je me décide enfin à savoir, j'ai 35 ans. Résolue, je dis à ma mère : « Je veux savoir qui est mon père. » Elle me donne quelques indices : une adresse, un département, la marque d'une voiture. Elle me dit que bien que ce soit une relation suivie et non l'aventure d'un soir, elle ne se souvient plus de son nom de famille.

Deux jours plus tard, elle m'appelle et me dit s'être souvenue de son nom en parcourant un annuaire téléphonique… Deux jours plus tard… pouvoir de l'inconscient…

Tout s'accélère alors dans un mélange divin de destinée et d'intuition. Le fil se dénoue, tirée par une fée, L., une collègue de travail à qui je téléphone un jour, sachant qu'elle est du même département que R. Elle a été en classe avec une personne portant le même nom. Tout coïncide. Je ne lui dis pas qui il est. Elle va essayer d'avoir de ses nouvelles par son frère. Elle m'invite à manger une semaine après, le jour de la sainte A., le prénom de ma grand-mère décédée, chère à mon cœur.

Ce jour-là, alors que nous sommes plusieurs invités à table, le téléphone sonne dans la pièce d'à côté. L. décroche et me dit : « C'est pour vous. C'est R. » Là, je fonds en larmes et lui dis qu'il est mon père. Elle me répond qu'elle s'en doutait de par la ressemblance physique… et me pousse à lui parler.

Il est là, au bout du fil. Je n'ai plus la notion du temps. Je sais simplement que je fais des gestes et prononce des paroles tel un automate.

Je lui parle, à lui, mon père, en lui fournissant des indices qui lui permettent de se souvenir de ma mère. Au début, cela ne lui dit rien, puis ça y est, oui, il se souvient. J'ose alors : « Je suis sa fille. Et je suis votre fille. » Long silence, puis : « Ah, quelle surprise. » Et là je parle, beaucoup, pour combler ce malaise, pour le rassurer. Je lui dis que je veux le rencontrer… Entre le jour où j'ai questionné ma mère et le jour où j'ai parlé à mon père, 20 jours se sont écoulés.

Huit mois après la rencontre avec mon père, je rencontre ma demi-sœur. Un an après je rencontre mon demi-frère et la femme de mon père. Je ne sais quelle est la part de l'inné ou de l'acquis. Mais il existe d'étranges ressemblances, des points communs troublants entre nous, les trois enfants.

J'ai trouvé une « autre famille ». J'ai retrouvé les morceaux de puzzle manquant à mon histoire. C'est comme une seconde naissance.

Quatre ans après, mon père meurt dans un accident de voiture. Il a surgi dans ma vie très vite.

Il a disparu trop vite.

CONFIDENCES DE PÈRES, LES BLOGUEURS SONT EN LIGNE[116]

Puisque les témoignages de papas sont rares dans nos cabinets, nous vous conseillons d'aller les lire sur leurs sites. Ce n'est pas toujours de bon goût, mais nous ne sommes pas trop chochottes ! Un peu perturbées tout de même quand ces pères évoquent la « pépette » de leur fille ou se demandent quel effet leur fait leur future sexualité. Ainsi, sur le blogue « 1gars3nanas.com », on peut lire des provocations fort vulgaires et déplacées. Plus mignon et craquant est papa Till, locataire de deux « miniatures. » Ceux qui veulent savoir les réactions d'un papa de fille devant un tube de rouge à lèvres… la vie quoi. Certains récits de papas s'arrêtent à la naissance de leur fille. Papa n'a plus le temps ? Au fait, le *baby blues* des pères existe. Si, si, ils le disent !

116. www.futur-papa.filid.org, www.mae-bd.fr et www.tillthecat.com.

Remerciements

Nous sommes très flattées que le docteur Alain Denax ait bien voulu rédiger la préface. Il est père d'une adorable petite fille. Il dirige un service de gynécologie obstétrique. Tous les jours, il voit des filles et des pères faire connaissance. Il assiste à ce premier regard, pour cela, nous l'envions. Nous n'avons pas demandé à sa fille ce qu'elle pensait de son papa, car elle nous le montre assez bien !

Éliette et Dominique nous ont écrit leur témoignage, nous les remercions pour ce courage.

Dans la liste de nos dédicataires, nous ajoutons Philippe et son bout de chou aux grands yeux noirs, Alice, Sandy, Mathilde, Pauline, les deux Rafaëlle, Lucie, Jeanne et Lou… toutes nos princesses en devenir et, bien évidemment, Clément… qui ne sait pas encore s'il sera un papa de fille ou un papa de garçon ! Sans oublier Erwan, en supposant qu'il a dit vrai !

Et tous ceux qui tendrement nous soutiennent quand nous avons le nez dans notre clavier, insupportables, aux abonnées absentes ! À vous tous, merci encore.

Bibliographie

Essais

ANDREAS-SALOMÉ, Lou. *Correspondance avec Sigmund Freud,* Paris, Gallimard, 1966.

BADINTER, Élisabeth. *XY. De l'identité masculine,* Paris, Odile Jacob, 1992, 355 p.

________. *Le conflit,* Paris, Odile Jacob, 2010.

BELLOTI, Angela. *Du côté des petites filles,* Paris, Éditions des Femmes, 1969.

BERTIN, Célia. *Marie Bonaparte,* Paris, Éditions Perrin, 1999.

BOURDIEU et PASSERON. *Les héritiers,* Paris, Éditions de minuit, 1964.

CORNEAU, Guy. *Père manquant, fils manqué,* Montréal, Éditions de l'Homme, 2003.

CYRULNIK, Boris. *Les vilains petits canards,* Paris, Odile Jacob, 2004, 253 p.

D'ANSEMBOURG, Thomas. *Être heureux ce n'est pas nécessairement confortable,* Montréal, Éditions de l'Homme, 2004.

FREUD, Sigmund. *Totem et Tabou,* Paris, Payot, 2004.

________. *Moïse et le monothéisme,* Paris, Payot, 2004.

GIROUD, Françoise. *Lou, Histoire d'une femme libre,* Paris, Le livre de poche, 2004.

GRENIER, Louise. *Filles sans père,* Montréal, Éditions Quebecor, 2009.

ISRAËL, Jacky. *Enfants. Mode d'emploi à l'usage des pères,* Paris, Anne Carrière, 2010.

LACAN, Jacques. *Écrits,* Paris, Seuil essais, 1966.

LAURU, Didier. *Pères filles, une histoire de regard,* Paris, Albin Michel, 2006.

LORTON, Daniel. *Le père est une mère comme les autres,* Paris, La découverte, 2009.

MANIER, Bénédicte. *Quand les femmes auront disparu,* Paris, La découverte, 2006.
MORALDI, Véronique. *Gardez-vous d'aimer un pervers,* Montréal, Éditions de l'Homme, 2004.
________. *La fille de sa mère, de la difficulté des rapports mère-fille,* Montréal, Éditions de l'Homme, 2006.
MORALDI, Véronique et Michèle GAUBERT. *N'ayez pas peur d'éduquer vos ados,* Montréal, Éditions de l'Homme, 2010.
NAOURI, Aldo. *Les filles et leurs mères,* Paris, Odile Jacob, 1998.
________. *Éduquer ses enfants,* Paris, Odile Jacob, 2008.
OLIVIER, Christiane. *Les enfants de Jocaste,* Paris, Denoël, 2001.
ONFRAY, Michel. *Le crépuscule d'une idole,* Paris, Grasset, 2010.
PINKOLA ESTÉS, Clarissa. *Femmes qui courent avec les loups,* Paris, Grasset et Fasquelle, 1996.
ROUDINESCO et PLON. *Dictionnaire de la psychanalyse,* Paris, Fayard, 2006.
RUFO, Marcel. *Œdipe toi-même,* Anne Carrière, Paris, 2009.
________. *Chacun cherche son père,* Paris, Anne Carrière, 2009.
SALOMÉ, Jacques. *Pour ne plus vivre sur la planète TAIRE,* Paris, Albin Michel, 2003, 338 p.

Romans

ADAM, Olivier. *Des vents contraires,* Paris, Points, 2009.
ALARD, Nelly. *Le crieur de nuit,* Paris, Gallimard, 2009.
ANGOT, Christine. *L'inceste,* Paris, Stock, 1999.
ARCAN, Nelly. *Putain,* Paris, Seuil, 2001.
AUBRY, Isabelle. *La première fois j'avais six ans,* Paris, Oh Éditions, 2008.
BALZAC, Honoré de. *Le père Goriot,* Paris, Le livre de poche, 2004.
CARDINAL, Marie. *Les mots pour le dire,* Paris, Grasset, 1975.
CARRÈRE, Emmanuel. *Un roman russe,* Paris, POL, 2007.
FERNEY, Alice. *Paradis conjugal,* Paris, Albin Michel, 2008.
HONORÉ, Christophe. *J'élève ma poupée,* Paris, École des loisirs, 2010.
HORNBY, Nick. *Une éducation,* Paris, 10/18, 2009.
LOMBART, Nicole. *Un père que j'avais,* Paris, Éditions du Bois joli, 2010.
MOUAWAD, Wajdi. *Visage retrouvé,* Arles, Actes Sud, 2009.
RAHIMI, Atiq. *Syngué Sabour, Pierre de patience,* Paris, Pol, 2008.

ROCHEFORT, Christiane. *La porte du fond,* Paris, Le livre de Poche, 1990.
WEISBERGER, Lauren. *Le diable s'habille en Prada,* Paris, Le livre de poche, 2005.

Théâtre et contes

BECKETT, Samuel. *En attendant Godot,* Paris, Éditions de Minuit, 1952.
CORNEILLE, Pierre. *Le Cid,* Paris, Hachette, 1999, 191p.
ESCHYLE. *Orestie,* Paris, Garnier Flammarion, 1964.
OVIDE. *Les métamorphoses,* Belles Lettres, 2009.
PERRAULT, Charles. *Contes de la mère l'Oye,* Paris, Le livre de Poche, 2004.
SOPHOCLE. *Électre,* Paris, Gallimard, 1973.

Cinéma

DEMY, Jacques, *L'événement le plus important depuis que l'homme a marché sur la lune,* 1972.
DEMY, Jacques, *Peau d'âne,* 1970.
FRANKEL, David, *Le diable s'habille en Prada,* 2005.
LYNE, Adrian, *Liaison fatale,* 1988.
MANKIEWICZ, Joseph L., *Chaînes conjugales,* 1949.
PAGNOL, Marcel, *César,* 1936.
PINOTEAU, Claude, *La boum,* 1980.
SHERFIG, Lone, *Une éducation,* 2009.
TRUFFAUT, François, *La femme d'à côté,* 1981.
VERNEUIL, Henri, *Un singe en hiver,* 1962.
ZINNEMANN, Fred, *Le train sifflera trois fois,* 1953.

Opéra

MOZART, Wolfgang Amadeus et Lorenzo DA PONTE, *Don Juan.*
VERDI, Giuseppe et Francesco Maria PIAVE, *Rigoletto.*
WAGNER, Richard, *La Walkyrie.*

Chanson

(Parce que tout commence et tout finit par une chanson…)
CHURCHILL, Frank, *Un jour, mon prince viendra !*
DASSIN, Joe, *La fleur aux dents.*
LEGRAND, Michel, *Mon enfant, on n'épouse jamais ses parents.*

MONTAND, Yves et Jacques PRÉVERT, *Les feuilles mortes.*
NOUGARO, Claude, *Cécile, ma fille.*
PATUREL, Sabine, *Les bêtises,* auteurs compositeurs Sylvain Lebel et Dominique Pankratoff.
PORTER, Cole, *My heart belongs to daddy.*
TELL, Diane, *Souvent, longtemps, énormément.*
THE ROLLING STONES, *Backstreet Girl.*

Table des matières

Suivez les Éditions de l'Homme sur le Web

Consultez notre site Internet et inscrivez-vous à l'infolettre pour rester informé en tout temps de nos publications et de nos concours en ligne. Et croisez aussi vos auteurs préférés et l'équipe des Éditions de l'Homme sur nos blogues !

EDITIONS-HOMME.COM

Achevé d'imprimer au Canada
sur papier Enviro 100% recyclé
sur les presses de Imprimerie Lebonfon Inc.